繊維・アパレルの集団間・地域間競争と産地の競争力再生

奥山雅之・加藤秀雄
柴田仁夫・丹下英明［編著］

文眞堂

はしがき

　今日、日本国内の衣料品市場に並ぶ多くが海外生産品であることに、われわれは違和感を持たなくなってきている。かつてのアジア製衣料品に対する安くて品質が悪いというイメージは、ゼロになったとはいわないが大きく後退している。日本の消費者は、もはや日本製の衣料品にのみこだわることなく、どこの国で生産されたかを気にしなくなっているというのはいいすぎであろうか。その一つの典型が、ファッション性に力を入れつつあるが、定番品の量産タイプの海外生産品を市場に供給しているユニクロ品に求めることができよう。2000年代までは、ファッション性よりもブランド力と低価格を支持した若者中心であったのが、2010年代では、日本製とファッション性にこだわりを持っていた年長者の多くが、ユニクロ品をごく自然に手に取るようになっている。

　いったい、国内衣料品市場で何が起こっているのであろうか。衣料品に使われていた日本製生地を生産していた国内産地は、どうなっているのであろうか。また、全国的な広がりにより衣料品市場の拡大に対応していった縫製業は、どうなっているのであろうか。いや、衣料品の企画と生産を主導していたアパレル企業は、国内市場における国内生産品が1割を下回っている今日にあって、どのような事業展開を進めてきているのであろうか。

　私は、20代後半に、東京の繊維産業の実態調査に踏み込んではいたが、その後の40年近くは、中小機械金属工業や、大企業を含めた機械産業に重心を置き続けていた。この間、繊維産業の動向については、頭の片隅ではあるが常に気になってはいた。ようやく繊維・アパレル産業の調査研究に踏み出したのは、埼玉大学勤務の最後の年度の夏であった。それは、「西の西陣、東の桐生」と称されていた群馬県桐生市の繊維産業の調査であり、奥山、加藤を中心とした研究メンバーで開始した。

　さて、その桐生繊維産地の調査では、織物業、染色業、編物業、刺繍業、整経機械業などの企業を14社ほど訪問したが、厳しい現状に呆然と立ちすくむしかできなかった。産地の今後を展望するには、産地の外に踏み出すしかない

という結論を得るのが精一杯であった。そうしたこともあり、調査研究の対象を、繊維産業、アパレル産業を構成する企業すべてに広げることにした。それでも当初は、100社ほど訪問すれば、繊維・アパレル産業の全体像がある程度見えてくるのではないかと思っていたが、訪問すればするほどわからないことが増え続けたのである。フィールドワークに基づく分析研究には、到達点などがないことは承知していたが、理解できたこと以上にわからないことが増えてきたことで、今後の研究の先行きが見通せなくなるなど、自己の能力不足に苛まれる日々が続くことになる。

　そうしたとき、奥山を会長とする中小企業研究会のメンバーのうち、丹下と柴田が本研究に加わり、新たな研究体制が整うことになる。そこからは、訪問先が加速度的に増えるだけでなく、メンバーそれぞれの研究テーマの広がりを背景に、繊維・アパレル産業を構成する多様な業種業態の企業の実態調査へと一段と突き進んでいくことになる。訪問先の大半は、産地では、産地組合に訪問先の選定と紹介をお願いしたが、それ以外では、訪問することが有益かつ魅力的な企業の応対者をピンポイントで選定し、訪問を重ねてきた。訪問先、対応者の選定の準備に要する時間は、訪問時間の何倍も要したが、繊維・アパレル産業の実態を理解する上で、一つとして無駄なものはなく、貴重な基礎的な情報を得る機会でもあった。それ以上に、応対者との交流は、そうした基礎情報では得られない多くの知見を得ることになった。

　さて、2015年夏から取り組んできた企業・団体訪問は、2020年からのコロナ禍にあって、実質的に中断を余儀なくされている。このことは、われわれの調査研究にとって、一つの試練ではあるが、少し立ち止まって整理する時間が与えられたと捉え直し、これまでの研究成果をまとめることとした。なお、本書に先行して2020年には奥山と加藤で『繊維・アパレルの構造変化と地域産業──海外生産と国内産地の行方──』（文真堂、2020年）を上梓している。

　これまで実施してきた調査研究の訪問先を、産地、業種・業態等を大括りで整理すると、次のようになる。生地産地では、桐生に加え、八王子、福井、郡内（別調査）、米沢、西陣、丹後、十日町、一宮、五泉、和歌山、西脇、浜松、寒河江、福島伊達など、縫製業としては、桐生、東京、大阪、岐阜、米沢、東大阪、大阪、鶴岡、香川、八王子、草加、二本松、昭島、あきる野など、その

ほかの製造業では、糸染業、生地染業、機械捺染業、小紋業、注染業、整理加
工業、刺繍業、紡績業、合繊メーカー、流通業としては、買継業、産地問屋、
現金問屋、生地商、産元商社、繊維専門商社、総合商社、ファッションアパレ
ルからユニフォームアパレルなど多種多様なアパレル業、副資材企業、SPA、
セレクトショップ、百貨店、量販店など、そしてこれらに関わる業界団体等を
加えて、総数で300前後に及んでいる。

　とはいえ、繊維・アパレル産業を構成する企業群（集団）は、多種多様であ
り、われわれが訪問できたのは、ほんの一部でしかない。それでも、繊維・ア
パレル産業の全体像が、ぼんやりではあるが見えてきたような気もしている。
もちろん、メンバー個々の専門分野は異なっていることから、同じ企業・団体
を訪問したとしても、それぞれが理解したことや、わからないことが異なって
いるのはいうまでもない。本書は、そうした違いがあることを前提に構成して
いることを断っておかなくてはならないだろう。

　その意味で、メンバーの分析視角、専門について、少し紹介しておくことに
する。まず、奥山についてである。本務校である明治大学での専門講義科目は、
地域産業論である。専門分野は、この地域産業論にとどまらず、都の中小企業
指導機関に勤務した経験に基づく中小企業論や、産業労働局の管理職として手
がけてきた産業政策に関しての産業政策論など、幅広い分野に及んでいる。本
書では、第6章、第7章に加え、全体をリードする序章と、全体のまとめであ
る終章を執筆していることからも理解できるように、本書の企画と編集を担当
している。本調査研究の研究メンバーに加え、執筆に参加して頂いている3人
の研究者の選定も奥山によって進められてきた。

　柴田の専門分野は、マーケティング論である。現在の本務校は岐阜大学で
あるが、様々な企業や中小企業支援機関での勤務経験から中小企業論も専門と
している。また、本書でSDGsの問題について記述しているように、長年にわ
たって企業のCSRや経営理念の浸透について研究し続けている。

　丹下の専門は、国際経営論であるが、本務校である法政大学では中小企業診
断士養成の研究指導に広がっている。本書では、海外生産については日系縫製
業の、また海外市場開拓については中小テキスタイル企業の分析研究に取り組
んでいる。まさに、実態分析に基づく研究スタイルを堅持している。

次に、本書執筆で加わっていただいたメンバー3人についてである。

内本氏（第11章担当）は、研究者に転身する前に経済関係出版社において中小企業向け月刊誌の編集長を歴任するなど、長年にわたり中小企業の現場に接してきた。近年は山梨県富士吉田市の織物産地を対象に調査を積み上げている。

平井氏（第9章担当）は、大手アパレル業から大学教員に転身したアパレル業界の専門家である。近年は、静岡県浜松市や群馬県桐生市の織物産地へのフィールドワークをすすめている。

吉原氏（第10章担当）は、中小企業、地域産業分野における新進気鋭の若手研究者である。産地の縮小過程の研究で実績がある。内本、奥山が参加した「成熟産業の集積におけるグレードアップに関する研究」の代表者でもある。

さて、本書の企画会議において、奥山は次のような「趣旨」を他の執筆者全員に提示している。そこから、本書の執筆が開始されたのである。

「繊維・アパレル産業におけるセミ・マクロ的な競争局面とそれによる構造変化を描く。ここで、セミ・マクロ的な競争局面とは、個別企業間の競争ではなく、産業（供給網）内において類似した業態（事業システム）を有する複数の企業を「集団（群）」、あるいは同じ地域に立地する複数の企業を「集団（群）」とみなし、特定の「集団（群）」とそれ以外の「集団（群）」との競争局面をさす。たとえば、総合商社と専門商社、百貨店アパレル業と専門店アパレル業、企画・販売を主とするアパレル業とSPAとの競争局面である。個別企業間ではなく、こうした「集団（群）」間の業態と地域とが輻輳した多元的・立体的な競争局面を分析し、「セミ・マクロ的経営理論」の一般化アプローチを試みるのが、本書の特徴である。

いうまでもなく、業態や地域といった企業の「群」は、個別企業の戦略的意思決定による企業行動ベクトルの合成によって所産され、変化する。企業行動ベクトルは、ある企業のベクトルへの同質化の試みであったり、「群」からの差別化の試みであったりする。これらの合成である「群」の発生と変化も、極めて多様である。しかし、これらの方向性は、企業間の認知と行動の相互作用によって、競争力を持つポジショニングを「群」として開発し、領域化していくのである。

さらに、心理学的成果を援用すれば、集団（群）間の競争の認知は、集団

（群）内の協調を促進させる要因となる。こうした理論フレームは、けっして新しいものではなく、バリューチェーン、ポーターのダイヤモンド・モデル、地域学習システム、地域イノベーションシステム、制度的企業家論などと深く関係している。ただし、本書は、こうした理論に集団軸と地域軸とを同時に分析の射程に入れ、産業を立体的に描いていくという視点を補充したいと考えている」。

　私を含め他の執筆者が、この奥山の趣旨をどこまで踏まえて、自らの研究内容と折り合いをつけ執筆できたかは判断できないが、それを強く意識することで全体の方向性を保とうとしていたことだけは理解していただきたい。また、執筆者個々の繊維・アパレル産業に対する分析研究に基づくアパレル用語の統一を試みてはいるが十分ではないことは承知している。それは、執筆者個々の研究者としての考えに基づく表現を尊重することも必要だと考えた結果でもある。

　いずれにしても、われわれの繊維・アパレル産業を対象とした調査研究は、多くの繊維・アパレル産業に携わる人々との交流と支援によって実現できたことはいうまでもない。事実、多くの企業・団体の人々から示唆に富んだお話をお聞きすることができた。一人ひとりのお名前をあげることはできないが、紙面をお借りしてお礼を申し上げたい。

　最後に、未熟なわれわれの研究に対して、出版の機会を提供していただくと共に、適切な指摘ときめ細かな編集をしていただいた文真堂の山崎勝徳氏に深く感謝申し上げる次第である。

　2021 年 10 月

加 藤 秀 雄

目　　次

序　章

集団間・地域間競争と繊維・アパレル産業

産業の特質と本書の分析視角

奥山雅之

　本書の趣旨は、繊維・アパレル産業におけるセミ・マクロ的な競争局面と、それにともなう同産業の構造変化を描くことである。この序章では、後に続く第1章以降における本格的な議論の前に、本書の分析対象である1990年代以降の繊維・アパレル産業の変化を概観するとともに、その分析視角である集団間競争および地域間競争に関する諸概念について整理しておくこととする。

1．繊維・アパレル産業を取り巻く3つの特質

　まず、本書の分析対象である1990年代以降の繊維・アパレル産業の変化を概観し、その特質を抽出する。本書において「繊維・アパレル産業」は、最終製品たる衣類の企画、卸売、小売を主たる業務とするアパレル業だけでなく、その生産を受け持つ縫製・加工業、原料や中間財を製造する原糸メーカー、機業（機屋）を含むテキスタイル製造業、流通や OEM（Original Equipment Manufacturing; Manufacturer：相手先ブランドによる生産またはその事業者）・ODM（Original Design Manufacturing; Manufacturer：相手先ブランドによるデザイン・設計・生産またはその事業者）を役割とする商社をも含んでいる。

　昨今の日本における繊維・アパレル産業の苦境は、単にアパレル業だけの

1　「アパレル」という用語は、業界、業種、製品などを示す、非常に広い概念であることから、本書では「アパレル」という用語を総括的に説明する場合を除き、以下のように切り分けて使用する。まず、産業全体を示す際には、川上から川下までの広い産業界を示す場合を「繊維・アパレル産業」、このうち、卸から川下（小売）までの産業を示す場合を「アパレル産業」とする。また業態・集団としては、一般的に卸売業から発祥したアパレルを「アパレル業」とする。なお、一般的に小売業から発祥して、企画・デザイン、生産管理機能などを有するものは原則として「SPA」と表記する。

2

問題ではない。繊維・アパレル産業に必要な機能の一部を担い、当該産業を構成する上記のような各集団の相互作用の所産である。たとえば、生産の海外化や消費者に近いアパレル業の変容がニットや織物を生産する日本の各繊維産地や縫製・加工業に強い影響を与えただけでなく、それらの複雑な相互作用が日本全体の繊維・アパレル産業の変容を促した。アパレル業や商社、SPA（Specialty store retailer of Private label Apparel：自社レーベルを有する製造小売アパレル業）などの集団による企画・デザイン機能、生産管理機能、縫製・加工工程などをめぐる競争（集団間競争）、あるいは日本とアジアとの生産をめぐる競争（地域間競争）の重層的な繰り返しは、近年の繊維・アパレル産業の変容をもたらす主要因となった。また、こうした変容の中で日本国内の繊維産地は存続に向けた再構築を模索している。

　本書の研究課題に入る前に、1990 年代以降のデータで確認できる同産業の特筆すべき変化を確認しておきたい。それは、「極端な輸入品依存」「卸売の急拡大・急縮小」「最終製品輸出の過少」の 3 つである。

（1）極端な輸入品依存

　1990 年代以降のデータで確認できる同産業の特筆すべき変化の第一は、日本国内市場における「極端な輸入品依存」である。こうしたことを示すセンセーショナルな数値として国内アパレル市場における衣類の輸入浸透率[2]が利用されることが多いが、ここでは、輸入浸透率をより実態に即した数値に修正した「輸入品比率[3]」を算出する（図序 - 1）。これを 10 年代おきにみていく

---

[2] 輸入浸透率は、国内市場における輸入品（海外工程）と国産品（国内工程）との競合状況を端的に示すものとして知られている。日本繊維輸入組合のデータ等で算出した輸入浸透率（数量ベース）は上昇し続けており、2018 年には 97.8% となっている。

[3] 「輸入浸透率」に代わり、これを修正した「輸入品比率」を利用するのは、筆者を含む研究グループが既刊の書籍・論文などによって指摘しているように、「輸入浸透率」の集計対象が限られていることにより国内衣類生産が過少となっていると考えられるからである。経済産業省「生産動態統計調査規則別表」によると、生産動態統計における織物製縫製品の調査対象は、「従事者 30 名以上のもの」となっている。そこで、「工業統計調査」および「経済センサス活動調査」（以下、「工業統計調査等」という）によって補正を行う。補正の方法は、まず、「生産動態統計調査」における従事者総数と「工業統計調査等」における従業者数 30 人以上事業所の従業者総数との差異に着目し、「生産動態統計調査」における生産量を補正する。ただし、この方法だと従業者数 30 人以上と 29 人以下の事業所との生産性の差を反映できない。そこで、「工業統計調査等」の従業者数 30 人以上と 29 人以下の製造品出荷額等を従業者数で除した「1 人当たり製造品出荷額等」を生産性の差の近似値とみなし、その倍率によって従業者数を補正する。本書では、このような方法によって輸入浸透率を補正して計算した割合を「輸入品比率」と呼んで使用することとする。

と、1990 年代（1990 年から 2000 年）が 26.0％から 71.0％、2000 年代（2000
年から 2010 年）で 71.0％から 90.5％、2010 年代（2010 年から 2018 年）では
90.5％から 94.3％とそれぞれ上昇しており、1990 年代における輸入品比率の上
昇がかなり大きかったことがわかる。また、1990 年代においては、輸入品比
率の上昇と全輸入数量に占める中国のシェアの上昇がほぼ同じようなカーブを

図序－1　衣類の輸入量、修正国内生産量、中国のシェアおよび衣類・織物の輸入品
比率の推移（1990 ～ 2018 年）

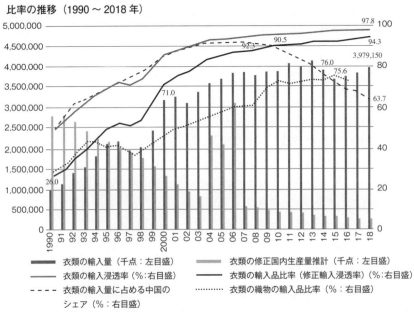

注：1）輸入品比率（または輸入浸透率）＝輸入量／国内供給量　国内供給量＝輸入量＋国内生産量－
　　　輸出量
　　2）衣類＝布帛外衣＋布帛下着＋ニット外衣＋ニット下着
　　3）「工業統計・経済センサスにおける調整後従業者数／繊維統計における月末従事者数」により
　　　国内生産量を補正し、輸入品比率を再計算した。このとき、調整後従業者数は、同調査による
　　　従業者 30 人以上の事業所と 29 人以下の事業所との「従業者 1 人当たり製造品出荷額等」の比
　　　率によって補正した。
　　4）2001 年以前は、従業者 3 人以下の「従業者 1 人当たり製造品出荷額等」が不明のため、3）の
　　　調整に加え、2002 年における従業者数 1 ～ 3 人と従業者数 4 ～ 9 人の事業所との「従業者 1 人
　　　当たり製造品出荷額等」割合（0.899）によって調整した。
　資料：日本化学繊維協会『繊維ハンドブック 2020 年版』p.55、日本繊維輸入組合「日本のアパレル
　　　市場と輸入品概況」、経済産業省『生産動態統計年報』各年版、経済産業省『工業統計調査』各年版、
　　　総務省統計局・経済産業省『経済センサス活動調査』各年版より再編・作成。

4

描いている。その後、中国のシェアは2007年にピーク（92.3%）を迎え、中国の人件費上昇と「チャイナ・プラスワン」にともなう東南アジアシフトによりその後は減少に転じ、2014年には80%を割り込み（76.0%）、2018年には63.7%まで減少している。

　次に、中間財として主力をなす織物の輸入品比率（推計）をみていく。最終製品としての衣類を「組み立てる」縫製・加工工程に対し、中間財としての織物を生産する製織工程は繊維・アパレル産業の川中に位置しており、設備集約的で多様性に富むため、輸入品比率の様相は最終製品としての衣類とは異なると推察される。しかし、織物の輸入品比率を示す統計は存在しない。最終製品としての輸入衣類に含まれる中間財としての国産織物（国内還流量）の推計が難しいからである。ここでは、織物の輸入品比率、すなわち日本国内で供給されている衣類（ニットを除く布帛衣類）[4]に含まれる輸入織物の割合を、一定の制約を許容しつつ、各種統計や資料を援用しながら推計した[5]（図序－1）。これによれば、織物の輸入品比率は、1900年代当初には30%を下回っていたが、1990年代中頃までに40%前後となり、2001年におよそ50%の水準にまで高まった。さらに2007年には60%を超え、2010年以降は70%台半ばで推移し、2015年は75%程度となっている。

　1990年以降の衣類および織物の輸入品比率の推移を概観すると、まず衣類の輸入品比率が1990年代に上昇する。これは、労働集約的で、立地において労働費因子が重要な縫製・加工工程である。この時期には「縫製・加工工程は海外、製織工程は国内」という国際工程間分業（Fragmentation）がみられた。その後、いわゆる「リーマンショック」があった2008年から2010年にかけて、織物の輸入品比率は大きく上昇しており、衣類から織物へと段階的に輸入品が浸透していった。中間財としての織物、その生産を担う製織工程は縫製・加工工程に遅れて比率が上昇したのである。[6]すなわち、1990年代以降に国際工程

4　一般的に、衣類の中間財（部品）としての生地（テキスタイル）は、ニット（編物、メリヤス）、織物および不織布に分類できる。ニットは、大きく緯編と経編に分類され、さらに経編は横編と丸編に分類される。このうち、横編は糸からそのまま衣類ができ上がる形態が主流となっており、布帛（織物）に相当する生地の概念がなくなりつつある。このため、ここでは織物（布帛）のみを対象としている。

5　ここでは推計の具体的方法は省略する。詳細については奥山（2020）を参照されたい。

6　他方、織物工程においては、織物までを手掛ける大手原糸メーカー、特に合繊分野では、海外化のスタートは縫製・加工工程に遅れているわけではなかったが、「新興国の台頭と日本企業の海外進出もあり、2000年代に入

間分業が発生した両工程において、先行した縫製・加工工程に「吸引される」ように、再び両工程が海外（主にアジア）において垂直統合（Integration）された。このように、日本においては、組立工程としての縫製・加工工程と中間財生産工程としての製織工程が連関しながら、時間差をもって、かつ一方の工程の海外化に引っ張られるように海外化を加速させるという「海外化の段階的加速」が発生した[7]。

(2) 卸売の急拡大・急縮小

　1990 年代以降のデータで確認できる同産業の特筆すべき変化の 2 番目は「卸売の急拡大・急縮小」である。これをみるために、原料・中間財・最終製品・流通および消費のフロー（金額ベース）の変化を俯瞰する（表序－1）。

　これによって 1990 年から 2000 年までの変化をみると、最終製品の生産額はほぼ半減しているが、卸売販売額は 3 倍以上と逆に急拡大している。輸入額も約 40％増と、卸売販売額の増加ほどではないが急増している。前述の中国からの輸入量増大という状況を合わせて考えれば、中国からの安価な輸入品の流入がアパレル業をはじめとする卸売業の販売額を急拡大させたと考えられる。

　次に、2000 年から 2010 年までは、原料では、国内生産額がおよそ半減した一方、卸売では約 20％減にとどまる。中間財では、国内生産額、卸売販売額ともおおよそ半減となり、原料と中間財の生産および流通の減少に歯止めはかかっていない。最終製品については、ここでも国内生産額は半減しているだけでなく、1990 年から 2000 年にかけて急拡大した卸売販売額も縮小へと反転する。最終製品の卸売販売額は 3 分の 2 程度となった。さらに、2010 年から 2019 年までをみると、国内の原料、中間財および最終製品の国内生産額ではほぼ横ばいとなっているにもかかわらず、卸売販売額は各段階とも約 3 割から約 6 割減となり、卸売販売額の縮小が顕著である。また、小売・消費段階ではそれまで縮小を続けていた専門店販売額に代わり、百貨店等の販売額が急速に縮小した。

ると国内での合成繊維の生産から撤退する動きが顕著」（阿部・平野 2013）となった。
7　ここで、「海外化の段階的加速」は「二つ以上の関連する工程において、企業行動や制度によってある工程の海外化およびその工程がもたらす製品等の輸入浸透が急速に高まったのち、他の工程の海外化・輸入浸透が急速に高まること」と定義する。詳しくは奥山（2020）を参照されたい。

表序－1　原料・中間財・最終製品・流通および消費のフローの推移（1990 ～ 2019 年）

（単位）金額：億円 人口：千人		1990 年	増減率	2000 年	増減率	2010 年	増減率	2019 年
原料	国内生産額	38,663	▲ 47.0	20,499	▲ 59.2	8,367	▲ 1.0	8,282
	卸売販売額	44,798	▲ 45.1	24,592	▲ 19.6	19,773	▲ 29.3	13,976
	輸出額	2,835	▲ 19.4	2,284	▲ 0.5	2,273	▲ 4.6	2,169
	輸入額	5,302	▲ 60.1	2,116	▲ 29.5	1,492	30.1	1,942
中間財	国内生産額	48,072	▲ 46.7	25,599	▲ 52.5	12,168	3.7	12,618
	卸売販売額	94,851	▲ 47.2	50,087	▲ 55.3	22,369	▲ 29.0	15,883
	輸出額	5,159	▲ 18.3	4,214	▲ 40.3	2,516	7.1	2,694
	輸入額	2,507	▲ 52.3	1,196	▲ 13.1	1,039	46.8	1,525
最終製品	国内生産額	68,609	▲ 43.7	38,627	▲ 46.6	20,612	2.6	21,145
	卸売販売額	53,691	244.3	184,873	▲ 32.8	124,266	▲ 58.5	51,536
	輸出額	2,424	9.6	2,656	14.4	3,040	31.5	3,996
	輸入額	18,542	42.5	26,422	4.0	27,491	41.0	38,773
	国内供給額	84,727	▲ 26.4	62,393	▲ 27.8	45,063	24.1	55,922
小売・消費	百貨店等販売額	86,395	▲ 9.8	77,967	▲ 24.9	58,584	▲ 54.0	26,931
	専門店販売額	144,400	▲ 29.8	101,380	5.5	106,940	▲ 6.6	99,869
	人口	123,611	2.7	126,926	0.9	128,057	▲ 1.5	126,167

注：1）製造業は『工業統計調査』および『経済センサス基礎調査』、卸売・小売業は『商業統計調査』および『商業動態統計調査』、輸出入は『貿易統計表』、人口は総務省統計局「推計人口」による。

　　2）「原料」は化合繊短繊維および綿花・羊毛等天然繊維の合計。

　　3）最終製品国内生産額にはニットおよびニット生地を含む。

　　4）卸売販売額、小売販売額には「衣服」、「身の回り品（靴、履物、かばん他）」を含む。「百貨店等」は百貨店・総合スーパー。

　　5）2019 年の国内生産額は 2018 年、卸売販売額、小売販売額は 2016 年。2010 年の卸売販売額、小売販売額は 2007 年。2000 年の卸売販売額、小売販売額は 1997 年。1990 年の卸売販売額、小売販売額は 1987 年。

　　6）国内供給額＝最終製品輸入額＋最終製品国内生産額－最終製品輸出額

資料：日本化学繊維協会『繊維ハンドブック 2020 年版』p.14、経済産業省『工業統計調査』各年版、総務省統計局・経済産業省『経済センサス基礎調査』各年版、経済産業省『商業統計調査』、経済産業省『商業動態統計』、財務省『貿易統計表』、総務省統計局「推計人口」より再編・作成。

　以上のように、1990 年代からの動きを俯瞰すると、特徴的な変化を示しているのはアパレル業を主体とする最終製品の卸売業であり、1990 年から 2000 年にかけて国内の多段階での縮小にかかわらず急拡大したのち、2000 年以降現在に至るまで、反転して急縮小している。

（3）最終製品輸出の過少

　データでみられる第三の特徴は、日本における「最終製品輸出の過少」である。雁行形態論を基礎としながら中間財と最終財を分けて産業のライフサイク

表序－2　国際間貿易構造の推移（1990～2014年）

輸出国↓	1990年　輸入国→	日本	韓国	中国	米国	EU	世界
日本	原料		7	0	2	28	101
	中間財		693	630	621	1,004	5,825
	最終製品		32	53	167	150	877
韓国	原料	1		0	2	2	25
	中間財	473		199	447	547	4,578
	最終製品	1,961		13	2,466	1,122	6,373
中国	原料	213	21		4	222	633
	中間財	635	245		267	816	5,944
	最終製品	2,569	4		3,847	3,229	17,216
米国	原料	647	516	361		636	3,253
	中間財	270	125	308		1,363	4,494
	最終製品	337	11	10		648	2,212
EU	原料	60	6	37	35	1,132	1,566
	中間財	1,148	314	295	1,612	33,592	42,816
	最終製品	1,751	96	24	2,211	35,868	46,595
世界	原料	2,297	1,085	651	300	5,919	14,492
	中間財	3,822	2,506	5,124	5,062	44,500	90,265
	最終製品	8,139	188	420	26,165	62,399	120,031

輸出国↓	2000年　輸入国→	日本	韓国	中国	米国	EU	世界
日本	原料		4	4	0	2	74
	中間財		492	3,193	654	880	8,024
	最終製品		60	306	98	92	973
韓国	原料	3		3	0	13	172
	中間財	329		3,061	997	1,164	11,647
	最終製品	886		60	2,474	926	5,105
中国	原料	130	124		12	322	865
	中間財	858	1,119		559	1,210	13,420
	最終製品	15,433	897		7,912	7,645	51,926
米国	原料	186	109	64		147	2,480
	中間財	290	189	262		1,601	11,052
	最終製品	506	34	14		609	6,926
EU	原料	26	4	39	20	946	1,724
	中間財	616	350	538	2,157	34,214	47,700
	最終製品	1,502	233	46	3,567	38,603	51,193
世界	原料	688	537	956	196	3,987	13,234
	中間財	3,467	3,619	10,356	10,298	47,316	138,172
	最終製品	20,475	1,340	1,158	67,842	82,853	218,977

輸出国↓	2014年　輸入国→	日本	韓国	中国	米国	EU	世界
日本	原料		20	17	1	1	163
	中間財		392	3,178	666	822	8,170
	最終製品		63	138	66	111	907
韓国	原料	16		7	0	4	169
	中間財	377		2,254	1,025	1,409	11,877
	最終製品	178		208	324	231	1,376
中国	原料	41	32		8	323	623
	中間財	2,104	2,403		3,719	7,140	52,443
	最終製品	24,038	3,842		39,410	52,609	173,222
米国	原料	79	248	1,282		83	5,703
	中間財	252	221	1,218		1,531	11,816
	最終製品	194	105	83		824	5,068
EU	原料	30	6	216	22	1,417	2,940
	中間財	581	433	2,488	2,473	37,937	56,647
	最終製品	1,461	632	1,593	3,358	69,417	89,602
世界	原料	299	713	7,921	197	3,132	24,026
	中間財	5,407	5,157	19,212	13,705	61,147	205,344
	最終製品	33,181	8,593	5,311	123,262	202,381	478,002

注：1）中間財は織物など、最終製品は衣類などをさす。分類は経済産業研究所（http://www.rieti.go.jp/jp/
　　　projects/rieti-tid/pdf/1603.pdf）に基づく。
　　2）単位：百万米ドル。
資料：経済産業研究所「RIETI-TID2014」http://www.rieti-tid.com/trade.php（2017年2月7日閲覧）より
　　　作成。

ルを俯瞰すれば、中間財を輸入して最終財を輸出する「組立生産型」から「一貫生産型」へ、次に資本集約的な「中間財生産への特化」、そして最終的には発展過程で得られた高い技術レベルや確立されたブランド等を活かして「高品質、高機能の製品への特化」へと移行する。

　しかし、日本の繊維・アパレル産業においては、こうした国際的な棲み分けが不十分であり、低価格品の輸入急増の反面、高価格帯で輸出可能な製品の高度化が遅れている。この点、経済産業研究所が提供している「RIETI-TID2014」では、生産工程別に整理した貿易産業分類表を作成しており、国際的な生産工程間分業の進展について分析可能なデータを提供する（表序−2）[8]。

　これによれば、1990 年時点における中国からの最終製品の輸入は、地理的に近い日本だけでなく、米国や EU でもすでに始まっている。しかし、この時点では、日本の中国からの輸入額は、米国・EU に比べてそれほど大きくない。しかし、2000 年においては、米国・EU に比べ日本の中国からの輸入額は突出して高くなり、これらの 2 倍以上になっている。一方、1990 年から 2000 年までに全世界への最終製品の輸出については、米国や EU が伸ばしている一方、日本は極めて少額（973 百万ドル）で、かつ、ほとんど増加していない。この間、中間財の輸出は増加しているが、この増加は中国向けが多く、中間財を輸出して縫製・加工し、それを逆輸入するという方法の輸入にともなうものである。さらに 2014 年をみると、注目すべきは中国の中間財輸出の急増である。中国は最終製品だけでなく中間財においても世界的な競争力を備えるようになった。最終製品でみると、中国から他国への輸出額は日本も伸ばしてはいるが、米国や EU の増加が著しく、米国は日本の約 1.5 倍、EU は 2 倍以上となった。

　もう一つの注目点は、日本は先進国の中で、最終製品の輸出額が極めて少ないことである。2014 年における米国、EU、日本の最終製品輸出の変化を比較すると、米国で 5,068 百万ドル、EU は域内取引を差し引いても約 20,000 百万ドルとなっている一方、日本は 907 百万ドルにとどまっている。各国の経済規模を勘案しても、日本の最終製品輸出額の過少状況は際立っている。

8　現在は改訂版として「RIETI-TID2019」が公表されているが、必要なデータを収集可能であるという観点から、ここでは「RIETI-TID2014」を使用している。

2．本書の分析視角と競争概念

(1) 本書を貫く課題の認識

　我々の生活を支え、外貨獲得の主役だった繊維・アパレル産業とその産地
——かつては世界随一の競争力を誇った産業、その産業の生産を支えて隆盛を
極めた産地——の現状をみると、国内需要の成熟、低迷する最終製品輸出、急
速な輸入品への代替により国内生産は低迷し、多くの産地は存続の危機に瀕し
ているといっても過言ではない。

　しかし、国内アパレル産業の市場規模はバブル期の 15 兆円から近年は 10 兆
円程度に減少したものの、市場がなくなったわけではない。この間、国内の衣
類供給量は 20 億点から 40 億点程度へと倍増した。世界においてアパレル産業
はむしろ成長産業である（杉山 2018、経済産業省 2020）。産業のレベルアッ
プに必要なイノベーションについても、国内市場が成熟した 1980 年代以降に
おいて QR（クイック・レスポンス：注文に応じて素早く反応する経営手法）
やロードサイドの紳士服販売チェーンなど革新的な業態開発や手法もみられる。

　また、日本のアパレル企業がグローバル市場で活躍できていないというのも
一方的な見方である。日本発のユニクロなどを擁するファーストリテイリング
は世界有数の SPA に成長した。ただし、こうした個別企業の成長と、個別企
業が集団化されたある国・地域の「産業」や特定の「地域産業」の成長とが同
期する保証はない。個別企業の成長が、その企業の出身、本社所在の国・地域
の競争力低下を促進させることもあり得るのである。

　アパレル業の急速な低迷と競争力低下の要因については、先行研究にいく
つかの見解が示されている。髙岡（2000）は、委託販売と QR の導入という二
つの局面におけるオンワード樫山とレナウンの企業間競争を例にとり、常にオ
ンワード樫山が先行し、レナウンが追随するという同質化競争に傾斜して差別
化競争がみられないこと（「同質化競争と差別化競争の繰り返しパターンの欠
如」）を指摘する。

　伊丹（2001）は、繊維産業の競争力低下の原因を日本の繊維産業の産業構造
と産業政策に求めた。具体的には企業の過小過多、分断された生産構造、社会

政策的な産業政策などである。くわえて、アパレル業については「逃げる」と「借りる」という言葉でその問題点を指摘する。「逃げる」と表現されるのは生産の海外化と差別化要素としてのデザインの非重視、「借りる」は主に差別化市場におけるブランドをさしている。ここでの視角は、産業内の企業間行動の域を超えて産業総体としての行動に競争力低下の要因を見いだしている。

　福田（2019）は、国内アパレル業を取り巻く問題点として、自らの価値観が希薄で世の中のトレンドに流されやすいフォロアー層の減少、少子高齢化、単価の下落の3つを挙げる。「日本市場が成熟化しているのは周知の事実であり、ゆえにグローバル市場に目を向けなければならないのであるが、日本の繊維・アパレル（業）の各集団はこぞって海外生産には積極的に取り組んだが、海外市場開拓には一部の企業を除いて積極的に取り組んでこなかった」という問題点は、先行研究に共通した見方である。

　しかし、限定された合理性の中でも自身の競争力を強化し、最大の利潤を得ようと行動する企業が、なぜ「逃げ」たり「借り」たりすることに終始し、成長市場であるグローバル市場に目を向けなかったのであろうか。それを解明するには、個別企業の行動パターンだけでなく、複数の企業が一定の類似性をもつ集団、たとえば百貨店アパレル業やSPA、総合商社といった類似の事業システム[9]をもつ集団や、特定の地域に集積して互いに集積の外部経済を共有する集団の行動パターンとそれらの相互作用のプロセスを研究の視角とすることが必要となる。

（2）本書の分析視角

　本書は、繊維・アパレル産業におけるセミ・マクロ的な競争局面とそれによる構造変化を描くことを目的としている。ここで、セミ・マクロ的な競争局面とは、個別企業間の競争ではなく、産業（供給網）内において類似した事業システムを有する複数の企業、あるいは同じ地域に立地する複数の企業を「（広義の）集団」とみなし、特定の集団とそれ以外の集団との競争局面をさす。た

9　加護野（1999）によれば、事業システムとは「どの活動を自社で担当するか、社外の様々な取引相手との間にどのような関係を築くか、を選択し、分業の構造、インセンティブのシステム、情報、モノ、お金の流れの設計の結果として生み出されるシステム」をいう。本書では、ドメイン（事業領域）、取引先などの構造を相対的に示す言葉として使用する。

とえば、総合商社と専門商社、百貨店アパレル業と専門店アパレル業、卸売を発祥とする従来型のアパレル業と小売を発祥とする SPA との競争局面である。個別企業間ではなく、こうした集団と地域とが輻輳した多元的・立体的な競争局面を分析し、「セミ・マクロ的経営理論」によって産業構造変化の解説を試みるのが、本書の視角である。こうした理論フレームは、けっして新しいものではなく、事業活動を機能ごとに分類し、各機能においてどのような、あるいはどの程度の付加価値が生み出されているのかを分析する「バリューチェーン」、特定の国の特定の産業が国際的に競争力を持つ条件を示した「ダイヤモンド・モデル」、地域の産業集積を集団的学習システムと捉える「地域学習システム」、イノベーションを生み出す学習プロセスを生成する経済的、社会的、政治的、制度的関係を焦点とする「地域イノベーションシステム」、地域の制度的関係を参照しながらその変更を試みる企業家などのアクターと制度との相互作用に焦点を当てた「制度的企業家論」などと深く関係している。

　いうまでもなく、企業の集団は、個別企業の戦略的意思決定による企業行動の合成によって形成され、変化する。企業行動は、ある企業の同質化の試みであったり、集団からの差別化の試みであったりする。集団の発生と変化も、極めて多様であるが、これらの方向性は、企業間の認知と行動の相互作用によって開発され、領域化されていく。また、集団は、しばしば競争のルールを形成し、集団の競争力を強化しようと試みる。[10]品質基準や取引慣習などがこれにあたる。このように考えることで、集団間あるいは地域間の競争や協調は、個別企業の行動の所産という受動的客体としてではなく、それ自体が他集団の存立条件や行動、集団内外の個別企業の行動、あるいは政策に能動的に影響を及ぼす主体と捉えることが可能となる。

(3) 競争とは何か：本書における競争の概念
①競争の定義

　岩波書店『広辞苑　第五版』によると「競争」とは「勝負・優劣を互いにきそい争うこと」とある。さらに、小学館『デジタル大辞泉』では、「1　互いに

10　Porter（1982）は、競争戦略について「社会的に望ましいとされる競争行動についてゲームのルールを無視して実行することはない」とし、そのルールは社会の倫理や公共政策によって規定されるとしている。

同じ目的に向かって勝敗・優劣をきそい合うこと。2 生物の、ある生息空間や食物をめぐる相互作用。異種どうしの種間競争と同一種どうしの種内競争がある。」とし、種間と種内という重層的な競争局面を想定している[11]。本書では、競争を「同種または異種の主体あるいはその集団が優劣をきそい争うこと」と定義する。

②競争の場面

経済学では、多数の供給者、財の同質性、情報の完全性を前提とした完全競争では個別企業はまったく市場支配力をもっておらず、他方で独占市場ではその定義に内包されているように競争が生じない。しかし、現存するほとんどの市場は完全競争市場でも独占市場でもなく、その限りにおいて競争は企業の活動として意義を有する。たとえば、市場に少数の企業しか存在しない現実的な寡占市場では、各企業は、自社の戦略が他社の戦略によって変更する可能性があるとともに、他社の戦略にも影響を及ぼし、何らかの作用があることを事前あるいは事後的に認識している。多くの企業はその不完全な市場支配力によって他社と競争する。

地域内企業間競争の激しさが、地域の競争力を強化する（Porter 1982）。一方、その激しさが地域の競争力をむしろ阻害する場合も考えられる（宇田川 2000[12]）。前者はレベルアップに重点を置き、後者は利益と再投資の循環に重点を置く立場といえ、地域内企業間競争の激しさが地域外での競争力強化につながるかについては、実際には当該地域の諸状況に依存する。

③競争の動態性

企業の競争は、その時点での競争優位を実現しているか否かといった静態的なものだけではなく、他社への対抗的活動をどのように行うかといった動態的

11　なお、独占禁止法（私的独占の禁止及び公正取引の確保に関する法律）において競争は以下のように定義されている。

「競争」とは、二以上の事業者がその通常の事業活動の範囲内において、かつ、当該事業活動の施設又は態様に重要な変更を加えることなく次に掲げる行為をし、又はすることができる状態をいう。
一　同一の需要者に同種又は類似の商品又は役務を供給すること
二　同一の供給者から同種又は類似の商品又は役務の供給を受けること
同法では、公正な競争確保の観点から「供給者少数、需要者多数」だけでなく「供給者多数、需要者少数」の競争を視野に入れている。

12　こうした理論を「国内競争消耗論」という。日本は、同一産業における国内の企業数が多いため国内競争において利益を確保できず、低収益体質となっているとする論である。

なプロセスとして捉えられる。競争は、常に変動している需要と供給の中で企業間の相互作用は大きく、かつ複雑である（Dickson 1992）。企業がその変化に対応して自己を変革する能力の重要性を説く近年の「ダイナミック・ケイパビリティ論」も競争の動態性をその前提としている[13]。

④競争の手段

　企業の競争は、企業の戦略的行動に基づくものであり、最小費用での生産手段の発見や、より価値の高い財生産への資源の投入といった経済学的な効率を追求するという方向だけにとどまらない。競合他社の市場競争上の地位を低下させる、あるいは抑制させるような制圧的行動も含まれる。たとえば、既参入企業のみが享受できるメリットを活かしながら新規参入企業より低価格とする戦略（参入阻止戦略）や、自社の費用水準にかかわらず、市場から競争相手を締め出すために意図的に低価格戦略（略奪的価格戦略）をとることもある。

　企業間競争の中心的な焦点は、財市場をめぐる同種あるいは類似の商品を供給する企業相互の水平的な競争、すなわち直接的な「市場（需要）獲得競争」であることはいうまでもない。本書ではこれを「水平的競争」と呼ぶ。他方、直接市場（需要）獲得競争をしない取引相手との垂直的な付加価値の分配をめぐる競争も広義の競争概念として認識される。本書ではこれを「垂直的競争」と呼ぶ（図序－2）。

　また、企業間あるいは集団の競争は、最終的には財市場での競争に収斂するが、経営資源をめぐる競争も重要なプロセスとして認識される。たとえば、天然資源、人材、資金、技術・知識、情報などの獲得競争（資源獲得競争）で

図序－2　水平的競争と垂直的競争

資料：筆者作成。

13　ダイナミック・ケイパビリティ論については Teece（2009）を参照されたい。

ある。資源獲得競争は水平的競争でも垂直的競争でも実施される。ただし、労働市場においては財ほど細分化されていないため、この中で人材獲得競争は垂直的な企業間でも繰り広げられるし、垂直的な取引関係の中で取引先から情報や知識をどのように獲得していくかという競争も想定される。

⑤競争と協調

企業間の関係は競争だけではない。同じ業種間で激しい競争を繰り広げながらも、一部では協調して事業を展開する。シェア争いをしている飲料メーカーどうしが共同配送網を構築、複数のアニメ制作会社がかつて海外にセル画制作を共同で委託するなど、業務の一部についてライバルが協調することはよく知られている。協調は競争を阻害し、独占禁止法との関係も出てくる行為であるが、経済学的にみれば、初期投資の抑制や規模の経済性などを通じて生産性が高まり、価格低下を通じて需要者に便益をもたらす可能性がある。

このほか、集団内の企業がそれぞれの技術を持ち寄って共同で製品を開発し、他のライバルとの競争で優位に立とうとする場合にも協調が行われる。協調は水平的だけでなく、直接のライバルではないが付加価値獲得競争を繰り広げている垂直的な企業関係の中でも実施される。その典型例が長期契約や系列関係の構築である。長期契約は柔軟性を失うとともに、特殊資産への投資をともなうなどリスクもあるが、ライバルを取引から締め出す効果もある。

3. 集団間競争と地域間競争

(1) 集団間競争の概念とその形成

①集団間競争の概念

次に、本書で取り扱う、ある「(広義の) 集団」とそれ以外の「(広義の) 集団」との競争局面を考えてみよう。ここで取り上げるのは、(狭義の) 集団間競争 (以下「集団間競争」) と地域間競争である。まず、集団間競争とは、産業 (供給網) 内において類似した事業システムを有する複数の企業を「集団」とした場合の、それら集団間の競争をさす。集団間競争には個別企業間の競争のように水平的競争と垂直的競争がある。これらをそれぞれ水平的集団間競争、

---

14 Brandenburger & Nalebuff (1996) は、ライバル企業との競争と協調の両面を "co-opetition" と呼んでいる。

垂直的集団間競争と呼ぶ。繊維・アパレル産業における水平的集団間競争の例としては、原料段階での綿紡績など天然繊維の紡績業と化合繊メーカー、百貨店アパレル業と専門店アパレル業、小売段階での専門店と百貨店などを挙げることができる。縫製・加工業と、その一部を請け負うパターン請負業は、パターン工程において水平的な集団間の競争関係にある。垂直的集団間競争の例としては、紡績業や化合繊メーカーなどの原糸メーカーとアパレル業、アパレル業と商社、アパレル業と縫製・加工業、百貨店アパレル業と百貨店などを挙げることができる。前述の縫製・加工業と、その一部を請け負うパターン請負業は、パターン工程でみれば水平的な集団間の競争関係、パターン工程と縫製・加工工程との接続でみれば付加価値を奪い合う垂直的な集団間の競争関係にあるといえる（図序―3）。

　次に、同じ地域に立地する複数の企業を「（広義の）集団」とみなし、これらの集団間での競争を「地域間競争」と呼ぶ。事業システムの異同のレベルは様々であるが、たとえば百貨店アパレル業と専門店アパレル業のように同等の製品を取り扱っていても、主たる取引先が異なることで集団としては別々の集団として認識される。これらは「アパレル業」という大きな集団の部分的集団としても認識される。この意味で集団には階層的な部分集団が存在する（図序―4）。

　生物のメタファーを利用すれば、ある草食動物を獲物とする肉食動物種内の競争は、集団内の企業間競争、肉食動物種間の競争は水平的な集団間競争、当該草食動物と肉食動物間の競争（どうしたら天敵から逃げられるか、どうしたら効率よく獲物を獲得できるかなど）は垂直的な集団間競争となる。また、集団においては、その集団に適した生態系をいかに構築するかということも重要となる。集団は、より適した生態系のためにしばしば移動をともない、それが各地域の生態系に影響を及ぼす。これは、各地域からみれば地域間競争となる。

②集団間競争の目的と次元

　集団間競争の最終目的は、そこで生じた自社にとって有利な条件や外部経済性を自社の付加価値向上、企業間競争の優位性につなげていくことである。水平的集団間競争であっても、他の集団よりも有利になるよう「集団」で競争することにより、最終的には個別企業の競争力を強化することができる。

図序－3　競争主体概念の拡張による競争の類型

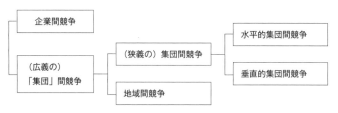

資料：筆者作成。

図序－4　繊維・アパレル産業における主な集団（イメージ）

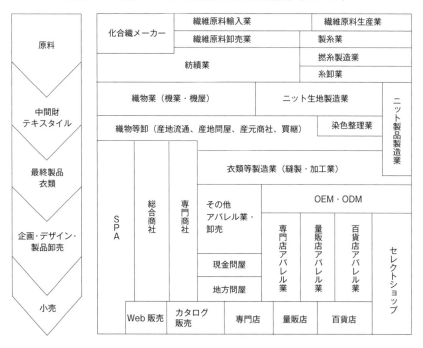

注：業務の起点は、多くの場合「企画」であり、ここから原料や中間財の生産、最終製品の生産に
　進んでいく。
資料：筆者作成。

　集団間競争は大きく3つの次元によって繰り広げられる。

　第一に「企業の引き寄せ」、すなわち集団規模をめぐる競争である。集団はその規模を拡大すれば集団内での競争は激しくなるが、集団の他集団に対する影響力は高まり、競争ルールを自集団に有利に変更することが容易となる。

　第二に「機能（役割）の引き寄せ」、集団間の機能的境界をめぐる競争である。集団は、より先進的な、より付加価値の高い機能を他集団から奪い取り、自集団に引き寄せようとする。商社などがOEM・ODMを展開し、アパレル業から生産管理機能や企画・デザイン機能を引き寄せたのは、この競争次元に該当する（本書第1章）。

　第三に「付加価値の直接的引き寄せ」である。これは、取引・交易条件をめぐる競争である。もちろん、取引・交易条件は個別企業の競争の上で決定されることが名目ではあるが、実際には各集団間における取引事例、慣習、「相場観」によって形成される。集団は、自集団に付加価値を引き寄せるために取引・交易条件を自集団に有利に変更し、それを定着させようとする。

③集団の形成経路

　集団はいくつかの経路によって形成される。第一に、産業規模の拡大にともなって同一または類似の製品・サービスの供給者が増えるという経路である。たとえば、シェアリングエコノミーは2010年頃までは業界として認知されていなかったが、供給企業が増えることによって業界として認知され、サービス品質を保つために協会が設立されるなど集団が形成された。また、地域間競争における地域の「集団」は需要の増加が集積に企業を惹きつけ形成された集団である。第二に、ファーストムーバー（先行者）が開発した事業システムに他の企業が追随・同質化することによって新たな集団が形成される場合である。百貨店を主たる販路とする百貨店アパレル業、海外で主たる生産を行う縫製・加工業などは、こうして形成された集団といえる。第三に、ある集団が機能を統合（垂直的統合や水平的統合）あるいは分離（垂直的分離や水平的分離）することによっても新たな集団が形成あるいは消滅する。上記三ついずれの場合でも、企業の競争や協調の結果として形成される商習慣や競争ルールなどの制度に順応するかたちで組織は同質化する傾向にあり、それは個体群生態学で想定されているような競争による淘汰の結果だけではなく、たとえ経済学的には

非効率であっても、自ら主体的に「正統性ある集団」へと自らの事業システムを同質化させていく（DiMaggio & Powell 1983）。

また、多くの場合、集団の境界は地域よりも曖昧で流動的である。[15] アパレル業の低価格化の追求にともない販路を制約されたニット製造業（ニッター）は、自ら企画・ブランド機能を統合して活路を見出す「新たな集団」として認識しうる（本書第10章）。

なお、個別企業は、当該企業の事業システムや立地の変更によって自らの属する集団を変更することも可能である。集団内企業との事業システムの類似から脱却し、あるいは異なる集団の企業を模倣することによっても集団間を移動する。さらに、厳しい付加価値獲得競争に直面した企業は、取引相手を変えることで状況を克服することも可能である。海外に進出した縫製業の一部は、日本だけでなく海外への販路拡大も進めている（本書第5章）。

④集団間競争の手段

個別企業の競争と異なり、集団間の直接の競争手法は限られる。集団内の企業が協調して価格を硬直化させたり、あるいは需要をコントロールしたりすることは法律上制約されるからである。ただし、組合など集団の意思を代表する組織を通じてライバルまたは付加価値獲得をめぐる競合他社に対し働きかけることは可能である。

最も典型的な集団間の競争手段はルールの設定である。たとえば、製品の品質基準や安全基準の集団としての設定は需要者にメリットを及ぼすが、新規参入者に対して障壁を設けることにもなる。これらの多くは、集団内企業間の協調によって設定されるが、優越的地位を行使しないまでも、集団内で大きな力をもった企業に集団内の他社が協力せざるを得ない状況によって設定されることもある。[16] 規範に従わない場合には何らかの制裁を受ける（Parsons 1937）。たとえば、産地の機業が、産地問屋等を通さないで商品を直接、集散地問屋に提供した場合には、その機業は、当該産地問屋等から取引停止という制裁を受

15　DiMaggio & Powell（1983）では、類似した事業システムに同質化される変化を同型化（Isomorphism）と表現し、これら同型化した企業等が領域化したものを組織フィールドと呼んでいる。

16　独占禁止法上の優越的地位にあたるかどうかは、①取引の相手方の行為者に対する取引依存度、②行為者の市場における地位、③取引の相手方にとっての取引先変更の可能性、④その他行為者と取引することの必要性を示す具体的事実を総合的に考慮して判断される。

ける可能性がある。産地における卸売業（産地問屋等）による製造業（機業
等）に対する支配的な関係は、こうした取引秩序を逸脱する場合の制裁も想定
されることで維持される面もある（本書第9章）。

　また、環境変化や社会的な技術革新によっても集団間に新たな競争手段が
付加される。EC（電子商取引）などの普及によってwebが有力な販路となり
集団間競争の状況を変化させる（本書第2章）。SDGs（持続可能な発展のため
のゴール）といった新たな社会潮流も、競争条件の一つとなり得る（本書第3
章）。

⑤集団間の協調

　企業間にも競争と協調があるように、集団間にも競争だけでなく協調がみ
られる。集団間における協調は、当事者となる集団の競争力強化を目的とする。
水平的な集団間協調では、法的問題を回避しながら暗黙的な価格維持を図るだ
けでなく、取引の制限や基準の創設、知識や情報の囲い込みなどにより、他集
団をその分野から締め出すことが可能となる。他方、力を持つ垂直的な集団間
協調でも、垂直的に統合していない他集団などを締め出すことができる。たと
えばゲーム分野のソフトメーカーとハードメーカーが協調してゲームの流通を
閉鎖的にする場合などがこれにあたる。ここでは、水平的あるいは垂直的に多
角化し、両方の集団に属している力のある個別企業が主導的な役割を果たす。

　海外企業との取引を実現させた日本のテキスタイル業は、いくつかの先行企
業が既存の取引秩序を克服して海外の同業との地域間競争に挑み、協調して海
外展示会へ積極的に出展したことを契機としている（本書第8章）。また、下
請業務が中心であった繊維産地では、海外との地域間競争の中で厳しい環境に
おかれてきたが、制度的企業家が先導する新たな協調がみられる（本書第11
章）。

（2）地域間競争

　地域間競争とは「ある地域のある産業を一つの競争主体とみなした場合の、
二以上の地域での競争」である。[17] 一方、地域間の生産的なつながりは「地域

17　ここでの地域間競争は、いわゆる地域経営論などで主張される、選択制の中での住民の引き寄せによって競
争する地域間競争を意味しない。あくまでも企業など産業的な主体（アクター）による地域の産業および産業群
（クラスター）の競争を意味する。

間分業」でもある。水平的には「高価格帯製品は国内で、低価格帯製品は海外で」という分業に代表され、垂直的には「テキスタイルは国内で、縫製・加工は海外で」という分業である。分業は社会性を前提にすると社会的分業と称される。Durkheim（1893）によれば、社会的分業が正常に進めば、社会の諸機能の相互依存関係が強まり、有機的な連帯が形成されると考えられているが、現実の近代西欧社会では、無規制的な産業化のために諸機能の相互依存よりも不統合が、有機的連帯よりも弱肉強食の対立・抗争が、むしろ支配的になっているという。このような社会的分業の状態がアノミー（社会的規範の動揺、弛緩などによる混沌状態）となる。

　地域内の企業群には費用の節減、技能者のプール、イノベーションや知識のスピルオーバー、競争によるシナジー効果、埋め込まれた知識の活用、さらには相互学習などを通じた集積の外部経済性が働き、それは一般的に集積の規模が大きいほど高いと考えられており、またそれは地域内の企業間の協調性や競争性のバランスによって変化する。このため、地域内の企業は競争の一方で、状況に応じて協調による外部性の発現をめざす。これも地域間競争力の強化の一側面である。また、地域間競争は集団間競争と同様に「企業の引き寄せ」「機能の引き寄せ」「付加価値の直接的引き寄せ」といった大きく3つの次元で行われる。特に「企業の引き寄せ」、すなわち地域の産業規模をめぐる競争は地域間競争にとって重要である。なぜなら、産業規模は集積の外部性の大きさに影響し、地域内企業の競争力を高めるという累積的な効果が期待できるからである。「機能の引き寄せ」も、地域の付加価値を高めるために、サプライチェーンの中でより先端的で付加価値が高い機能を獲得していくことが地域の競争力を高めることになる。貿易の比較優位原則に従えば、最小費用を実現できる地域の競争力が高いといえるが、その前提は、産業に必要な経営資源が備わっていることである。人材、技術や知識は地域への粘着性が比較的高く、その形成には「企業の引き寄せ」「機能の引き寄せ」が必要となる。こうした意味で、企業の地域間の移動や技術を有する人材の移動は、地域の競争力強化にとって重要な役割を果たす。[18]地域の動態的な競争と協調、さらには政策プロ

セスなどがシステム化され、イノベーションが強化される。[19]

　なお、最小費用を実現できる地域だけがその製品・サービスに関する事業を一手に引き受けるようになるのかといえば、そうではない。製品・サービスの輸送費が高ければ、特定の地域に供給するための最小費用立地は分散される。また、地域固有の原料や技術など地域資源を活用した差別化により同一製品とみなされない場合も立地は分散され得る。さらに、実際の競争では、競争劣位にある地域には猶予（「緩やかな淘汰」の）期間が与えられ、この期間を利用して、「能力構築競争」に挑み、生産性向上を行うことが可能である（藤本 2019）。これによれば、労働費で比較劣位となった国内の繊維産地も存続条件を備えることができる。

(3) 競争の重層性

　集団間競争と地域間競争が同時あるいは重層的に発生する場合もある。大型店と商店街との水平的集団間競争は、ロードサイドと駅前（中心市街地）との地域間競争でもある（地域間・集団間競争）。また、地域内にも水平的および垂直的集団間競争がみられる。典型的なものは織物産地における産地問屋等の産地流通業者と機業等の産地生産業者との垂直的集団間競争である（地域内・集団間競争）。集団間では各組合の交渉を通じて料金を取り決める場合もある。

　基本的に、企業は事業システムや活動地域を選択することができるため、企業間競争と地域間競争のベクトルは必ずしも一致しない。それゆえ、ある地域を発祥とする集団が行う生産の海外化は、当該集団の発展を促進する要因になると同時に、発祥となった地域にとっては発展を阻害する重要な要因ともなり得る。たとえば、ある集団のある企業が労働費の低減を企図して日本のある地域から中国のある地域へと生産拠点を移動すれば、集団内でも地域間競争が繰り広げられる（集団内・地域間競争）。これによって両拠点間で地域間での競

地するかは国民あるいは住民福祉や雇用、税収に関わる大きな問題である。そこで国や地方政府は誘致政策などによって企業の行動を変化させることが可能である。

19　これらのシステムは、国家イノベーションシステムあるいは地域イノベーションシステムと呼ばれる。これらの概念は、イノベーションに関して、特定の国または地域に存在する主体（アクター）を知識の創造と利用の共同システムの要素とみなし、それらの相互関係を重視し、総体として国家または地域のシステムとみなす。国家イノベーションシステムの詳細は Lundvall (1992)、地域イノベーションシステムの詳細は Cooke (1992) をそれぞれ参照されたい。

図序－5　競争の重層性

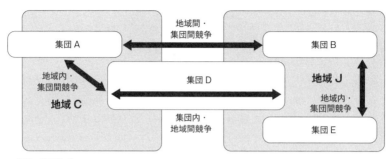

集団A

集団B

集団D

集団E

地域間・
集団間競争

地域内・
集団間競争

地域C

地域J

地域内・
集団間競争

集団内・
地域間競争

資料：筆者作成。

争関係が変化し、このケースでは移動先地域の産業規模の拡大や機能の包摂に
より競争力が強化される（図序－5）。かつて都市型産業であった縫製・加工
業の地方展開を越えた国際的な広がりは、商社やアパレル業の集団間競争の中
でもたらされ、日本から中国への組織能力の移転を通じて結果的に産地の競争
力に影響を与えた（本書第4章）。

　垂直的に統合している企業集団の場合には、サプライチェーンの各段階で集
団間競争がある。相互に密接に連関し、交易条件によって利益が増減する産業
間において、二つ以上の集団にまたいで存在する企業は、産業間での組織能力
を移転させることが可能となり、集団間競争に大きな影響を与える。縫製・加
工工程を海外へ移転した各業種（集団）に属する企業の多くは、現地資本企業
が強力なライバルとなり、様々な問題性を抱えて撤退した（本書第6章）。

　他方で、地域をまたいだ分工場は集団内での地域間競争を引き起こす。海外
分工場のスクラップ・アンド・ビルドを採りにくい中小企業が中心の縫製・加
工業という集団にとって、地域間分業は日本国内の工場と海外の分工場との地
域間競争という側面も有する。こうした状況を克服するための海外分工場の革
新には独自のマネジメント手法が重要となる（本書第7章）。

4．本書の構成

　以上、本書の分析対象である1990年代以降の繊維・アパレル産業の変化を

概観するとともに、分析視角である集団間競争および地域間競争に関する諸概念についてみてきた。本書では、これらの競争概念を前提としながら、繊維・アパレル産業におけるセミ・マクロ的な競争局面とその構造変化について、専門分野がそれぞれ異なる著者らの視角と研究成果に基づいて描いていくことにしたい。

　本書は大きく三部構成となっている。第一部は「企画・デザイン機能、製品流通機能をめぐる集団間競争」であり、三つの章を設けている。第1章では、製品企画・生産における集団間競争の下でのアパレル業の競争力低下を、OEM・ODM事業を中心に描く。第2章は、百貨店や専門店など販売チャネルをめぐる集団間競争と、近年のEC（電子商取引）の台頭による対応を考察する。第3章は、SDGs（持続可能な発展のためのゴール）を集団間競争・地域間競争の新たな競争局面と捉え、その対応について検討を加える。

　第二部は「生産機能、貿易機能をめぐる集団間・地域間競争」をみていく。ここでは五つの章を設けている。第4章から第7章までは、主に縫製・加工工程に焦点を当てる。まず、第4章では、国内外をめぐる縫製業の生産量と品質に基づく分業と競争という衣料品生産における地域間競争の構図を明らかにする。第5章は、日系縫製業者にみる海外生産の変化や国内外における事業変革への取り組みをみていく。第6章では、業態別海外進出・撤退の状況を明らかにしながら、生産の海外化にともなう日系縫製工場の「自社工場のジレンマ」という現象を分析する。続く第7章では、縫製・加工業の海外分工場を対象に、地域間分業を行う縫製加工業に内在する地域間競争を考察する。そこには、海外分工場ゆえの革新の困難性が存在する。第8章は中間財であるテキスタイル業に焦点を当て、その海外市場開拓にみる地域間競争を考察する。

　第三部は「国内産地の競争力再生」について、三つの産地を取り上げる。第9章では、静岡県の遠州別珍・コーデュロイ産地における下請産地から企画提案型産地への転換のプロセスを考察する。第10章では山形県における横編ニット産地を取り上げ、産地が企画・デザインや製品流通といった機能を如何に包摂していったかを明らかにする。第11章では、山梨県の郡内織物産地を事例とし、資源、制度・組織、企業家活動による高付加価値化をめざす地域の取組を分析する。

24

参考文献

赤松要（1965）『世界経済論』国元書房。

阿部武司・平野恭平（2013）『繊維産業』日本経営史研究所。

伊丹敬之・伊丹研究室（2001）『日本の繊維産業―なぜ、これほど弱くなってしまったのか』NTT出版。

井上義朗（2012）『二つの「競争」―競争観をめぐる現代経済思想』講談社。

宇田川勝・新宅純二郎・橘川武郎編（2000）『日本の企業間競争』有斐閣。

奥山雅之（2020）「繊維・アパレル産業における輸入浸透の実態と縫織連携の課題」産業学会『産業学会研究年報』第35号、pp.91-109。

小田切宏之（2019）『産業組織論―理論・戦略・政策を学ぶ』有斐閣。

加護野忠男（1999）『「競争優位」のシステム―事業戦略の静かな革命』PHP研究所。

加藤秀雄・奥山雅之（2020）『繊維・アパレルの構造変化と地域産業―海外生産と国内産地の行方』文眞堂。

清成忠男（2010）「地域自立への挑戦」龍谷大学経済学会『龍谷大学経済学論集』第49巻第4号、pp.161-176。

桑田耕太郎・松嶋登・高橋勅徳（2015）『制度的企業家』ナカニシヤ出版。

経済産業省（2020）「繊維産業の現状と経済産業省の取組」。

小西唯雄・石原敬子（1990）「『競争』の概念と競争政策（上）」公正取引協会編『公正取引』第481号、pp.19-25。

小西唯雄・石原敬子（1990）「『競争』の概念と競争政策（下）」公正取引協会編『公正取引』第482号、pp.24-30。

塩沢由典（2014）「雁行形態発展論と東アジアの国際生産・貿易ネットワーク（第12章）」塩沢由典・有賀裕二『経済学を再建する―進化経済学と古典派価値論』中央大学企業研究所、pp.459-492。

杉山真（2018）「繊維産業の現状と課題」東レ経営研究所『繊維トレンド』第128号。

髙岡美佳（2000）「アパレル―リスク適応戦略をめぐる明暗」宇田川勝・新宅純二郎・橘川武郎編『日本の企業間競争』有斐閣、pp.152-173。

遠山恭司（2009）「日本とイタリアにおける産業集積比較研究―持続的発展のための経路破壊・経路創造」慶應義塾経済学会『三田学会雑誌』第101巻第4号、pp.715-739。

福田稔（2019）『2030年アパレルの未来―日本企業が半分になる日』東洋経済新報社。

藤本隆宏・前川諒樹・岩尾俊兵（2019）「産業競争力と『緩やかな淘汰』」グローバルビジネスリサーチセンター『赤門マネジメント・レビュー』第18巻第1号、pp.5-40。

米谷雅之（2007）「企業間の対抗と競争概念」広島経済大学『広島経済大学創立四十周年記念論文集』pp.337-356。

Brandenburger, A. M. and B. J. Nalebuff (1996) *Co-opetition; A Revolutionary Mindset That Combines Competition and Cooperation*, New York: Doubleday Business.

Cooke, P. (1992) "Regional Innovation Systems: Competitive Regulation in the New Europe", *Geoforum* 23: pp.365-382.

Dickson, P.R. (1992) "Toward a General Theory of Competitive Rationality", *Journal of Marketing*, Vol.56, No.1, p.69-83.

DiMaggio, P. J. and W. W. Powell（1983）The Iron Cage Revisited: Institutional Isomorphism and Collective Rationality in Organizational Fields, *American Sociological Review*, Vol.48, No.2, pp.147-160.

Durkheim, É.（1893）*De la division du travail social*, Paris: Les Presses universitaires.（田原音和訳（2017）『社会分業論』ちくま学芸文庫。）

Lundvall, B.-Å. ed.（1992）*National Systems of Innovation*, London: Pinter.

Lüetge, C（2019）*The Ethics of Competition: How a Competitive Society Is Good for All*, Cheltenham: Edward Elgar Pub.（嶋津格訳（2020）『「競争」は社会の役に立つのか──競争の倫理入門』慶應義塾大学出版会。）

Parsons, T.（1937）*The Structure of Social Action: A Study in Social Theory with Special Reference to A Group of Recent European Writers*, New York: McGraw Hill（厚東洋輔・稲上毅・溝部明男訳（1986）『社会的行為の構造』（1）木鐸社。）

Parsons, T.（1951）*The Social System, Glencoe*, Illinois: The Free Press.（佐藤勉訳（1974）『社会体系論（現代社会学大系）』青木書店。）

Porter, M. E.（1982）*Cases in Competitive Strategy*, New York: Free Press.

Teece, D.J.（2009）*Dynamic Capabilities and Strategic Management: Organizing for Innovation and Growth*, Oxford: Oxford University Press.

第一部

企画・デザイン機能、製品流通機能を
めぐる集団間競争

第1章

アパレル業の競争力低下と OEM・ODM 事業

製品企画・生産における集団間競争の下で

加藤秀雄

　わが国のアパレル産業における衣料品（製品）企画と製品生産（縫製加工）で主導的な役割を担ってきたアパレル業の経営基盤が大きく揺れ動いている。その要因は多岐にわたるが、アパレル業が手がけてきた製品生産面に目を向けると、縫製業を直接組織してきた国内生産時代から、商社等に生産委託するようになった海外製品生産時代[1]への突入による影響が特に注目できよう。この商社等への生産委託は、業界では OEM[2] と呼び、現在ではアパレル業以外でも自社企画に基づく製品生産を可能とする取引環境の形成に繋がったといえる。実際、製品生産に関わる企業は、各種小売業を含めた「多様な業種業態」に広がりをみせている。

　さらに、商社等の OEM 事業は、単なる縫製加工による製品生産だけでなく、生地提案、生地調達、生産国別のコスト提案と品質保証などに及ぶなど、衣料品づくりの様々な業務領域に踏み込んできている。

　その一つの到達点が、衣料品の企画、デザインの「提案」を含めての製品生産である。これを業界では、ODM[3] と呼んでいる。この商社等の ODM 事業は、アパレル業に対する売れ筋製品の企画提案や、製造小売業（SPA[4]）の品揃えを支援する企画提案など、製品企画の一端を担うようになっている。

1　国内市場向けの海外生産が本格化するのは、バブル経済の崩壊以降のことである。それ以前の日本企業が関わる海外での衣料品生産は、米国向け第三国生産に始まり、70年代の日本向け生産など、様々な前史がみられる。これについては、加藤・奥山（2020）pp.13-18 を参照されたい。
2　OEM とは、original equipment manufacturing の略で、委託者のブランドで製品を生産することをいうが、アパレル産業では、委託者に代わって縫製業を組織し、衣料品生産を管理することを意味している。
3　ODM とは、original design manufacturing の略で、委託者のブランドで製品を設計・生産することをいうが、アパレル産業では、委託者に衣料品の企画提案から製品生産まで手掛けることを意味している。
4　SPA とは、specialty store retailer of private label apparel の略で、衣料品の製造から小売りまでの機能を統合した業態を指す。なお、この製造とは、縫製工場を自社に備えての製品生産ではなく、製品企画を意味している。

　本章では、このように海外製品生産が本格化し、さらに時を経る中で、商社等のOEM・ODM事業がその存在感を増すことによって、アパレル業の製品企画、製品生産にどのような影響を及ぼすことになり、結果としてアパレル業の競争力低下に繋がってきたかについて、特にファッションアパレル品を手掛けるアパレル業を意識しながら整理していくことにする。

　なお、こうした分析にあたっては、本書全体を通じて分析している競争局面のうち、衣料品における「製品企画」と「製品生産」をめぐるSPA、量販店、セレクトショップなどや、OEM・ODM事業に踏み出している商社等との「垂直的集団間競争」を強く意識しているが、それを本章ではアパレル業サイドからみると、どのように関係づけることができるかに焦点を当てていることを断っておきたい。

1．商社等のOEM事業の基本的特質とインフラ的役割の形成

　最初に、商社等の海外製品生産事業、すなわちOEM事業が、わが国の衣料品生産において一般化することで、アパレル産業において「誰もが利用できるという意味」での「製品生産のインフラ的役割」[5]をどのように形成してきたかということと、そのことがアパレル業の経営にどのように影響してきたかについて分析を加えることにする。

（1）衣料品生産におけるOEM事業の基本的特質

　国内生産が活発であった時代、アパレル産業における製品生産は、アパレル業の製品企画に基づき、外注（下請）工場として位置づけられる縫製業との直接取引によって多くが行われてきた。そうした国内生産優越時代、総合商社、繊維専門商社などの商社等の主要な役割は、原毛、綿花の輸入業務、生地供給などの流通業務、そして衣料品完成までの長期にわたる金融支援などであった。

　また、衣料品に関わる海外事業という点で総合商社を眺めると、60年代では第三国生産における加工貿易事業、70年代には日本国内向け衣料品生産で

の生産支援、金融支援、貿易業務などに関わっていたことが認められる。ただし、当時の生産支援は、その後の OEM 事業とは異なりローカル企業に向けた技術支援や設備支援等というものであった。さらにいうと、その頃の技術指導は、日本国内のアパレル業や縫製業の助けを借りるというのが一般的であった。また、韓国、台湾などでは、ローカル企業への資本参加という形での海外生産にアパレル業だけでなく、総合商社も踏み込んでいくなど、事業内容は徐々に変化していったのである。

　そして、80 年代後半からの中国進出の開始、90 年代に入ってからの本格化によって、商社等は、海外事業を貿易業務、生産支援業務、金融支援にとどめることなく、自らが製品生産の受託者となる海外製品生産（OEM）事業に進化させていった。これについては、バブル経済の崩壊による国内市場の低迷に加えて、国内での生産力拡大の限界とコスト競争力の低下などにより低迷と縮小に直面する繊維事業を、急角度で拡大する海外生産に主体的に取り組むことでカバーしようとする経営方針を商社が打ち出していったことを背景にしているといってもよいだろう。

　さて、こうした商社等の OEM 事業の基本的特質は、次のように集約することができよう。

　一つは、OEM 事業は、アパレル業をはじめとする製品企画を手掛ける企業からの製品生産の受託事業ということである。この受託事業は、国内生産が活発な時代においてはみられなかったといっても過言ではない。事実、国内では、アパレル業の製品生産は、縫製業または自社工場で手掛けられるが、縫製業との取引に商社等が生産面で関与することはほとんどなかった。商社等は、衣料品生産が糸、生地、衣料品に至る期間が長期にわたることもあり、金融支援を目的にアパレル業と縫製業との取引に契約上で関わるにすぎなかったのである。その意味では、製品生産に商社が実質的に関わるのは、海外での OEM 事業以降といってよいだろう。

　二つは、OEM 事業が海外を舞台に本格的に展開されてきたという点があげられる。今日では、国内生産の場でも、商社に製品生産を委託するケースが少

6　加藤・奥山（2020）pp.13-18。
7　わが国縫製業の中国進出は、1985 年の岐阜のサンテイ衣料品（現・サンテイ）が最初といわれている。

なからずみられるように変化しているが、もともとの OEM 事業は、海外での取引経験の乏しく、また人材面でも制約されていたアパレル業に代わって、海外の縫製業に対する生産面の様々な管理を手掛けることから出発したと考えてよい。ただし、商社は、海外での取引は長けていようとも、製品生産としての縫製技術や生産管理の人材を備えていたわけでもなく、外部から登用せざるを得なかった。その人材の多くは、早くから海外進出していた一部のアパレル業や縫製業であったり、また国内生産の縮小に直面するアパレル業、縫製業からであった。いずれにしても、商社等の OEM 事業の生産面での担い手は、国内外を舞台とした製品生産の場を焦点とした人材の流動化によって確保されたといえよう。

　三つは、時代を経るにしたがって、事業内容が変化してきたことがあげられる。その変化は、多岐にわたっている。特に、注目しておきたいのは、製品生産の場としての縫製工場が、中国でいうと合弁の日系縫製工場であったのが、ローカル企業や資本投下した自社工場等などを含めて多様化したことや、ASEAN 諸国への進出においては、日系企業、ローカル企業、中国・韓国・台湾企業というようにさらなる広がりをみせていったことである[8]。また、そうした地域的な広がりの下、それぞれの生産基盤の違いを基礎としたコスト・品質提案を含めた製品生産提案事業へと変化していったことも注目されよう。

　以上が、商社等の海外製品生産（OEM）事業の基本的特質であるが、これはあくまでも基本形にすぎず、実際には様々なケースがみられる。とはいえ、それらに共通するのは、アパレル業等は製品企画し生産委託さえすれば、完成品が手元に届くというシステムが、海外を舞台に形成されてきたという点にある。それは、様々な業種業態にある企業の衣料品づくりが可能になる生産条件が整ってきたことを意味している。

（2）OEM 事業のインフラ的役割とアパレル業の経営基盤の変化

　さて、こうした段階を踏みながらの商社等の OEM 事業の充実は、アパレル業にとって製品生産という点で好都合であったのか、また経営的に成果をあげたといえるのであろうか。いうまでもなく、アパレル業の経営基盤は、国内と

8　加藤・奥山（2020）pp.22-24。

図 1-1　衣料品の輸入品比率（推計）と輸入浸透率（参考）

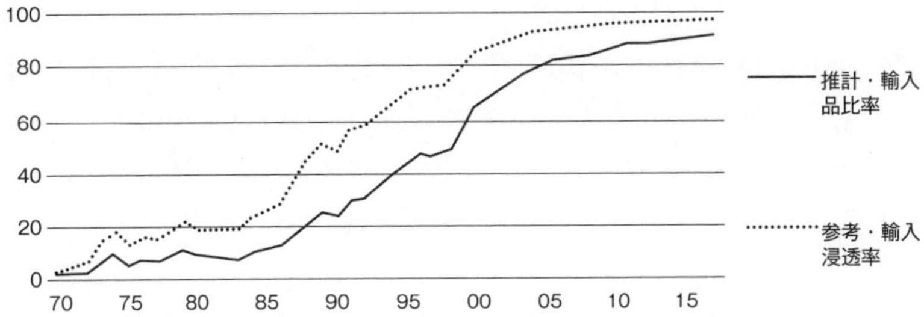

注：単位は、％。輸入品比率の推計は、「工業統計」と「繊維統計（生産動態統計調査)」の従業者数
　を比較しての捕捉率で求めている。また、参考にあげている 90 年以降の「輸入浸透率」は、繊維
　輸入組合の試算による。なお、89 年以前は、同様の試算データに基づき、著者が追加した数値で
　ある。
資料：『工業統計表』各年版、『経済センサス』2011、2015 年、『繊維統計年報』『繊維・生活用品統
　計年報』『生産動態統計調査　繊維・生活用品統計編』各年版、『貿易統計』、各年版、より作成。

異なり、海外での生産事業を管理・展開にするには、人材、資本力などにおい
て十分とはいえなかった。その意味では、それを補完すると共に、年々厳しく
なるコスト競争を製品生産面で商社等の OEM 事業でカバーできたことは、好
都合であったのかも知れない。

　しかし、これは、アパレル業の競争力維持という点で大きな問題を内在化す
る契機となったことに留意しなければならない。先にみてきたように、国内生
産時代のアパレル業の競争力は、内部に生産技術者、あるいは生産管理者を備
えての製品生産が大きな役割を担っていた。それは、海外生産時代を迎えての
コスト競争力ではなく、国内生産をベースとした細部にわたって縫製業を管理
することでの品質差別化を可能とする技術基盤というものであった。

　アパレル業個々により時間的な差はあるが、海外生産品取り扱い開始当初は、
いずれの企業も、国内での製品生産を継続していたこともあり内部に生産技術
基盤を備えていた。[9]ところが、海外での生産委託品が大半を占めるようにな
ると、業務量が減少し技術者を内部に抱えることができなくなっていく。結果
として、アパレル業は、縫製現場との接点を失うだけでなく、縫製技術、生産
管理などに長けた人材を失い、生産面のノウハウの蓄積から遠のいていく。こ

9　有力アパレル業の中には、自社工場を備えていたところもあるが、自社工場を持たずとも、縫製業を組織管理
するためには、社内に生産技術者を抱えていることが少なくなかった。このことにより、品質、コスト面で優位
に立つことができたという背景が指摘されねばならない。

こに、アパレル業の製品生産面の競争力喪失の内部環境変化をみていかなくて
はならない。

　一方、商社等の OEM 事業の多面的な充実は、アパレル業界の製品展開にお
いて、新たな競争局面としての外部環境変化をもたらしていくことになる。

　その一つは、ユニクロ事業を展開するファーストリテイリングに代表され
る SPA の拡大発展に求めることができる。SPA の事業内容は、個々の企業に
よって大きく異なるが、製造小売業と重ねてみると、文字通り、「製造」が製
品生産を、「小売」が衣料品の小売を指している。とはいえ、ここでの「製造」
は、自らの工場で「製品を製造する」という意味ではなく、「製品生産に関わ
る」というように理解すべきであろう。つまり、SPA は、自社の衣料品企画
を、OEM 事業を展開する商社等に委託し、製品化して自社の店舗で消費者に
販売するという事業内容を特徴としている。この点、製品生産に関しては、今
日のアパレル業のそれとほぼ重なっているともいえる。

　二つは、イトーヨーカ堂、イオンリテールに代表される量販店との競合関
係が、かつてに比べ明らかに強まっていることがあげられる。かつての量販店
の衣料品の品揃えは、大半がアパレル業からの仕入によって成り立っていた[10]。
しかし、最近では、量販店の独自企画品が確実に増えてきている。その量は、
ユニクロ、良品計画、しまむらに比べると、少ないのかも知れないが、自社企
画による製品生産を商社等に委託することで製品化するというケースを多々み
ることができる。この点、これら量販店も、大手 SPA と同様に、海外の縫製
現場に出向き、ユニクロほどでないにしても、品質チェックを実施するなど、
製品生産面の技術的ノウハウを着実に蓄積しているようにみえる。

　三つは、有力セレクトショップなどにみられる自社企画品の拡大があげら
れる。セレクトショップの商品構成は、海外輸入品に重心を置く企業もあれば、
国内アパレル業の製品選別という事業スタイルを取る企業があるというように
様々である。しかし、昨今、有力セレクトショップの自社企画品の取り組みは、
もはやセレクトショップというよりも、SPA 型といってよいほどに変容して
いる。たとえば、自社企画品割合は、TOKTYO BASE では 60%、ユナイテッ

10　量販店の仕入品の多くは、地域的には岐阜アパレルが多く、次いで大阪アパレルなど、量販店向けアパレル
業の集積地からであった。

ドアローズでは 53%、ビームスでは 60% 強というレベルに達しているのである[11]。

　これらの小売業における自社の製品企画は、まさにアパレル業との直接的な競合そのものといえよう。しかも、アパレル業、各種小売業共に、その製品生産は、OEM 事業を展開する商社等に委託するだけでなく、組織される縫製業もほぼ同じである[12]ことに留意する必要がある。

　いつのまにか、製品生産をリードしてきたアパレル業は、自社企画に取り組む小売業と、同一の生産条件の下で、製品生産を行う「一企業」にすぎなくなっているのではないだろうか。こうして、アパレル業でなくとも、自社企画による製品化が商社等に代表される OEM 事業を利用することで実現できるという意味での「衣料品生産のインフラ的役割」が成立したといえよう。すなわち、インフラ的役割とは、「誰もが利用できる社会基盤的な存在」であり、もはやアパレル業のみが製品生産によって製品差別化できる時代でなくなったことを示している。

　さらに、OEM としての海外製品生産事業は、総合商社、繊維専門商社、原糸メーカー系商社などの商社等にとどまることなく、様々な製品領域をカバーすべく、多くの企業によって取り組まれていることも指摘されねばならない。少なくとも、海外を舞台とした OEM 事業が、すでに 30 年ほど経過している現在、商社等からの独立者や、海外展開に取り組んでいたアパレル業や縫製業からの独立者などによって組織された「OEM メーカー[13]」と呼ばれている OEM 業者の存在が数多くみられる。

　こうした OEM 業者は、商社等とは異なり、小ロットをはじめとする様々な委託内容にきめ細かく対応することで存在感を示している。たとえば、中国を母国とする経営者の下での OEM 業者は、日本企業では到底太刀打ちできないほどのきめ細かなやり取りが中国ローカル企業とできることの優位性を備えて

11　TOKTO BASE（2018 年 9 月 21 日訪問）、ユナイテッドアローズ（2018 年 3 月 12 日訪問）、ビームス（2018 年 9 月 28 日訪問）。
12　商社等が組織する海外縫製工場では、アパレル企業、SPA、セレクトショップ、量販店向けなどの区別なく同じラインに流れているというケースも少なくない。
13　アパレル業界では、OEM 事業を手掛ける企業の中で、商社、アパレル業、縫製業などから独立し、小規模で受託生産管理している OEM 業者を「OEM メーカー」と呼んでいる。また、企画提案しての受託生産企業は、「企画会社」とも呼ばれている。

いる。こうした多様なOEM業者の存在は、アパレル産業における製品生産の一般化をもたらし、差別化要素としての地位を低下させていった理由の一つとして理解しなければならないだろう。

一方、海外生産の進展により、縮小を続け生産数量で1割を割り込んでいる国内生産現場ではあるが、ここでのアパレル業の製品生産の取り組みは、国内生産の活発な時代と同様の状況にあるのであろうか。アパレル業と縫製業は、かつてと同様に直接的な取引関係を維持しているケースも少なくないが、そうではないケースも増えてきていることに留意する必要がある。

事実、国内生産の取引の場においても、商社等のOEM事業の存在感が強まってきている。今なお、契約上の取引先は商社であろうとも、実質的には縫製業と直接やり取りをするなど、製品生産の技術面、品質面を維持している企業もみられるが、国内生産品の比率が低下している現在、商社に全面的に製品生産を依存する企業も増えてきている。

このように国内生産の場においても、商社等のOEM事業への依存構造が強まるなど、アパレル業と各種小売業の生産面の違いが縮小していることに留意しなければならない。

2．ODM事業への到達と製品企画競争の激化の下でのアパレル業

時代はアパレル産業のものづくりを、さらに変容させていくことになる。製品生産が商社等のOEM事業への依存を強めることで、アパレル業がもう一つのコア機能である「製品企画」を強化していったのではと想像していたが、アパレル業、特に大手アパレル業の多くは、コア機能である製品企画体制を縮小という形での減量経営に踏み出していたのである。企画デザインを担当するデザイナーとの契約を解除するなどして企画体制を縮小し、販売体制の強化に力を入れるという構図である。

ここでは、こうしたアパレル業をめぐる企画体制の縮小により、それを補完する役割が期待されることになる商社等のOEM事業の一つの発展形ともいえ

14 著者は、OEM業者の中で、日本に留学後、OEM業者として事業を立ち上げた企業を2社訪問している。彼らの強みは、出身地の工場と、直接中国語でキメの細かい打ち合わせができること、また中国側の事情を熟知した上での取引ができることである。

図1-2　百貨店とスーパーの衣料品販売額の推移

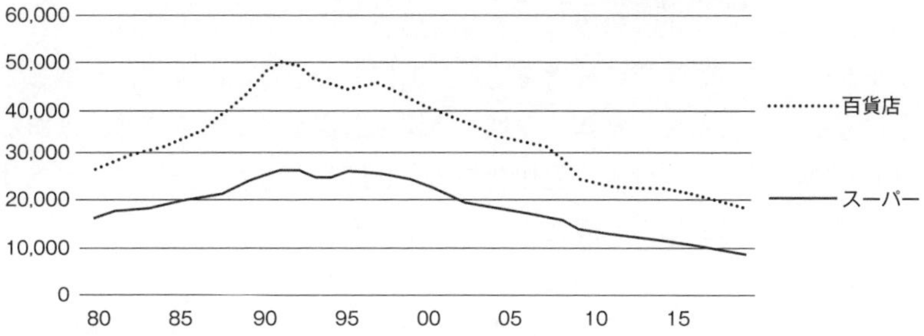

注：単位、億円。
資料：『商業動態統計調査』各年版、より作成。

る企画デザインの提案を含めた ODM 事業がもたらした影響についてみていくことにする。

（1）衣料品企画デザインにおける ODM 事業の基本的特質

　先に指摘したように、ODM 事業は、OEM 事業の延長上にある。単純には、OEM 事業に、「企画提案」が加わることであるといってもよい。とはいえ、この「企画提案」は、製品生産の発注者、あるいは個別の委託内容によって、その関わり方が異なっていることにも留意しなければならない。ここでは、それをいくつかのケースを例示しながら、商社等の ODM 事業の基本的特質を理解しておくことにする。こうした基本的特質は、アパレル業や各種小売業が、商社等の ODM 事業としての「企画提案」を、なぜ受け入れていったかに重なるものといってよいだろう。

①アパレル業にみる企画提案の受け入れ理由

　ODM 事業を受け入れていった理由の一つを、アパレル業の多くが採用せざるを得なかった経営環境変化にみることができる。わが国の衣料品市場規模は、バブル経済期の 90 年、91 年頃をピークに縮小基調に突入する。中でも、高級・高額品の販路でもある百貨店における衣料品売上高（商業動態統計調査）は、91 年の 5 兆円から、95 年 4.4 兆円、2000 年 4 兆円、05 年 3.4 兆円、10 年2.8 兆円、15 年 2.2 兆円、19 年 1.8 兆円というように、すさまじい落ち込みを示している。この製品を手掛けていたのが「百貨店アパレル業」と呼ばれるア

パレル業であり、有力ファッションアパレル業が多くを占めていた。

　当然のことながら、市場規模の縮小、百貨店ルートでの売上減は、これら有力ファッションアパレル業の経営を圧迫し、何らかの対策の必要性を増していくことになる。もちろん、積極的な拡大路線を選択することも可能ではあるが、多くは売上高の維持に向けて販売体制の強化を図る一方、減量経営にも乗り出すという難しい舵取り局面を迎えていたのである。

　減量経営の一つが、製品企画部門の縮小であった。アパレル業にとって、製品企画部門は、コア部門であるが、多くのデザイナーとの契約を打ち切るなどして縮小する。しかし、経営面では売上高の確保のために、一定数の製品アイテムを市場に投入することから逃れることはできない。ここに、商社からの企画提案を、製品アイテムの不足をカバーする役割として受け入れていかざるを得ない内部事情を指摘することができる。

　ただし、商社等のアパレル業への企画提案は、当初はあくまでも「提案」にすぎず、アパレル業を製品企画のプロ集団として評価するならば、デザインを含めての各種検討を繰り返すことが前提になっていたように思える。とはいえ、商社側で企画提案を手掛ける人材が、アパレル業の元社員、あるいは契約していたデザイナーであったこともあり、いつのまにか、アパレル業からの企画提案要求は、「今売れる製品の提案」となり、その採用が増えていったようである。

　結果、アパレル業の「商社等による企画提案」の受け入れは、一つは「アイテム数の補強」、二つは「売れ筋製品の確保」を目的とするようになったといえよう。

②豊富な品ぞろえの実現のためのODM事業の活用

　次に、小売業にみるODM事業の活用を、数多くの商社等と取引している「しまむら」を例にあげながら理解していくことにしよう。

　「しまむら」[15]では、自社のバイヤーが、多くの企業（商社等、アパレル業など）と製品仕入の交渉を重ね豊富な品ぞろえを実現しているといわれている。もちろん、すでに出来上がっている製品を仕入れるケースも少なくないが、金額的には、商社等のOEM事業の下での「企画提案」による製品生産が多くを

15　しまむらは、2017年8月30日訪問。

占めているようである。特に、商社等の中でも、繊維専門商社の企画提案の占める割合が少なくない。

その企画提案を、バイヤーが単純に選別するというのではなく、デザイン、生地、品質、コストなどを含めての修正変更が繰り返されているようである。これは、すでに、しまむらだけでなく、多くのSPAが商社等の企画提案に対して、自社の製品展開方針に即した修正意見を含めた企画検討が繰り返されるなど、「製品仕入」とは明らかに異なる取引形態にあるといってよい。さらに、しまむらの場合には、売上規模が大きいこともあり、自社による製品企画と海外での縫製加工発注という直接貿易にも乗り出すなど、その品揃え方法は多様化し続けている。

こうした「しまむら」にみられる商社等の企画提案（ODM）の位置づけは、「品揃えとしての役割」と「量的確保の役割」、そして「売れ筋製品の確保」といった点に求めることができるが、先のアパレル業のODMの受け入れと、それほど大きく異なるようにはみえなくなっている。

③量販店における企画提案の位置づけ

著者は、量販店における製品仕入れや、自社企画品の製品生産について聞き取りしてきたが、うかつにも商社等のODM事業の活用については強く意識していなかった。それは、自社企画品の多くが、商社等のOEM事業への委託であり、海外での縫製加工に量販店としてどのように関与するかに関心を寄せていたためでもある。それゆえ、自社企画品を手掛ける海外縫製工場での生産チェックは、委託した商社等に任せきりもあるが、自社の社員、あるいは外部委託するなどして実施していることなどの確認にとどまった。

少なくとも、量販店の商品構成は仕入品と自社企画品だけでなく、この中間的な位置にある商社等のODM品も一定程度を占めているのではないだろうか。ただし、こうした点は、現時点では確認できておらず、これ以上は記述することを避けなくてはならない。いずれ、こうした点についても、明らかにしていきたいと考えている。

④その他小売業における企画提案の位置づけ

その他の小売業で注目しておきたいのは、SPAを代表するユニクロ事業等を手がけるファーストリテイリングであり、自社企画品の割合を拡大している

セレクトショップである。

　まず、ファーストリテイリングの製品生産に関しては、商社等のOEM事業に依存していることは周知のとおりであるが、先の量販店に比べると、海外縫製工場でのチェック体制は格段に充実している。この点、製品企画に関しては、大半が自社で手掛けているが、同社の場合、他社とは比べようもないほど生産ロットが巨大であることもあり、東レに代表される合繊メーカーによる[16]生地企画提案や、商社による商品企画提案が積極的に行われているようである。しかし、それらはあくまでも、同社が主導権を持っていると想像できるように、商社側からはODMという取引であるというような説明をこれまで聞いたことがない。ここには、同社と商社等の力関係を反映した「特別の取引関係」にあるのではないかと想像している。

　他方、セレクトショップにおける自社企画品の製品生産は、商社等のOEM事業によって実施されているが、両者間において企画提案としてのODM事業の存在を意識するような説明を受けたことはほとんどなかった。それは、セレクトショップの製品企画は、自社の明確なコンセプトの下で実施しているケースが多いことを背景にしている。他方、商社側に立つと、セレクトショップの製品コンセプトに対応する企画提案の難しさや生産量の制約も、企画提案としてのメリットが小さいことが理由にあげられる。

　いずれにしても、こうした各種小売業において、その企業の経営方針、売上規模、製品構成などによって、商社等の企画提案を受け止める取引環境は自ずと異なっているといえよう。あるいは、商社等のODM事業は、OEM事業の業務内容の広がりの中にあって、一つの到達点と位置づけられるように、自社企画による製品展開に取り組むアパレル業、各種小売業において、「企画提案」をことさら取り上げる必要もないほど、製品生産の中の一つの役割にすぎなくなっているのかも知れない。

(2) 同質化をめぐるODM事業とクイック・レスポンス

　とはいえ、こうした企画提案をめぐる商社等のODM事業の広がりは、アパ

16　業界では、ユニクロの生産ロットは、10万単位ではなく、100万単位に達しているといわれている。ただし、これについては、ユニクロに直接確認したものではない。

レル業の競争力という点では、様々な影響を及ぼしていることが指摘されねばならないだろう。その一つは、アパレル業に対して指摘されている「製品の同質化」という問題である。

① ODM 事業の活用の下での同質化の懸念

いったい、アパレル業は、「企画提案」の受け入れによって、「アイテム数の補強」と「売れ筋製品の確保」という目的は達成できたのであろうか。もし、達成できたのであれば、それは企業経営面に貢献できたのであろうか。こうした命題を前にしたとき、前者の目的達成という点では、特に異論はないが、後者については必ずしも企業経営においてプラス効果を得たとはいいがたいのではないかと考えている。

それは、多くの有力アパレル業が、「アイテム数の補強」に際して「売れ筋製品の確保」を求めたということが影響している。言い換えると、売れ筋製品によるアイテム数の補強を商社等に「企画提案」として求めたとき、「売れ筋衣料品の企画」が提案されるが、それは他のアパレル業も同様の提案を求めるなど、結果として「同じような企画提案」につながっていったともいえる。もちろん、まったく同じ企画提案ではなく、デザイン等に違いはあるが、消費者からみると、ほぼ同じ商品にしかみえないという差でしかなかったというのが実態ではなかろうか。そうした企画提案が横行し、それがアパレル業個々の製品として世に出てきたことに、消費者は厳しい目を向けていくことになる。

そうした厳しい評価は、たとえアパレル業個々が、自社の製品企画に力を入れようとも、似通った商品が、これまで以上に増えてきたことで、アパレル業が育ててきたブランドイメージから遠ざかっているのではとの見方に重なってこよう。繰り返しになるが、アパレル業の商社等 ODM 事業の下での「企画提案」の採用は、アパレル業個々の個性を失わせるものであり、いかに個性的な製品企画に力を入れたとしても、売れ筋製品の確保を目的にした時点で、企業全体の製品イメージの低下をもたらしたといえよう。これについては、アパレル業界における「真似（模倣）の文化」に対する危機感の欠如が、強く影響しているのかも知れない。また、「流行とはそういうものだ」という声が聞こえてきそうである。

②同質化のもう一つの要因としてのクイック・レスポンス

　さらに、こうした「売れ筋製品の確保」による「同質化」を、一段と進める役割を担ったアパレル業界のもう一つの潮流を指摘しておかねばならない。それは、「クイック・レスポンス（QR）」である。このQRは、アパレル業界における最大の問題ともいえる「在庫問題」の解決策として注目された「生産システム」[17]の一つである。これは、店舗等で売れている情報を日々分析し、追加生産し、需要に迅速に応えるという考え方の下で構築された生産システムということができる。

　通常、衣料品の生産数量（ロット）は、製品企画の段階でのマーチャンダイザー[18]による販売数量の設定を起点に、生産地等で規定されている最低ロットや生産期間等を考慮して最終的な生産数量が決められている。ただし、販売数量計画に基づき、全量が初期生産に実施されることもあれば、追加生産的に繰り返すというケースなど、アパレル業は、様々な工夫に取り組み続けてきた。それでも、多くの製品において、売れ残りが発生しているのである。この解決策としてのQRは、追加生産を前提とするが、機会損失を極力抑えるという考え方を基礎にしている。

　とはいえ、追加生産の上限は、在庫されている生地の量に規定され、それ以上の追加は、生地生産、染色加工などの期間を考えると、大半がシーズン遅れでようやくできあがるというように、これまた縫製加工の前段階での在庫保有に規定されるという制約下に置かれている。

　一方、商社等の売れ筋製品の企画提案（ODM）では、生地在庫を気にすることもなく追加注文が自社企画品よりも比較的容易であったように思える。それは、商社等が複数のアパレル業に対して同じ生地で企画提案することで可能になっていたというのは、うがった見方にすぎないのであろうか。

　いずれにしても、アパレル業が「売れ筋製品の確保」を目的とした商社等の企画提案の下でのODM委託に依存し続ける限り、QRを採用するか否かにかかわらず、市場からの「同質化したアパレル業」という評価を打ち崩すことは

17　衣料品の売れ残りについては、年10億点（朝日新聞デジタル2018年7月3日）、年14億点（NHKクローズアップ現代2018年9月13日）などというように、国内市場に投入されている年約40億点の2、3割に達する。仲村・藤田（2019）が詳しい。

18　マーチャンダイザー（MD）は、商品化計画や商品製作計画を担っている。

難しいといっても過言ではない。

3．アパレル業にとってのOEM・ODMの位置づけと今後の発展課題

　以上のように、アパレル業の今日の経営基盤の揺れ動きは、OEM、ODM委託というインフラ的機能への依存構造が、一つの要因となっていることが認められよう。ここでは、最後に、アパレル業の今後の発展を構想するとき、外部依存構造としてのOEM・ODMがどのように位置づけられるかについて整理しておくことにする。

　繰り返しになるが、アパレル産業における「OEM」は、誰もが利用できる「インフラ的役割」を担っている。その誰もがというとき、海外生産当初はアパレル業が、その利用者であり、海外生産におけるコスト削減による価格競争力という利益を享受する立場にあったが、それを各種小売業が自社企画に踏み出し利用するや否や、製品企画と製品生産に存立基盤を求めてきたアパレル業の頭を超えた取引を可能とする生産環境という役割を拡大することになったのである。

　こうした時代の変化は、アパレル業にとって、自らのコア事業としての製品生産の多くを失うことに繋がっていったようである。事実、海外での製品生産をアパレル業がコントロールするのは容易ではなく、海外進出したアパレル業の多くは縮小撤退の道をたどっていったことは周知のとおりである。その意味では、海外の縫製工場を組織、管理する「新たな仲介者」としての商社等の存在を、食い止めることなどは現実的でなかったのかも知れない。これは、時代の変化に打ち負かされたとの見方もできるが、OEMの持つ経営効率面の魅力の前に、次代の発展に影響することを見通せなかったともいえるのではないだろうか。

　また、アパレル業と縫製業の取引に商社が介在しようとも実質的な直接取引に近い生産面の折衝が維持されてきたと思われる国内生産の場においても、生産量の激減の前に、アパレル業内部にかつてのような生産技術基盤を備えておくことが、経営面で非効率になっているという事情を指摘しておかねばならな

いだろう。

　一方、商社等の企画提案に基づくODM事業は、アパレル業にとって、どのように位置づけることができるのであろうか。これを各種小売業との対比を通じて整理しておくことにする。

　一つは、アパレル業にとっての製品企画と、各種小売業にとっての製品企画は、業種業態という観点からすれば、明らかな違いがみられるということである。少なくともアパレル業にとっての製品企画は、外部活用が少なくなかった製品生産と異なり、自らの存立基盤そのものであるのに対し、各種小売業のコア機能は、「小売り機能」であり、製品企画は企業によって強弱は異なるが、あくまでも補完的な位置にあるといっていいのではないだろうか。

　とまれ、時代はそうしたところにとどまってはいない。先のような位置づけがアパレル業や各種小売業に妥当するのであれば、アパレル業の今日の経営環境の厳しさは軽減されているのではないだろうか。ここに、アパレル業の置かれている今日的状況の困難と混迷の一つの要因をみることができる。

　これに対して、各種小売業が手掛ける製品企画は、それぞれの個性的な事業展開が可能な条件が整ってきている。実際、仕入的な品揃えから、企画提案を採用しながら、自社企画要素を拡大することで独自の店舗構成を築き上げていった「しまむら」や、同様に仕入から出発しながら、拡大発展の過程において、自社企画と原糸メーカー、総合商社などと共同開発に踏み出し、今日では圧倒的な生産量を保証することで企画と生産の主導権を獲得しているファーストリテイリングなどのSPAの製品企画の自由度は、着実に高まっている。

　この点、アパレル業における製品企画は、コア機能そのものであり、それを一部であろうとも外部依存という道を選択した結果、自らの存立場面を見失っていくことになったのではないだろうか[19]。にもかかわらず、アパレル業の開発体制は、社内に企画ノウハウを蓄積するという構図ではなく、デザイナー個々人の能力、感性の上に築くだけでなく、それらのコア人材の多くが様々な形態の契約で成り立っていたという点に最大の問題を指摘することができよう。

　以上のようにアパレル業の製品企画と製品生産の構造は、外部環境としての

---

19 「外は単純なもの、標準なもの、内は難しいもの、個性的なもの」という一般的な原則が、衣料品デザインにもありそうである。また、製品生産にも同様の原則的なものが見え隠れするが、今日では、原則とは異なるケースが多々見られるなど多様化の時代を迎えているといってもよい。

海外を舞台とした OEM 生産を起点とし、様々な提案を加えながら最終的には製品企画の提案までに到達したことによって、大きく揺れ動いてきたといっても過言ではない。

　もはや、アパレル業のみが、製品企画、製品生産をリードする時代ではなくなっているとの認識にもとでは、製造、卸、小売という分類で、アパレル産業を構成する企業群にこだわってはならないのかも知れないが、アパレル業がその存在感を強く打ち出すには、「自社の企画体制の強化」であり、先の「自社による製品生産の管理体制の強化」という二つのコア事業体制の再構築に求めざるを得ないのではないだろうか。

　〔付記〕本章は、加藤（2020）を加筆・編集したものである。加藤秀雄（2020）「アパレル企業の競争力低下とインフラ的役割としての OEM・ODM」『埼玉学園大学紀要　経済経営学部篇』第 20 号、pp.89-102。

参考文献

上田和宏（1992）「アパレル産業の海外展開―岐阜アパレル産業を中心として」『日本福祉大学経済論集』第 5 号、pp.111-125。

荻久保嘉章・根岸秀行編（2003）『岐阜アパレル産地の形成―証言集・孵卵器としてのハルピン街』成文堂。

奥山雅之（2019）「衣服製造産地の構造変化に関する一考察―北埼玉・岐阜・倉敷における『分離』とその様態」明治大学政治経済研究所『政經論叢』第 87 巻第 3・4 号、pp.321-369。

奥山雅之（2020）「生産技術の変化が産業集積に与える影響に関する一考察―日本のニット産地を例に」明治大学政治経済研究所『政經論叢』第 88 巻第 5・6 号、pp.101-152。

樫山純三（1976）『走れオンワード―事業と競馬に賭けた 50 年』日本経済新聞社。

加藤秀雄（2017）「日本アパレル産業における商社等の海外製品生産事業の分析」『埼玉学園大学紀要　経済経営学部篇』第 17 号、pp.27-40。

加藤秀雄（2018）「繊維・アパレル産業をめぐる生産・流通構造変化の特質と分析視角」『埼玉学園大学紀要　経済経営学部篇』第 18 号、pp.57-70。

加藤秀雄・奥山雅之（2020）『繊維・アパレルの構造変化と地域産業―海外生産と国内産地の行方』文眞堂。

経済産業省（2016）『アパレル・サプライチェーン研究会報告書』。

杉田宗聴（2016）「国内ファストファッションにおけるクイック・レスポンスとグローバル化の現状」『阪南論集　社会科学編』第 52 巻第 1 号、pp.31-61。

田中英式（2015）「岐阜婦人アパレル産業集積内ネットワークに関する歴史的考察」愛知大学経営総合科学研究所『経営総合科学』第 104 号、pp.37-54。

富澤修身（2003）『ファッション産業論—衣服ファッションの消費文化と産業システム』創風社。

富澤修身（2013）『模倣と創造のファッション産業史』ミネルヴァ書房。

富澤修身（2018）『都市型中小アパレル企業の過去・現在・未来—南都大阪の問屋ともの作り』創風社。

仲村和代・藤田さつき（2019）『大量廃棄社会—アパレルとコンビニの不都合な真実』光文社新書。

花房征夫（1978）「韓国輸出衣服業の発展過程と成長要因」アジア経済研究所『アジア経済』第 19 巻第 7 号、pp.15-32。

深見環（2013）「SPA 企業と価値連鎖の構築」『四天王寺大学紀要』第 56 号、81-94 頁。

明治大学商学部編（2015）『ザ・ファッション・ビジネス—進化する商品企画、店頭展開、ブランド戦略』同文館出版。

康上賢淑（2016）『東アジアの繊維・アパレル産業研究』日本僑報社。

李雪（2009）「アメリカにおける SPA モデルの生成と発展—ギャップの事例研究」『早稲田商学』第 420・421 合併号、pp.127-169。

株式会社良品計画（2017）『無印良品の業務標準化委員会—働く人が仕事を変え、オフィスを変え、会社を変える』誠文堂新光社。

第 2 章

アパレル業の販売チャネルの変遷

EC で変わる販売チャネル戦略

柴田仁夫

1．衣料品の過剰在庫・廃棄問題

　2018 年、世界中に報道されたイギリスの高級ブランド「Burberry」の大量廃棄問題は、アパレル産業が抱えていた闇を暴き出すことになった。衣料品の過剰在庫問題である。Burberry の場合は、ブランドの希少価値を確保するため、売れ残った商品を破壊処分することで価値の毀損を防いでいたが、国際的なサステナビリティの流れから、高級ブランド以外のアパレル産業の在庫と大量廃棄にも注目が集まることとなった。国内のアパレル業が過剰在庫を抱えることになったのは、1990 年代に原価低減による安価な輸入品が増大したことと関係がある。低価格品の輸入が急増した結果、既存のサプライチェーンでは低価格品に対応しきれず国内生産が低迷し始めたのである。また、2000 年代になると安価でファッショナブルなファストファッションが普及したため、国内のアパレル業もこれに対抗するため低価格帯のブランドを立ち上げ、消費の多様化に合わせてマーチャンダイジング（MD）も 52 週 MD が叫ばれるようになった。その結果、大量生産に拍車がかかり、経済産業省（2020）によると、1990 年からの 30 年で衣類供給量は 20 億点から 40 億点程度に倍増したものの、市場規模は 15 兆円から 10 兆円程度に縮小したとしている。このように 1990 年代以降の国内アパレル産業は、ZARA、H&M、ユニクロに代表されるファストファッションに翻弄されながら、新たな販売チャネルを模索し事業を継続しているが、21 世紀の販売チャネルはどのようになっていくのだろうか。

　本稿では、百貨店アパレル業を中心にその登場とビジネスモデルを確認しながら、インターネットがインフラとなった時代の販売チャネルを整理し、百貨

店アパレル業、専門店アパレル業、グローバル SPA、国内 SPA の販売チャネルの事例を踏まえて、これからの販売チャネル戦略について分析・考察することを目的とする。

2．百貨店アパレル業の構造と百貨店の現状

(1) 現在のアパレル産業の商流

　近年、繊維・アパレル業界は業態が多様かつ複雑化しており、その商流には様々なパターンがあるが、そもそもアパレル産業が小売業を包摂するようになった理由を、木下（2011）は流行を創出するアパレル業が、社会や流行の分析、トレンドの予測など様々な市場変化に対応していくプロセスで、小売店舗の設計、製品の品揃え、小売価格の設定、在庫管理、接客サービスなどの小売機能を取り込んだ結果として製造小売に発展したと指摘している。

(2) アパレル業の登場と商習慣の誕生
①アパレル産業の確立

　日本において既成服が普及し始めたのは明治時代の「富国強兵」による軍服の需要からであり、その頃の一般市民は手工業によるオーダーメイドで洋服を購入していた。その後、1950 ～ 1960 年代になると既成服はイージー・オーダーや生地購入による自家縫製と競合しながら、素材や製品品質の向上、サイズ拡大により一般に浸透し始め、1970 年代前半にアパレル産業として確立した。[1]

②アパレル業の登場

　アパレル産業が確立する前の 1950 ～ 1960 年代は、1973 年まで続く高度経済成長期のとば口である。神武景気、岩戸景気、オリンピック景気、いざなぎ景気と続く中で、人々は所得の増加に伴い生活も豊かになり、衣料品に品質や流行を求めるようになったことが、その主な要因といえるだろう。この消費者ニーズの変化により、これまでの現物を仕入れて販売する卸問屋から、企画開発力と販売力を併せ持つアパレル業が登場することとなった。この頃に大きく成長したアパレル業が株式会社レナウン（以下、レナウン）、株式会社オンワー

1　木下（2011）p.25。

ド樫山（以下、オンワード）、株式会社ワールド（以下、ワールド）である。

　これらの企業はその企画力を活かし、素材、テキスタイル、縫製といった生産チャネルを組織化しながら百貨店や専門店の販売チャネルを構築していった。

③3つの取引形態（買取り、委託、消化仕入の違い）

　アパレル業がこの頃打ち出した商取引ルールである「参考上代・掛け率制」、「テリトリー制」、「返品制」は、現在でも商習慣として残っている。まず、「参考上代・掛け率制」とは、アパレル業により設定された製品の参考価格（上代）と掛け率に基づいて小売業の仕入価格（下代）が決まる取引システムをいう。次に「テリトリー制」とは、当時「1都市1店舗主義」といわれた一種の代理店制度のことで、取引する小売業を1商圏に1店舗と限定することをいう。最後の「返品制」は、百貨店や量販店が行い、売れ残った製品をその破損や汚れと関係なく仕入先に戻す制度のことである。

　平井（2018）はこれらの商習慣に基づき、現在アパレル業で百貨店と行われている取引形態を商品の「所有権」、「代金支払い時期」、「販売方式の決定権」、「在庫管理」、「売れ残り処理」の5つの点で整理し表2−1のようにまとめている。取引形態は「買取り（完全買取り）」、「委託（返品条件付き買取り）」、「消化仕入れ（売上仕入れ）」の3つに分類される。まず、「買取り（完全買取り）」形態の場合、商品の所有権は小売企業（百貨店）にあり、仕入れ時に代金を支払う。販売方式の決定権および在庫管理は百貨店にあり、売れ残った商品は百貨店が自社でその処分方法を決定する。次に「委託」形態の場合は、買取り形態の場合とほぼ同じだが、売れ残った商品は返品条件に従って返品できる点が

表2−1　買取り・委託・消化仕入れの比較

	買取り （完全買取り）	委託 （返品条件付き買取り）	消化仕入れ （売上仕入れ）
商品の所有権	小売企業	小売企業	アパレル業
商品の代金支払い時期	仕入れ時に支払う	仕入れ時に支払う	売れたと同時に仕入れがたち、売れた分だけ支払う
商品販売方式の決定権	小売企業に決定権	小売企業に決定権	アパレル業に決定権
商品の在庫管理	小売企業が行う	小売企業が行う	アパレル業が行う場合「も」ある
商品の売れ残り処理	小売企業が自らの意思で危険負担で処置	返品条件に従い処理	アパレル業に返品

資料：平井（2018）を一部修正。

異なる。最後に「消化仕入れ」形態の場合は、商品の所有権はアパレル業にあり、商品が売れると仕入れが立つため、予め決めた支払い日に代金を支払う。販売方式の決定権はアパレル業にあり、在庫管理は百貨店が行うが、アパレル業が行う場合もある。売れ残った商品は百貨店がアパレル業にすべて返品することができる。

　大村（2020）によると、百貨店の仕入れ形態は時代と共に変遷している。1955年には買取仕入67.5％、委託仕入20.2％、消化仕入11.8％であったが、2011年には買取仕入5〜8％、委託仕入25〜35％、消化仕入60〜70％となっており、約50〜60年で買取仕入から消化仕入に変化していることがわかる。このように消化仕入が増加した背景を、元鐘紡の副社長であった遠入（1987）は、製品が予定どおりに売れなかった場合、取引上の力関係が反映され、不当な取引条件がバイイングパワーにより川下から川上に押し付けられていたとし、小売業の負担をアパレル業に、そしてアパレル業はその負担を縫製業者や生地問屋に、そして生地問屋は素材メーカーに転化するといった構造問題が現在に至るまで存在しているとしている。これはアパレル業と百貨店企業の取引のほとんどが「委託・消化取引」になっていることから垣間見える。

④戦後の製造卸の２つの販売チャネル

　戦後の衣料品の主な流通経路のうち製造卸の販売チャネルは、主に百貨店アパレル業と専門店アパレル業の２つに分けられる。前者の代表的企業がオンワード、後者の代表的企業がワールドである[2]。1960〜1970年代の両者の活動を確認すると次のとおりであった。

　オンワードは「委託・消化取引制」と「派遣店員制」[3]を「逆用」[4]することで、百貨店の売り場を積極的に獲得した。木下（2011）は、オンワードは百貨

2　藤田・石井（2000）では，ワールドが1970年代に成長した背景には大手アパレル業が百貨店取引により売上を伸ばすなか，「ワールドは百貨店との取引を少なくし，主に中小衣料品専門店とのチャネルを構築（p.51）」して取引を行ったことが要因として挙げられており，李（2010）でも「ワールドは後発メーカーとして百貨店との取引が難しかったため，敢えて専門店を中心に販路を確立した（p.131）」とある。それ故本章では同社を専門店アパレル業と分類している。
3　土日等の繁忙時に百貨店に自社の店員を派遣する制度をいう。
4　平井（2018）によれば，百貨店には製品ごとに一定の予算があり，これを遵守すると品揃えが減るため，消費者の選択の幅が狭くなり，結果的に商品の販売が困難になる。また欠品の補充も難しい。そこで店舗別の売れ残る製品のバラツキを調整し，予め追加ロットを投入することで売り場の活性化を図り，返品製品は事前に別ルートに流す仕組みをつくることで，返品リスク自身も軽減させた，としている。

店との取引で劣位にありながら小売機能を取り込むことで自社ブランドを確立
したとする。平井（2018）はこれを「商習慣を戦略的に活用して売り場の主導
権を握り、平場展開だった百貨店のフロアに、自社ブランドだけで一定の売り
場面積をコーナー展開で確保」したことがオンワードのその後の成長に繋がっ
たと指摘している。一方、ワールドは、当時専門店アパレル業で主流であった
消化仕入ではビジネスが成り立たないとして、小売店との取引形態を完全買取
に移行した。その際自社製品のコーディネート販売を推進するためのブランド
である「COORDINATE」を開発、加えて自社製品だけを取り扱う「オンリー
ショップ」を展開した。李（2010）によれば当時は製品ブランド単位の陳列が
中心であったため、トータルコーディネートの製品企画は斬新であり、また山
川（1983）によれば、オンリーショップは特定企業の 1 ブランドだけで専門店
の売り場の大半を構成した系列店であり、ワールド商法の中でも重要な位置付
けであったという。

⑤百貨店アパレル業、専門店アパレル業、それぞれの課題

　その後、百貨店アパレル業は売場構成がショップ・イン・ショップに転換[5]
していき、箱型の売場となって売場面積が増大していくと、百貨店との取引は
委託販売から消化仕入に転換していった。これは百貨店が商品の買取りを行
わず所有権をアパレル業に持たせたまま売れた代金のみ支払うことを意味する。
アパレル業はリスクを負う一方で、百貨店の制約を受けない供給体制を構築す
ることになるが、在庫を調整するため実需を見極めながら、売れそうな製品を
タイムリーかつ適量に生産することが重要な課題となった。一方、専門店アパ
レル業は、販路を特化した独自戦略が功を奏し、計画生産が可能となり、専門
店の販路を拡大することができた。しかし小売店に在庫リスクを負わせた結果、
1980 年代半ばには激化する業態間競争の中で専門店の疲弊は激しくなり、そ
の結果専門店アパレル業の業績も伸び悩むこととなった。

（3）QR システムの導入

　消化仕入取引をするアパレル業にとって、顧客ニーズの変化による手持ち

5　店舗内に設けられた店を指し、百貨店や量販店などの売り場に設けられ、割り当てられた一定のスペースの内
装、商品構成、価格、陳列、販売を任され、一定率の売上歩合も支払う。

商品の陳腐化や売れ残り在庫等のリスクへの適応は重要課題である。そのため
の最初の行動は、売行きの鈍った商品を店舗から早めに引き揚げ、まだ売れて
いる店に回す店舗間移動システムの構築であった。1990年代以前はアパレル
業の製品企画から販売までに10か月程度かかっていたため、このシステムの
実現には前述した派遣店員制が重要な役割を持つことになる。派遣店員は①自
社製品の積極的な販売、②店頭で消費者と対面することによる消費者ニーズの
把握、といった2点を実現できるため、店舗間移動システムの構築にとって後
者は特に重要であった。髙岡（2000）によると、1980年代になると、アパレ
ル業は百貨店の店頭にコンピュータ端末を設置して販売管理を行うようになり、
POSシステム[6]の導入により情報の活用は進んだものの、アパレル業間では同
質化競争となっていったという。しかし1990年代になると現在も続く消費者
ニーズの多様化が始まり、シーズン当初は製品を少なくし、消費者ニーズ、即
ち売れ筋商品を見定めた後で追加生産を行う必要に迫られ、小売店頭の消費者
情報を迅速に商品企画に反映させるQR（Quick Response）[7]を実現させる必
要がでてきた。QRの概念はアメリカの繊維・アパレル企業で開発され、日本
のアパレル業でも導入されたが、先述の商品の店舗間移動システムの導入時と
は異なり、各社の販売動向に応じて導入されていった。しかし、QRの導入は
順調には進まなかった。それはアパレル産業が多段階の流通であるため、標準
化作業を多くの企業に協力してもらう必要があったからである。

（4）SPAモデル

　1990年代には大型店規制緩和の動きがあり、それに連動して外資系小売
業者の参入が相次ぎ、その際、SPA[8]といわれる衣料品専門形態が登場した。[9]
SPAは製造から小売までを垂直統合した製販統合型の販売形態で、店頭情報

6　Point of Salesの略で、店舗における商品が販売された時点の情報を集計・分析し、その結果を経営に活かすためのシステムのこと。
7　日本化学繊維協会のホームページによると、「サプライチェーン全体にわたって存在する時間とモノの無駄を、消費者の利益の観点から排除していくこと、主にリードタイムの短縮および在庫削減」がQRの考え方である（https://www.jcfa.gr.jp/about_kasen/knowledge/word/58.html、2021年8月31日最終確認）。
8　SPAはアメリカのLimited社が1980年代にモデルをつくり、Gapが広めたビジネスモデルで、Specialty Store Retailer of Private Label Apparelの頭文字を組み合わせた造語で、繊研新聞社が紹介して広まった。
9　東（2015）pp.41-42。

から消費者の需要の変化を予測して商品企画を行い、サプライチェーンを管理して製造と販売を行うため、製造小売と呼ばれる新しい業態である。国内ではワールドが1993年に立ち上げたブランド「OZOC（オゾック）」がわずか5年であるにもかかわらず卸売価格ベースで184億円を売り上げて注目を集めた。[10]近年、SPAはアパレル業界で当たり前の一業態となり、業態間競争だけでなく、企業間の競争も激化している。平井（2016）は、SPAは製販統合という曖昧さから広汎な解釈がされていると指摘し、実際にサプライチェーンをどこまで垂直統合し、内製化しているかは企業によって異なる。また平井（2016）は国内SPAと欧米のグローバルSPAの違いを、前者は典型的モデルとしてワールドをあげ、国内のSPAモデルは「自社管理のアウトソーシングと外部委託を併用している状況で（中略）内製化の度合いに関しては、自社の業務範囲に経営資源を集中させ、それ以外の業務を外部委託することによって効率性を高めて」いるとし、後者はZARAをあげ、「素材開発以外のサプライ・チェーンのプロセスの大部分を自社内に取り込んでいる」と指摘している。つまり、製造小売全般がすべて同じSPAではなく、SPAには様々なタイプが存在していることに注意する必要がある。

（5）新たな販売チャネルの登場

　百貨店はアパレル業にとって重要な販売チャネルである。そのためここまで示してきた通り、アパレル業は戦略的に百貨店との関係を強化してきた。[11]しかしバブル崩壊に前後して、アパレル業の新たな販売チャネルが台頭し始める。例えばSC（ショッピングセンター）である。人口のドーナツ化現象、モータリゼーションの進展により1960年代の終わりに市場の変化を先取りし開発された郊外型のSCや、都市中心部のファッションビルと呼ばれるSCや駅直結の駅ビルが存在感を示し始めたのである。また1990年代になると大規模小売店舗法が改正され、これまでSCの立地に相応しくないとされた農地・山地にも進出が始まり、1990年代後半にはアウトレットモールが誕生した。このSC

10　藤田・石井（2000）p.57。
11　加藤・奥山（2020）によると、百貨店の売上高に占める衣料品販売額の比率はピーク時で4割超存在していたとする。その後2000年代に入るとこの比率は3割に落ち込んでいることから、両者の関係は非常に深いといえよう。

発展期にはSC専業者だけでなく、不動産業、共同店舗管理業、小売業系、運輸業系、製造業系など多様なディベロッパーがSC開発に参入し、アパレル業の成長を支える受け皿となっていった。また、1980年代中頃から1990年代初頭にかけて華やかだったレディース専門店はバブル崩壊とともに凋落し、国内外SPAにシェアを奪われ始め、同じ頃カタログ通販の業績伸長にも急ブレーキがかかる。そして1990年代半ばになるとセレクトショップが台頭し始め、テレビショッピングも始まり、2000年代になるとECが普及し始めた。

(6) 百貨店の現状

　このように新たな販売チャネルが登場し台頭し始めると、百貨店の業績はバブル崩壊とともに落ち込み始める。1990年代末には、一旦回復の兆しを見せたものの、2000年代になると再び落ち込み始めた。リーマンショック後、しばらく安定していたところに、新型コロナウイルス感染症が追い討ちをかけ、2020年の百貨店業界の売上高は1991年の約43％、4.2兆円まで落ち込むこととなった。業績落込みの原因は、消費者の低価格志向や品揃えの問題、インターネットの普及等様々考えられるが、その1つに2000年代後半になり、ZARA、H&M、Forever21等の流行を取り入れながらも低価格帯の外資系ファストファッションのブームとその定着をあげることができよう。衣類供給量が1990年の倍の40億点[12]、ファストファッションの中心が婦人服であることを考えると、百貨店の売上高の3〜4割を占める衣料品はここ10年で約54％減、婦人服は約52％減であることから、消費者ニーズや購買行動の変化に対して、商品提案力が低下し対面販売重視の販売体制などにズレが生じていることが分かる。

3.　インターネット時代の販売チャネル

　近年の百貨店の売上減少の原因は、このような消費者ニーズとのズレや様々な販売チャネルの登場だけではない。1990年代半ばにインターネットが普及し始めてからすでに25年以上が経過し、2019年のインターネット利用率は

12　経済産業省（2020）。

図 2 - 1　EC の市場規模と物販系 EC 化率の推移

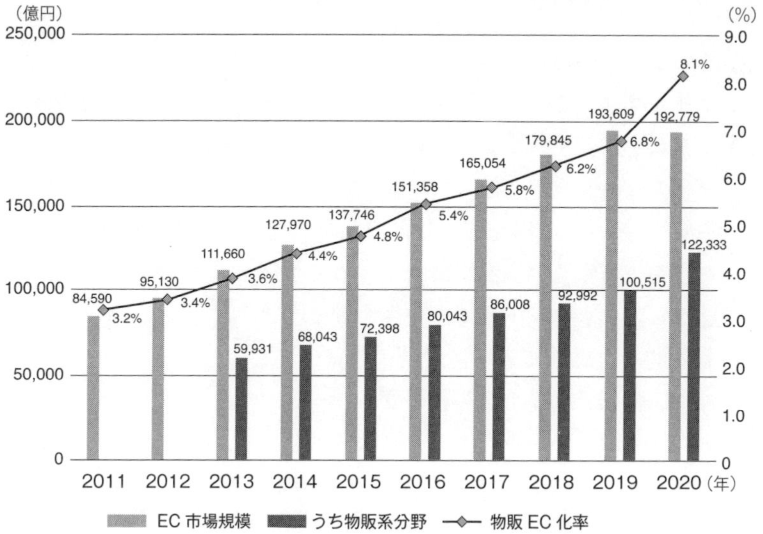

資料：経済産業省「電子商取引実態調査」（平成 23 年度～令和 2 年度）を基に作成。

89.8％にもなっている。その結果、図 2-1 のように EC の市場規模は 2011 年
の倍以上の 19 兆 2,779 億円に拡大し、うち物販の市場規模は 12 兆 2,333 億円
と消費者の商品の購入方法が変化していることが見て取れる。ここでは日々変
化するインターネットを活用した販売チャネルについて確認する。

(1) EC サイトと EC モール

　EC サイト（Electronic Commerce）とは、自社商品やサービスを販売する
インターネット上の独自運営の Web サイトのことをいい、複数の企業や個人
商店がインターネット上の 1 か所で出店する形態の Web サイトは、EC モー
ル、EC ショッピングモール、オンライン・ショッピングモール、オンライ
ン・マーケットプレイスなどと呼ばれる。EC サイトや EC モールを自社運用
する場合のメリットは、①販売元が明確で信頼されやすい、②サービスや商品
を自由に提供できる、③マーケティング戦略が容易、などがあり、デメリット
として、① Web サイトの構築や維持管理の経費がかかる、②品揃えが少ない
と集客が難しい、③価格競争になりやすい、④サイズ違いや色違いなど微細な

部分でトラブルが発生しやすい、などがある。

(2) オムニチャネル[13]

　オムニチャネル（Omnichannel）とは、顧客があらゆる販売チャネルから商品やサービスを購入できるように複数の流通経路を繋げることで、リアル（実店舗）とインターネット（EC サイトあるいは EC モール）、あるいはカタログ通販や SNS などとの境界をなくし、消費者が販売チャネルを意識することなく、どこからでも欲しい商品を購入できるようした小売戦略をいう。消費者の目に見えないバックエンドまでを統合することで、顧客はシームレスで快適な購買体験を得ることができる。また、購買に至る前の企業から SNS を活用した商品紹介、勧誘、誘導や購入後のフォローメールと店舗での対応を連動させるといったアプローチを消費者ごとに変えることで、顧客にとっての利便性向上を通じて他社との差別化を図ることができる。オムニチャネル化を図るメリットとしては、顧客満足度の向上や顧客の購入までのデータ分析の精度向上、バックオフィス業務の一元管理によるコスト削減、業務効率の向上などがあり、デメリットとしては実店舗との競合化や消費者に利便性を認知させる困難性、などがあげられる。

(3) D2C

　D2C（Direct-to-Consumer；消費者直接取引）とは、中間流通業者を通さずに、自社の EC サイトを通じて商品を顧客に直接販売することをいう。アパレル業が EC サイトを通じて直接消費者と繋がるため、消費者の購買状況や利用状況、嗜好など様々なデータを得ることができ、情報の分析次第で短期間の商品開発や需要予測に基づく生産が可能となった。D2C のメリットは、必然的に顧客志向のマネジメントになることである。その他に顧客との良好な関係を

13　似たようなキーワードに、マルチチャネル、クリック＆モルタル、O2O、OMO などがあるが、それぞれ意味する内容は異なる。まずマルチチャネルは複数のチャネル（媒体、あるいは経路）を組み合わせる取組みであるが、バックエンドの統合までは意味していない。次にクリック＆モルタルは 2000 年頃に登場し、インターネット上の EC サイト（クリック）と既に存在する店舗（モルタル）の融合を意味する。O2O（Online to Offline）とは国内では 2010 代初頭に使われ始め、オンラインすなわち EC サイトと実店舗（オフライン）を分けて考えた上で融合することを意味する。最後に OMO（Online Merges with Offline）はオンラインとオフラインを分離して考えるのではなく、当初から両者を融合して考えるマーケティング戦略である。

築けばブランド・ロイヤルティが強化される、また EC サイトを通じて世界中の消費者に容易にリーチでき、中小企業が大企業と競争できるようになる、などがある。デメリットは顧客データのセキュリティ・マネジメントが一層重要になる点である。

4．アパレル業の新たな販売チャネル

　仮想空間であるインターネットと実際に身に纏う商品である衣料品は、相性がいいとは言えない。消費者の好みは千差万別で、色、デザイン、肌触りなど、パターン化することが難しいからである。しかし、現代の消費者は利便性を求め続け、それを当然と受け入れている。ここではまず国内の代表的なアパレル業の EC サイトへの対応を中心に、その対応の状況と業績の関係を確認し、最後に中小・ベンチャー企業の新しい EC の活用事例を紹介する。なお、表 2 - 2 にまとめた事例企業 5 社は、その業態も様々である。

(1) 上場アパレル業の EC の活用事例
① (株) ファーストリテイリング
　ユニクロ、GU を有し、SPA を代表するアパレル業であるファーストリテイリングは、2000 年 10 月にはインターネット通販を始めており、EC の歴史は

表 2 - 2　事例企業の概要

企業名	資本金	従業員数	設立	ブランド
(株) ファーストリテイリング	10,273.95 百万円	56,591 名	1963 年	ユニクロ、GU ほか
(株) ワールド	6,000 百万円	9,099 名	1959 年	UNTITLED、INDIVI、index ほか
(株) オンワードホールディングス	30,079 百万円	7,498 名	1927 年	23 区、組曲、iCB、J.PRESS、Paul Smith、DAKS ほか
(株) アダストリアホールディングス	2,660 百万円	5,701 名	1953 年	GLOBAL WORK、niko and... ほか
(株) ユナイテッドアローズ	3,030 百万円	4,214 名	1989 年	UNITED ARROWS、UNITED ARROWS green label relaxing ほか

注：記載情報は各社ホームページ（2021 年 9 月 6 日現在）による。
資料：著者作成。

図２−２　ファーストリテイリングの EC 化率の推移（2014 ～ 2020 年）

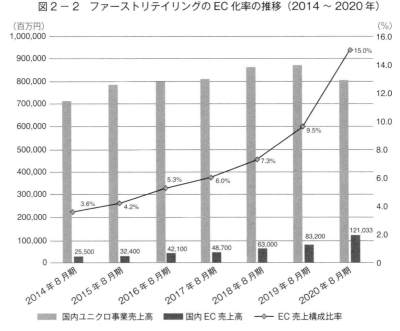

資料：ファーストリテイリングのホームページ掲載の各種 IR 情報を基に作成。

長い。同社の 2020 年の国内 EC 化率は図２-２のように 15.0％となっている。この年は新型コロナウイルス感染症によりパンデミックが起こり全世界の経済成長に急ブレーキがかかり、同社の売上も減少した。しかし、EC 売上高が121,033 百万円と伸びた結果、それまで対前年 1.3 倍程度であった伸び率が同年には 1.45 倍と急伸した。なお、2017 年に EC 売上高の伸びが 1.16 倍に鈍化したのは、2016 年に稼働した有明物流センターで提供予定であった注文商品を翌日届ける「翌日配送」が滞ったことによる。これにより同社は物流・ロジスティクス面の改革に本腰を入れ、マテハン最大手の（株）ダイフクと組むことで RFID [14] やロボット、センサーを活用し、現在では自動検品や荷下ろし、荷積み、梱包箱の組立てなど、ほとんどの作業を自動化している。

14　Radio Frequency Identifier の略称で、IC タグの情報を電波を用いることで非接触で読み書きする自動認識技術のこと。

② （株）ワールドの事例

　マルチブランドを展開し、国内初の SPA ブランド「OZOC」を開発した
ワールドは、その成長の歴史の中で現在は百貨店アパレル業、専門店アパレ
ル業、SPA など様々な顔を持つ。同社は 1999 年に東京証券取引所および大阪
証券取引所第 1 部に上場するも、2005 年に企業買収を回避するため自ら上場
を廃止し、2018 年に東京証券取引所に再上場している。同社の 2021 年の EC
化率は図 2－3 のように 21.9% であり、EC 取扱高は 15% 以上の伸びを達成し
ているものの、業績は赤字となった。コロナ禍における百貨店、直営店の休
業や短縮営業による減収の影響がより大きなダメージだったといえる。同社
の 2019 ～ 2021 年の決算説明会資料には「モール依存から脱却」、「セグメント
公式 EC サイト構築のトライアル」（2019 年）、「ブランド事業一体で総力を挙
げて EC 集中」（2020 年）、「ロスが全く出ないビジネスモデル」（2021 年）と
いった記述がある一方で、「EC 売上改善が停滞。EC 優先の指針不徹底かつ
業務がマンネリ化」（2020 年）、「通期 EC127% 増も配送遅延課題発生」（2021

図 2－3　ワールドの EC 化率の推移（2017 ～ 2021 年）

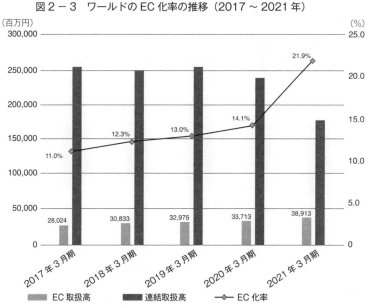

資料：ワールドのホームページ掲載の各種 IR 情報を基に作成。

年）という言葉が並んでおり、同社が描く戦略が計画通り進んでいない状況が
見て取れる。

③（株）オンワードホールディングスの事例

　オンワードホールディングス（以下、オンワードHD）の前身であるオン
ワード樫山はレナウンとともに日本のアパレル業の雄と呼ばれ、前述したよう
に「委託・消化取引制」と「派遣店員制」を逆手にとって、百貨店アパレル業
として1960 〜 1970 年代に業績を伸ばし、1970 年代には海外に進出、1980 年
代には DC ブランド市場に参入している。しかし近年、百貨店の業績と連動す
るように業績は減収傾向にある。

　オンワード HD の EC 化は 2009 年、（株）スタートトゥディ（現・（株）
ZOZO）の EC 運用支援システムを活用し、当時同社の女性ブランド 8 ブラン
ドを扱った「Onward Crosset」から始まる。2015 年には独自の e コマースプ

図 2 － 4　オンワード HD の EC 化率の推移（2014 〜 2020 年）

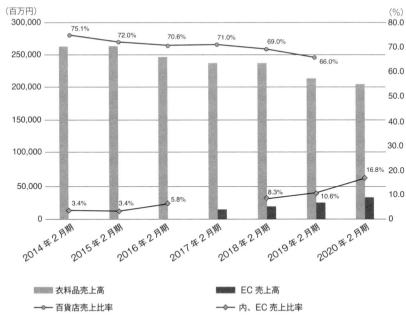

注：2020 年の百貨店売上比率及び 2017 年の EC 売上比率は公表されていない。
資料：ワールドのホームページ掲載の各種 IR 情報を基に作成。

ラットフォームへ移行し、直営オンラインショップとして、提携 EC モールと
在庫データや商品画像、出荷、カスタマーサポート等の情報共有を図っている。
また 2016 年には実店舗のオンワード会員と Onward Crosset の会員のデー
タを統合したデータベースを構築し、2018 年には習志野物流センターと e コ
マースの倉庫機能を統合して、EC サイトと実店舗の在庫管理を統合、スマー
トフォンアプリの改善と、立て続けに顧客の利便性向上を図っている。

　オンワード HD が 2021 年 4 月に発表した中長期経営ビジョンで提示した同
社が目指すイメージは、顧客を中心に製品・サービスを展開するマーケティ
ング志向型企業であり、オウンドメディア[15]や SNS、ライブコマース[16]等のイン
ターネットツールを使って顧客との双方向コミュニケーションを取りながら、
OMO ストアを展開するとしている。

　オンワード HD は図 2-4 のように、比較的積極的にインターネットを活用
した販売チャネルを展開しているが、百貨店の業績の落ち込みが同社の EC 売
上高の伸びを上回ってしまったといえよう。

④（株）アダストリアホールディングスの事例

　アダストリアホールディングス（以下、アダストリア HD）は、カジュアル
衣料品を中心とした国内 SPA である。同社は 1953 年に茨城県水戸市の紳士服
小売業から始まった。その後、郊外型紳士服チェーンが進出してくると 1973
年に水戸で空白だったメンズカジュアルに進出、1982 年には旧体制をスク
ラップしてジーンズカジュアルチェーンを展開、1997 年には OEM・ODM の
委託によりファッションカジュアルをストア展開し、2010 年には SPA 体制へ
移行と、時代の変遷とともにこれまで 4 回もビジネスモデルを変更している。

　アダストリア HD は 2007 年に自社サイトで EC 化を図り、2012 年に同サイ
トを全面リニューアルするとともに会員制ポイントサービスを開始する。2014
年に直営 Web ストア「[.st]（ドットエスティー）」を開始すると、表 2-3 の
ように 2015 年に会員数 300 万人、スマートフォンアプリのダウンロード数も
100 万ダウンロードを達成している。また図 2-5 のように同年 156 億円だっ
た Web 売上高は 2021 年には 538 億円と約 3.5 倍に増加し、EC 化率も 30.6%

15　宣伝主体がコントロールできる、広報誌、Web サイト等のコミュニケーションチャネルのこと。
16　インターネット上でライブ動画を配信と物販を組み合わせた販売手法のこと。

表2-3　アダストリアHDの自社ECサイトの会員数の推移（2015～2021年）

	2015年 2月期	2016年 2月期	2017年 2月期	2018年 2月期	2019年 2月期	2020年 2月期	2021年 2月期
会員数	300万人	440万人	560万人	700万人	870万人	1,030万人	1,170万人

出所：アダストリアのホームページ掲載の各種IR情報を基に作成。

図2-5　アダストリアHDのEC化率の推移（2015～2021年）

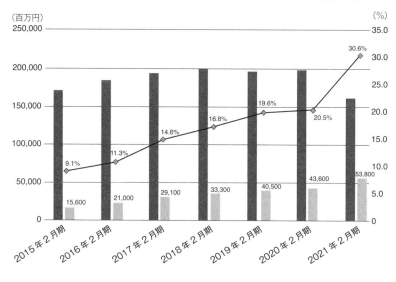

資料：アダストリアのホームページ掲載の各種IR情報を基に作成。

に達しており、自社ECサイト［.st］経由での売上増加が同社の業績に与えた影響は大きい。会員数も年々増加し2020年には1,000万人を突破している。アダストリアHDが2015年に発表した中期経営計画には、Web事業のオムニチャネル化、グローバル化が示されており、オムニチャネルを通じたECサイトの再定義により顧客接点を拡大し顧客満足を得る成長戦略が実践され、現在ではEC専業のブランドも開発している。こうした対応の結果、同社の2021年2月期の業績は黒字を維持している。

⑤（株）ユナイテッドアローズの事例

　ワールドの関連会社として創業したユナイテッドアローズは、現在では衣料品や小物を選別仕入れして販売するセレクトショップ業態最大手である。創業当時は百貨店のように "百貨" を並べるのではなく、自社が認めた "十貨" で豊かなライフスタイルを提案する「専門十貨店」をコンセプトにスタートした。現在ではドレスラインのセレクトショップとカジュアルラインの SPA を取り扱っている。

　ユナイテッドアローズはこれまでに 2005 年の ZOZO TOWN の出店等、多くの EC モールに出店している。2007 年 4 月には自社 EC サイト「LICLIS」を開始するも 2008 年 2 月に終了、その再始動にあたり（株）スタートトゥディ（現・（株）ZOZO）グループに開発、運営を委託し、2009 年から自社運営サイト「ユナイテッドアローズ オンラインストア」を開始した。その後、2019 年に委託会社の変更で二転三転し、約 2.5 か月間 EC サイトは停止し、ZOZO グループに再委託している。

図 2 － 6　ユナイテッドアローズの EC 化率の推移（2011 ～ 2021 年）

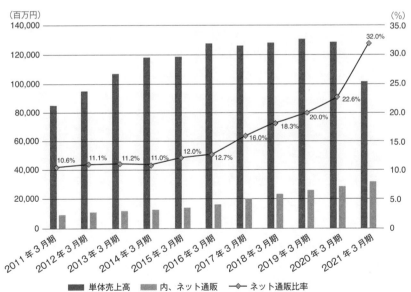

資料：ユナイテッドアローズのホームページ掲載の各種 IR 情報を基に作成。

　ユナイテッドアローズは 2014 年には「O2O リーディングカンパニーへの
チャレンジ」を掲げ、EC サイトと実店舗の連動に取り組み、翌 2015 年にはオ
ムニチャネル戦略を掲げ、顧客のシームレスな購買体験を促進している。2017
年に提示した中期ビジョンでは「実店舗の強みを活かした EC 拡大」を掲げて、
その重要性を示している。2018 年には一部ブランドで RFID の導入準備を進
め、2019 年には物流機能の再編を行い「いざ自社で EC サイトの運営を開始」
という段になって、前述のようにその目論見は頓挫した。ユナイテッドアロー
ズの EC 売上高、EC 化率は図 2-6 のようにともに順調伸びているが、2021
年 3 月期の業績は上場来初の赤字決算となり、その原因とされる在庫問題が改
めて浮き彫りとなった。

(2) 中小・ベンチャー企業の EC の活用事例
①フレックスジャパン（株）[17]

　長野県千曲市に本社を置くシャツの専門メーカー、フレックスジャパンは
2020 年に創立 80 周年を迎えた。1961 年に JIS の表示許可工場となり、翌年に
は当時の社名「加納屋」をもじったシャツ素材とシャツの芯地が半永久的に接
着する「カノライズカラー」を開発、高い技術力と高品質で受注を拡大、1970
年代には自社ブランドのシャツの販売も始めた。現在では生産工場も国内 2 か
所、海外に 6 か所あり、独自ブランドの「軽井沢シャツ」を含む 4 ブランドを
EC サイトで展開している。同社は利用者の「気具合＝動きやすく着心地がい
いこと」を最も大切にしている。その想いは、サイズ確認用のサンプルの事前
貸出やサンプル生地の販売、EC サイトにカラーコーディネート機能を持たせ
ていることで伝わってくる。オンラインオーダーの納期も発注日から配送予定
日を 2 か月後まで開示し、顧客の痒いところに手が届く対応を行っている。
②ライフスタイルアクセント（株）[18]

　2012 年に創業したライフスタイルアクセントは、ブランドの本場パリで働
いた経営者が、日本には物語のある本当のブランドがないことに気づき、それ
を実現するためのブランド「Factelier」を展開している。同社が考える本物と

17　フレックスジャパンには、2019 年 7 月 12 日に訪問。
18　ライフスタイルアクセントには、2017 年 10 月 5 日に訪問。

は、日本の技術力の高い縫製工場を消費者に知ってもらい、工場名を付けたブランドタグから高品質で安全という価値を展開することである。自社商品の生産に当たっては全国の産地の工場の中から、同社の考えに共感する工場とともに作り上げていった。創業当初から独自 EC サイトで商品を販売し、経営者の考えや各縫製工場の生産プロセス、工場経営者の人柄を紹介した内容が SNS で広まり、国内だけでなく中国を中心に固定客がついていった。現在は国内に3 店舗、台北に 1 店舗を構えるが、店舗はショールームと割り切って、試着はできるものの商品の販売は行っていない。顧客との関係性強化のため、同社と関わりが深い工場への工場見学ツアーや自社店舗へ工場関係者を招いての講演などを開催し、新しい物語を紡いでいる。

5．企業ごとに異なる EC サイトの課題

　本章では大企業 5 社、中小・ベンチャー企業 2 社の EC サイトの活用事例を確認してきた。どの企業もコロナ禍で業績が悪化し店舗での売上が下がる中、大企業は特に自社の EC 化率の向上が喫緊の課題であると異口同音に発信している。確かにアパレル業界はコロナ禍以前から様々な問題を抱えており、業態間の競争がより激しさを極める。生き残りの鍵が EC サイトであることに異論はないが、業態により、というより企業ごとにそれぞれ問題を抱えていることが見て取れる。

　国内最大手のファーストリテイリングは長い年月をかけてインターネット対応をしてきたが、それだけ長い期間経験してきても、本格的な EC 化を実現するためには物流・ロジスティクス面で障害が発生してしまった。しかし、その後の改善の結果、同社の EC 売上高は伸長することになる。

　ワールドとオンワード HD の場合は、両社の売上の多くを占める百貨店の売上の落込みを補うため EC 化が重要としているが、その対応の遅れがコロナ禍で浮き彫りになったといえる。既存店への意識が強すぎると、まだ売上が少なく成功体験がない新しい販売チャネルはお荷物にしか見えない。真のオムニチャネルや OMO を実現するためには、EC サイトとそれに関連するシステムの刷新だけでなく、物流・ロジスティクス改革や従業員の意識改革が必要なの

表２−４　各企業の問題発生要因

問題発生の原因	対象企業
強すぎることへの奢り	ファーストリテイリング
既存の販売チャネルへのこだわり	ワールド、オンワード HD
在庫管理	ユナイテッドアローズ

資料：著者作成。

ではないだろうか。

　アダストリア HD は４回のビジネスモデルの変遷を経てきた経験を活かし、外部環境の変化に合わせて地道にコツコツと今やらなければいけないことを積み上げてきている。このような突然の危機的状況下において黒字を維持できたのは、1,200 万人近い自社 EC サイトの会員が証明している。

　最後にユナイテッドアローズは、EC 化も着々と進めコロナ禍にあって EC 化率 30％を超えているにもかかわらず、上場後初の赤字決算となった。その理由が在庫問題であることを鑑みると、改めてアパレル業の在庫問題への対処の重要性が浮き彫りとなった。

　アパレル業のインターネット対応は、避けては通れない。しかし資金力のある大企業でも表２−４のような問題を抱えている。最後に紹介した中小企業やベンチャー企業は、D2C など消費者と直接取引することで大企業では対応できない新たな販路をつくることに成功した。ただそのためには、ステイクホルダーである顧客や取引先と真摯に向き合い続けることが最も重要である。

参考文献

東伸一（2015）「小売形態考―衣料品専門店チェーンのイノベーションと商品調達ネットワークを中心に―」『マーケティングジャーナル』第 35 巻第１号、pp.34-49。

李雪（2010）「アパレル産業におけるリスク対応と返品問題」『商学研究科紀要（早稲田大学）』第 71 号、pp.129-144。

遠入昇（1987）『アパレル』日本経済新聞出版社。

大村鍾太（2020）「百貨店とアパレルメーカーの返品制―新聞売り子モデルによる分析―」『桃山学院大学環太平洋圏経営研究』第 21 号、pp.81-95。

加藤秀雄・奥山雅之（2020）『繊維・アパレルの構造変化と地域産業―海外生産と国内産地の行方―』文眞堂。

木下明浩（2011）『アパレル産業のマーケティング史』同文舘出版。

経済産業省（2020）「繊維産業の現状と経済産業省の取組」https://www.meti.go.jp/policy/mono_info_

service/mono/fiber/pdf/200129seni_genjyou_torikumi.pdf、2021 年 8 月 29 日最終確認。

髙岡美佳（2000）「アパレル―リスク適応戦略をめぐる明暗―」宇多川勝・橘川武郎・新宅純二郎編
　　『日本の企業間競争』有斐閣、pp.152-173。

平井秀樹（2016）「『SPA 論』に関する一考察―『流行論』を基軸として―」『経済科学論究』第 13 号、
　　pp.25-36。

平井秀樹（2018）『流行と製品開発―アパレル産業の製品開発モデルを事例として―』埼玉大学大学院
　　人文社会科学研究科博士学位論文。

藤田健・石井淳蔵（2000）「ワールドにおける生産と販売の革新」『国民経済雑誌』第 182 巻第 1 号、
　　pp.49-67。

山川泰治（1983）『ワールド急成長の軌跡―畑崎広敏の人と経営―』商業界。

第3章

新たな競争局面としてのSDGsへの対応

サステナビリティと競争戦略

柴田仁夫

1. 注目されるサステナビリティ

　近年、世界的にサステナビリティに注目が集まっている。2019年末に中国の湖北省武漢で確認された新型コロナウイルス感染症（COVID-19）によるパンデミックにより、日本でも急速にサステナビリティが注目されることとなった。サステナビリティとは「持続可能性」と訳され、国内外で注目されるようになったのは2015年9月に国連で「我々の世界を変革する：持続可能な開発のための2030アジェンダ」が採択されたことによる。このアジェンダにSDGs（Sustainable Development Goals）[1]が記されたことで、サステナビリティが注目されることとなった。

　SDGsは人間を開発の中心に置く国連ミレニアム宣言を基にまとめられたMDGs（Millennium Development Goals）に環境的側面が追加され、その実現には環境・経済・社会の調和が不可欠であるため企業が果たす責任は重い。

　こうした国際的な流れにあって、アパレル産業におけるサステナビリティへの取組みは他業界と比較して、非常に遅れているとされる[2]。本稿では国際的なSDGsの流れと国内のアパレル産業のSDGsへの対応状況を踏まえた上で、こうした状況に陥った原因と今後のアパレル産業の競争について分析・考察す

1　SDGsは17の目標と169のターゲット、232の指標で構成され、17の目標は「1 貧困をなくそう」、「2 飢餓をゼロに」、「3 すべての人に健康と福祉を」、「4 質の高い教育をみんなに」、「5 ジェンダー平等を実現しよう」、「6 安全な水とトイレを世界中に」、「7 エネルギーをみんなに そしてクリーンに」、「8 働きがいも経済成長も」、「9 産業と技術革新の基盤をつくろう」、「10 人や国の不平等をなくそう」、「11 住み続けられるまちづくりを」、「12 つくる責任 つかう責任」、「13 気候変動に具体的な対策を」、「14 海の豊かさを守ろう」、「15 陸の豊かさも守ろう」、「16 平和と公正をすべての人に」、「17 パートナーシップで目標を達成しよう」である。本章の「SDGs1 ～ 17」の記載はこれら17の目標を指すことに留意されたい。
2　経済産業省製造産業局生活製品課（2021）p.2。

ることを目的とする。

2．繊維産業のサステナビリティ

(1) SDGs に至る流れ

　まず、SDGs が採択された主な流れを振り返ってみよう。端緒は 1972 年の
国連人間環境会議で「人間環境宣言（ストックホルム宣言）」が採択されたこ
とに始まる。この会議は世界で初めての環境問題についての政府間会合であり、
会議に先駆けて、同年民間研究機関であるローマクラブが『成長の限界－ロー
マ・クラブ「人類の危機」レポート』を発表し、急速な経済成長や人口増加に
より資源の有限性や枯渇危機が警告された。

　その後 2000 年に国連ミレニアム・サミットで「国連ミレニアム宣言」が採
択され、この宣言と 90 年代の国際会議やサミットで採択された国際開発目標
である MDGs が 2015 年までの期限付き目標として設定され、2002 年に開催さ
れた持続可能な開発に関する世界首脳会議（地球サミット 2002）で、「持続可
能な開発に関するヨハネスブルグ宣言」が採択された。2012 年 6 月には地球
サミットから 20 年目の節目の会議として「リオ＋ 20」と名付けられた「国連
持続可能な開発会議（UNCED）」が開催され、MDGs を補完し、より総合的・
包括的にした SDGs が提案され、2015 年 9 月に「我々の世界を変革する：持
続可能な開発のための 2030 アジェンダ」が採択され、SDGs がスタートする
こととなった。[3]

(2) 国内における SDGs の認知状況

　こうした国際的な流れを受けて、日本政府も 2016 年 5 月に本部長を内閣
総理大臣とする SDGs 推進本部を設置するなどして様々な取組みを行ってお
り、電通が実施した「SDGs に関する生活者調査」（2018 ～ 2021 年）によると、
2021 年には 54.2％と半数を超える国民が SDGs を認知しているとする。また、
年金積立金管理運用独立行政法人（GPIF）の上場企業向け調査（2017 ～ 2021

3　2015 年 12 月にはフランスのパリで第 21 回国連気候変動枠組条約締約国会議（COP21）が開催され、京都議
定書の後継であり、2020 年以降の温室効果ガス排出削減等のための新たな国際枠組みとなる「パリ協定」が採択
され、2016 年に発行した。

年）[4] や（一社）日本立地センターの中小企業向け調査（2021）[5] によると、直近ではそれぞれ 100.0％、50.4％の認知率となっている。

（3）繊維産業のサステナビリティに関する検討会報告書

　国際的な SDGs の潮流、新型コロナウイルス感染症の拡大により、国内繊維産業が大転換期を迎えるにあたり、経済産業省は 2021 年 2 月「繊維産業のサステナビリティに関する検討会」を設置、同年 7 月には「繊維産業のサステナビリティに関する検討会報告書」をまとめた。同報告書では国内繊維産業の市場規模の縮小と事業所数の減少に触れ、海外生産へのシフトにより商社の役割が大きくなった結果、アパレル企業と国内の産地企業等との結びつきが希薄化したと指摘している。その上で、サステナビリティに取り組む意義に触れ、サステナビリティに係る 5 つの現状と今後の取組みについてまとめている。5 つの現状とは、①環境配慮、②責任あるサプライチェーン管理、③ジェンダー平等、④供給構造、⑤デジタル化の促進、である。それぞれの今後の取組みとして、「環境配慮」に関しては、環境配慮設計ガイドラインの設定、回収システムの構築、消費者の意識改革をあげ、「責任あるサプライチェーン管理」については、デュー・ディリジェンス[6] の実施、国際認証取得に向けた環境整備、外国人技能実習生等への対応をあげている。また「ジェンダー平等」に関しては、官民ラウンドテーブルの設置、若い世代に対するロールモデルの提示を、「供給構造」については、デジタル技術の活用、顧客を中心に置いた事業展開の推進、生産工程の改革をあげている。最後に「デジタル化の促進」として経営層の理解促進、優良事例の横展開、支援施策の周知をあげている。

3．繊維・アパレル産業の現状

　ここまで国内外における SDGs への流れと国内の SDGs の認知状況、政府の

4　これは調査を実施した GPIF が日本の公的年金のうち、厚生年金と国民年金の積立金の管理・運用を行っている機関投資家であり、2021 年には SDGs を「知っており、取組みを始めている」という回答が 75.1％であり、後述する ESG 投資の流れからすれば、当然と言える。

5　本調査は関東経済産業局管轄の 1 都 10 県が対象である。

6　企業が事業活動において当然に行うべき注意や努力のことをいい、2011 年発足の「ビジネスと人権に関する指導原則」以降、欧州を中心に人権デュー・ディリジェンスが重視されてきている。

国内繊維産業の現状分析と今後の取組みについて簡単に触れてきたが、ここからは特に SDGs の柱とも言うべき「人権」と「環境」の視点から情報開示に至る流れについて確認する。

(1) 人権問題
① Nike 社の児童労働問題

　1996 年、雑誌『LIFE』6 月号で、アメリカ合衆国オレゴン州に本社を置くスポーツ用品最大手の Nike 社が東南アジアや中南米にある契約工場で労働者を劣悪な労働環境で不当に安い賃金で雇用し、パキスタンのサッカーボールの生産では児童労働が用いられていると告発されたことが、この人権問題の始まりである。

　最高級のサッカーボールは 80 年以上に亘りパキスタンで生産され、1999 年には世界の 75％のシェアを持っていたという[7]。1970 ～ 80 年代に起こった生産プロセスの革新により、家庭での児童労働が広がり、7 ～ 14 歳の 7,000 人以上の子供たちがフルタイムでサッカーボールを縫い合わせていたと推定されている。子供たちは親の借金返済のために働いており、逃げ出すことも学校に行くこともできなかったという。こうした問題が 1995 年に報じられたことで、国際サッカー連盟（FIFA）、世界スポーツ用品産業連盟、パキスタンのシアルコット商工会議所は対応を迫られた。1997 年 2 月にすべての利害関係者がアメリカ合衆国のアトランタに集まり、14 歳以下の児童の就労を制限する方向で一致し、協定に署名した[8]。

　こうした状況下にあって Nike 社は、1994 年の同社の出版物『Production Primer（生産入門）』の記載内容と異なる点を『LIFE』の告発から指摘されたことに対し下請企業の労働実態までは知らなかったと装ったことで、同社の言行不一致が世論から批判されることとなった[9]。

7　上野（2018）p.89。
8　児童労働については 2 つの国際条約があり、国際労働機関（ILO）第 138 号条約で就業が認められる最低年齢について、第 182 号条約では最悪の形態の児童労働について定義している。なお、就労最低年齢は 15 歳が原則であるが、開発途上国の場合は批准当初は 14 歳とすることも認められていた。
9　上野（2018）p.86。また上野（2018）によると、1996 年 6 月に Nike 社は、アメリカ下院議会人権小委員会宛に「『ライフ』誌 6 月号に、パキスタンのサッカーボール産業において児童労働が使われているという衝撃的なストーリーが掲載されました。この論説は Nike に批判的でしたが、他のスポーツ用品会社もパキスタンで活動して

　このNike社の態度に世論は敏感に反応し、1998年にはサンフランシスコやシカゴ等の大都市で大規模なデモが組織された。その結果、Nike社は児童労働の廃止に向けて行動すること、および契約工場の労働環境の改善を行うと発信することとなった。[10]

②バングラデシュのラナプラザの悲劇

　2013年4月24日、ファッション産業の汚点となる死者1,100名以上、負傷者2,500名以上、行方不明者500名以上という事故が発生した。いわゆる「ラナプラザの悲劇」である。

　バングラデシュの首都ダッカから北西約20キロの街、サパールの商業ビル「ラナプラザ」が倒壊したのである。事故当時、8階建てのラナプラザには、銀行や商店のほか、5つの縫製工場が入居していた。[11]事故前日に、3階に崩落を起こしうる危険な亀裂が壁や柱に走っているのが見つかり、従業員はマネージャーらに報告し、地元警察は検査のため退去命令を出していた。しかしビルのオーナーは問題ないと主張し、工場のマネージャーらに従業員に仕事に戻らなければ解雇の可能性があると話し操業を続けたところ、翌朝9時頃にビルが崩壊したのである。崩壊の原因は、正規の許可なく違法に増築された4階以上の耐久性に加え、上層階設置の大型の発電機と数千台におよぶミシンの振動の共鳴が建物を揺らしたことだとされる。

　バングラデシュではこの事故以前にも工場火災が頻発していたため、[12]同国で縫製を行う世界中のアパレル産業も、建物の倒壊や火災を防ぎ労働環境の改善を目指す必要があった。そのため、2013年5月に「H&M」や「ZARA」などを展開するInditex等欧州のアパレルメーカー220社超が「バングラデシュにおける火災予防および建設物の安全に関わる協定（The Accord on Fire and Building Safety in Bangladesh、以下、アコードという）」に署名し、[13]「ユ

10　森（2000）。

11　ラナプラザ内の縫製工場は27の有名アパレルメーカーの縫製を受注していたとされるが、低賃金、長時間労働といった劣悪な労働条件のもと、労働組合の結成も認められない典型的なスウェットショップ（Sweatshop：搾取工場）であった。

12　2010年のガリブ＆ガリブの火災では20名以上が、2012年のタズリーン・ファッションズの火災では110名以上が亡くなっている。

13　アコードには法的拘束力があり、実際に多くの縫製工場の安全検査が実施された結果、大規模工場の状態が改善され、労働者の安全が確保されたといわれる。しかし、その一方で署名した企業と直接取引した工場しか検

ニクロ」を展開するファーストリテイリングも同年 8 月に署名した。また、Walmart 等アメリカ企業が中心となって「バングラデシュ労働者の安全のため提携（Alliance for Bangladesh Worker Safety、以下、アライアンスという）」も同時に結ばれた。ただし、いずれも活動期間が 5 年と期限付きであり、アライアンスは 2018 年に停止している。しかしアコードについてはその後も縫製工場の火災が頻発したことから、裁判所の停止命令に対してアコードが上訴し、281 日間の活動の継続と後継組織への引き継ぎが認められた。

③新疆ウイグル自治区の人権問題

中国における新疆ウイグル自治区に関する問題は、「主体文化、主体民族とは違う勢力によって国家の統合が脅かされるという『懸念』や『恐れ』」であり、中央権力にとっては脅威となっている。何故ならチベットや新疆ウイグルはかつて独立国を持った歴史があり、固有の文化・宗教でアイデンティが形成されているからだとされる[14]。この新疆ウイグル自治区で漢人以外の人々が不当に強制収容施設に収監されているという報告は 2016 年末あたりから見られ始めた。2017 年になり英語圏の主要メディアが海外ウイグル団体の証言を基に報道を始めると、中国政府はこの施設の説明を二転三転させた。その後アメリカ合衆国に拠点をおく NGO CGP（Center for Global Policy）[15]が 2020 年 12 月に発表したレポートでは、中国の新疆ウイグル自治区では 2018 年に少なくとも 57 万人のウイグル族の人々が強制的な労働訓練を通じて[16]、綿花の収穫に送り込まれていると報告している。

新疆ウイグル地区で栽培されている新疆綿は、ギザ綿、スーピマ綿と並び世界三大コットンと呼ばれる。同地区の綿生産量は 2020 年には 516.1 万トンであり、中国の綿総生産量 591 万トンのうち、実に 87.3％を占めており、綿栽培は新疆経済の柱ともいえる。

査や指導対象になっていない、という批判もある。
14　『日本大百科全書』（小学館）の Web 版「新疆ウイグル問題」の項を参照。「ほとんど宗教心をもたない漢人と違ってチベットではチベット仏教、新疆ではイスラム教が主体宗教である。」（https://bit.ly/3txRLPe、2021 年 9 月 8 日最終確認）。
15　無党派のアメリカのシンクタンク。
16　この強制労働は「人身売買による奴隷労働」や「収穫期に農民や子供が強制的に駆り出される」ものとは異なり、宗教的少数派に対する、より重大な迫害の一部」の可能性があるとする（Newsweek 日本版、https://bit.ly/3xWL75L、2021 年 8 月 12 日最終確認）。

　こうした高品質で安価な新疆綿は世界中のアパレル産業で取り扱われていたが、今や非常にセンシティブな言葉となっている。前述の CGP の報告を受け、NGO BCI（Better Cotton Initiative）が 2020 年 3 月に新疆ウイグル産の綿花は「信頼性の高い認証やライセンスに適さない」と発表したことから、同 NGO に加盟する H&M や IKEA はサプライチェーンにおける同地区の綿の購入を停止し、Patagonia も同地区からの素材調達を止めることとなった。

④国内縫製工場の外国人技能実習生の労務問題

　日本における外国人技能実習制度は、1960 年代後半に海外の現地法人で行われていた研修制度を原型に 1993 年に制度化された。その目的は「我が国で培われた技能、技術又は知識の開発途上地域等への移転を図り、当該開発途上地域等の経済発展を担う『人づくり』に寄与する」という国際協力の推進であり、基本理念として「技能実習は、労働力の需給の調整の手段として行われてはならない」と定められている。

　繊維工業関係の最低賃金は表 3 - 1 のとおり全国の地域別最低賃金よりもかなり低い。2020 年度で見ると、繊維工業関係の 798 円より低い最低賃金は印刷・同関連産業関係の 792 円のみで、最も高い塗料製造業関係の 955 円と比較すると、その賃金の低さが際立つ。そのため国内での労働力の確保は困難を極める。この状況を補う意味もあり、国内縫製工場では外国人技能実習制度を活用し始めた。制度の抜け穴ともいえる 1 年目の研修生に支給する「研修手当」と指定の技能評価試験に合格した技能実習生に対して支払われる「賃金」の差を活用していたのである。[17]

　2010 年に本制度は大改革が行われ、1 年目から雇用契約が必要となり、それにともない労働関係法令が適用されることになったが、2019 年の厚生労働省の報告によると、2018 年時点で 70.4％の実習実施者に労働基準法違反が認められたという。[18] また同報告によると、繊維工業、衣服その他の繊維製品製造業における主な監督指導の状況は、監督指導実施事業場 782 のうち、違反事業

17　渡邊（2009）によると、研修生は労働者に当たらないので労働法令が適用されない。そのため「生活する上で必要と認められる実費」と規定された研修手当は 2007 年当時で平均 6 万 6,000 円ほどであり、技能実習生の諸手当を含む平均賃金額は 15 万 1,000 円であった。
18　外国人技能実習生の実習実施者 7,334 件のうち 5,160 件で違反が認められた（https://bit.ly/3DZR6uL、2021 年 9 月 8 日最終確認）。

表 3 - 1　最低賃金時間額の全国加重平均額の推移

2021 年 3 月末現在

最低賃金額 ＼ 年度	2015	2016	2017	2018	2019	2020
地域別最低賃金（円）(A)	798	823	848	874	901	902
対前年度引上げ額（円）	18	25（※）	25	26	27	1
（前年度比）（%）	(2.31)	(3.13)	(3.04)	(3.07)	(3.09)	(0.11)

特定最低賃金

	2015	2016	2017	2018	2019	2020
塗料製造業関係（円）	886	896	992	935	951	955
印刷・同関連産業関係（円）	758	758	782	785	792	792
繊維工業関係（円）(B)	749	762	778	787	797	798
(A) と (B) の差額（円）	49	61	70	87	104	104

注：※の 2015 年度と 2016 年度の差額 25 円には、全国加重平均額の算定に用いる労働者数の更新による影響分（1 円）が含まれている。

資料：労働調査会出版局編『最低賃金決定要覧』（平成 28 年度版〜令和 3 年度版）を参考に作成。

場数 502 となっており、違反率は 64.2％であった。

(2) 環境問題

① Burberry の在庫廃棄

　近年衣類の在庫廃棄問題に注目が集まったきっかけの 1 つは、2018 年 5 月に発表されたイギリスの高級ブランド「Burberry」のアニュアルレポートで、同社がブランド価値を維持するため衣料品やアクセサリー、香水など 2,860 万ポンド（約 42 億円）相当の売れ残り商品[19]を破壊・焼却処分していたことが明らかになったからである。同社が過去 5 年間で処分した商品は 9,000 万ポンド（約 132 億円）にのぼる。これは BBC を始めとする欧州のメディアや環境保護団体、環境意識の高い消費者から批判され、インターネット上では「#boycottBurberry」のハッシュタグによる同社に対する不買運動が起こった。

　不良在庫の廃棄はアパレル産業の慣習となっているが、特にラグジュアリーブランドを扱う企業にとっては重大なテーマである。高級ブランドの商品が安価で流通するとブランドの希少価値が下がってしまうため、売れ残った商品を破壊処分することで、ブランド価値の毀損を防いでいるからである[20]。

19　Burberry によると、処分された商品の 3 分の 1 以上は、前年度締結した新規ライセンス契約に関係する香水であったという。

20　Burberry の在庫廃棄が問題となった同じ頃、ラグジュアリーブランド市場で LVMH に次ぐ企業であり、「Cartier」や「MONTBLANC」を抱えるスイスの RICHEMONT は、過去 2 年で 4 億 8,000 万ユーロ（約 628 億円）相当の腕時計を処分している。

　こうした批判を受け 2018 年 9 月、Burberry は売れ残り商品の焼却処分を直ちに禁止し、再利用や寄付に切り替えると発表した。[21]

②環境省による調査報告書から

　環境省は 2020 年、ファッション産業が環境に与える影響について 2 種類の調査を実施し、(株) 日本総合研究所がこれをまとめている。1 つはファッション産業のサプライチェーンの各段階で調査を行い、衣服の供給量や消費量、古繊維の回収量、サプライチェーンにおける各段階の環境負荷を企業や関係機関などに聞き取り調査して推定したもの、もう 1 つは消費者のファッションと環境に関するアンケート調査である。そしてこれらを消費者向けにまとめ直したレポートが「SUSTAINABLE FASION −これからのファッションを持続可能に」(https://www.env.go.jp/policy/sustainable_fashion/) である。同レポートは「ファッションと環境の現状」、「サステナブルファッションへの関心」、「ファッションと環境へのアクション」、「シェア用画像」の 4 つで構成されている。

　この内、「ファッションと環境の現状」は、産業の全体像、製造段階、販売・利用段階、3R 活動、廃棄段階の 5 項目で構成されている。まず、産業の全体像では洋服が作られて廃棄されるまでの流れと衣服の素材について、次に、製造段階では生産時における産業全体の環境負荷について記されている。[22] 3 つめの販売・利用段階では、国内アパレル供給量・市場規模・衣類の購入単価の推移と 1 人当たり (年間平均) の衣服消費・利用状況が、4 つめの 3R 活動では、服を手放す手段の分布、手放したあとの服の行方、最後の廃棄段階では、可燃ごみ・不燃ごみとして廃棄する理由、可燃ごみ・不燃ごみに出される衣類の量と焼却・埋め立て量が示されている。

(3) 求められる透明性

　前述のラナプラザの悲劇を受けて設立された非営利団体 Fashion Revolution

21　同時に数年かけて毛皮製品の取扱いを止める取組みも発表された。

22　原材料調達から製造段階までに排出される CO_2 排出量 (約 9 万 kt)、水消費量 (約 83 億㎥)、端材等排出量 (約 45,000t) の年間の総量が記されているほか、これを服 1 着分に換算した場合の CO_2 排出量 (500ml ペットボトル約 255 本分)、水消費量 (浴槽約 11 杯分) と服の着数に換算した場合の端材等排出量 (服約 1.8 億着) が示されている。

は、2014年からファッションに対する考え方を見直す「ファッションレボリューション・デイ」を始め、2016年以降はよりエシカルでサステナブルなファッションへの転換を求める「ファッションレボリューション・ウィーク」に拡大している。また、2016年よりファッションのサプライチェーンの透明性を高めるため「Fashion Transparency Index（以下、FTIという。）」を発表している。アパレル産業は分業制で成り立っており、間に商社が介在すると製品の背景が分かりにくくなってしまう。それ故、消費者にその生産背景を知ってもらうため透明性が重要になる。FTIは「ポリシーと公約（Policy & Commitments）」、「ガバナンス（経営管理）（Governance）」、「トレーサビリティ（Traceability）」、「把握・開示・改善（Know、Show & Fix）」、「重点課題（Spotlight Issue）」の5つの視点でグローバルブランドがどの程度情報を開示しているかを評価し、ランクづけしている。表3－2は、FTIの上位10ブランドの直近5年間の1年おきの推移であるが、年々透明性が高くなっていることがわかる。国内ブランドも年々透明性が高くなっているものの国内最大手のアパレル製造小売業であるファーストリテイリング（2021年41位）の透明性は、売上世界第2位のH&M（2021年2位）には遠く及ばない。

(4) ESGと情報開示

　こうした透明性への流れは、2006年に当時の国連のアナン事務総長が機関投資家に対し、ESGを投資プロセスに組み入れる「責任投資原則（PRI：Principals for Responsible Investment）」を提唱したことで知られるようになった。ESGとは「Environment（環境）」、「Social（社会）」、「Governance（ガバナンス）」の頭文字をとったもので、PRIとは短期的な財務価値だけでなくESGの非財務価値を加えて企業価値を考慮すべきという原則である。上場企業であれば有価証券報告書による財務情報の開示が定められているが、非財務情報の開示は各企業の判断となる。2000年代半ばまでは各企業が独自の判

23　2015年にはアパレル業界のサプライチェーンにおける労働環境や人権問題を扱ったドキュメンタリー映画「The True Cost（邦題：ザ・トゥルー・コスト～ファストファッション真の代償～）」が公開され、パッケージには「ファッション業界でも大量生産・大量消費が問題化、誰かの犠牲の上に成り立つファッションに変化が起き始めた！」と記載がある。

表 3 - 2　世界のファッションブランドの透明性

順位	2017	スコア	順位	2019	スコア	順位	2021	スコア
1	Adidas	49	1	Adidas	64	1	OVS	78
1	Reebok	49	1	Reebok	64	2	H&M	68
3	Marks & Spencer	48	1	Patagonia	64	3	The North Face	66
3	H&M	48	4	Esprit	62	3	Timberland	66
5	Puma	46	5	H&M	61	5	C&A	65
5	Banana Republic	46	6	C&A	60	5	Vans	65
5	Gap	46	7	ASOS	59	7	Gildan	63
5	Old Navy	46	8	Puma	58	8	Esprit	60
9	Esprit	37	9	Converse	57	8	United Colors of Benetton	60
10	Bershka	36	9	Jordan	57	9	Calvin Klein	59
10	Massimo Dutti	36	9	Nike	57	9	Tommy Hilfiger	59
10	Pull&Bear	36	9	The North Face	57	9	Van Heusen	59
10	Zara	36	9	Timberland	57			
10	Converse	36	9	Vans	57			
10	Jordan	36	9	Wrangler	57			
10	Nike	36						

順位	代表的な日本ブランド	スコア	順位	代表的な日本ブランド	スコア	順位	代表的な日本ブランド	スコア
29	Uniqlo	26	39	Uniqlo	38	27	Asics	49
43	Asics Corporation	20	52	Asics	30	41	GU	42
			66	Mizuno	25	41	Uniqlo	42
			110	Ito-Yokado	14	106	Muji	22
			151	Muji	7	143	Ito-Yokado	15
						180	United Arrows	9

調査ブランド数：100 社　　　　調査ブランド数：200 社　　　　調査ブランド数：250 社

注：「①ポリシーと公約（Policy & Commitments）」、「②ガバナンス（経営管理）（Governance）」、「③ト
　　レーサビリティ（Traceability）」、「④把握・開示・改善（Know、Show & Fix）」、「⑤重点課題（Spotlight
　　Issue）」は毎年重み付けが異なる。2017 年は① 20%、② 5%、③ 34%、④ 30%、⑤ 11%、2019 年は①
　　19.5%、② 4.5%、③ 34%、④ 28%、⑤ 14%、2021 年は① 13.2%、② 5.2%、③ 29.6%、④ 18.8%、⑤
　　33.2%となっている。
資料：「FASHION TRANSPARENCY INDEX」2017 年、2019 年、2021 年を基に作成。

断で「環境報告書」、「CSR 報告書」、「アニュアルレポート」[24]を適宜発行してき
たが、2006 年を境に統合版アニュアルレポートに統合されていく。名称は特
に定められておらず、近年は統合報告書と称されることが多い。内容について
も 3 つの代表的な国際基準（IIRC、SASB、GRI）[25]で異なっており、先述した
国内の年金を運用する GPIF は ESG を考慮した投資を推進しており、国際的

24　環境報告書とは企業等の環境に対する取組みを中心に開示する報告書をいい、CSR 報告書は企業等の社会課
題への取組みを中心に開示する報告書をいう。アニュアルレポートは年次報告書と呼ばれ、投資家へのディスク
ロージャーの観点から財務情報だけでなく非財務情報を掲載した冊子をいう。
25　IIRC（International Integrated Reporting Council）は分野横断型の開示基準、SASB（Sustainability
Accounting Standards Board）は業種毎の開示基準、GRI（Global Reporting Initiative）は世界で最も広く活用さ
れている非財務報告の枠組みである。

には非財務情報の開示も義務化される流れにある。近年、統合報告書を発行する企業は増加し続け、2020 年には 591 社が発行しており狭義の統合報告書を発行する企業も 505 社に及ぶが、この内、繊維・アパレル産業の企業は 12 社（2.4%）、さらにアパレル業は 3 社（0.6%）[26]にすぎない。[27]

4．アパレル産業の SDGs への対応

アパレル産業でも急速に SDGs が注目されるようになってきた背景には、ここまで示してきたように世界的な人権問題や環境問題への関心がある。特にアパレル産業は、サプライチェーンの中で安価な加工賃を求めて、世界的に発展途上国に依存してきたが故の人権問題と、頻発する異常気象に関係する環境破壊の 1 つともいえる衣類の作り過ぎと在庫廃棄問題を抱えている。

こうした環境下で企業が生き残っていくためには、法定された財務情報だけでなく、自社の非財務情報を積極的に国内外のステイクホルダーに開示してい

表 3 - 3　CSR・ESG 企業ランキング

	CSR					ESG
	2017 年順位	2018 年順位	2019 年順位	2020 年順位	2021 年順位	2021 年順位
（株）ファーストリテイリング	531	182	200	143	133	260
（株）ワコール HD	264	308	265	271	319	－
グンゼ（株）	334	361	342	349	339	－
（株）アダストリア	－	602	564	486	395	287
（株）良品計画	435	385	406	404	421	－
青山商事（株）	－	－	－	597	513	－
（株）ユナイテッドアローズ	－	－	－	511	526	418
（株）三陽商会	530	574	598	578	555	－
（株）オンワード HD	461	502	548	592	637	－
（株）しまむら	－	－	－	680	714	－
（株）ワールド	－	－	－	－	－	－

注：全上場企業・主要未上場企業の CSR データをまとめ、ランキング付した結果。調査内容は①会社基本データ、②CSR ＆財務諸表・格付け、③CSR 全般、④ガバナンス・法令遵守・内部統制、⑤雇用・人材活用、⑥消費者・取引先対応、⑦社会貢献、⑧企業と政治の関わり、⑨環境の 9 分野で、ESG ランキングは同調査の結果を「環境、社会性、企業統治、人材活用」で再評価したもの。CSR は上位 800 社、ESG は上位 500 社まで公開。
資料：東洋経済新報社編『週刊東洋経済臨時増刊 CSR 企業白書』（2017 ～ 2021 年）を基に作成。

26　（株）AOKI ホールディングス、グンゼ（株）、（株）ワコールホールディングス（以下、ワコール HD）の 3 社である。
27　（株）ディスクロージャー &IR 総合研究所（2021）。

くことが企業の生存戦略となる。

　表3－3は、上場企業のCSR・ESGランキングの結果である。CSR実践企業で僅か10社、ESG対応となると僅か3社しかランキングされていない。先述のFTIでは国内では他の追随を許さないファーストリテイリングでさえ、透明性、すなわち情報開示のランキングは41位であった。この結果を見てもアパレル産業の情報開示意識の低さが感じられる。ここからはアパレル企業がどの程度SDGsを意識した情報開示を行っているか、表3－3にあげた様々な業態のアパレル企業の中から5社をアニュアルレポートとホームページから確認する。また最後に中小・ベンチャー企業のSDGsへの取組みについて紹介する。

(1) 上場アパレル企業のSDGsに関する情報公開
① (株) ファーストリテイリング

　「ユニクロ」、「GU」を有するファーストリテイリングは、売上2兆円で国内首位、世界でもInditex（ZARA）、H&Mに続く第3位であり、時価総額では世界第2位の日本を代表するSPAである。[28]

　ファーストリテイリングのホームページは日本語のほか、英語、中国語（繁体字）に対応しており、すべてのページに更新日時の情報が記載されているほか、同社のホームページの「サステナビリティ」メニューは非常に細分化されて情報が開示されている。また同社のアニュアルレポートは2000年8月期〜2003年8月期までは英語版のみ、2004年8月期以降は日本語版、英語版の2種類が掲載されている。

　直近5年間のアニュアルレポートの構成の変化を見てみると2016年には「CSR（企業の社会的責任）」だった項目が、2017年には「持続可能な社会の実現に向けた取り組み」、2018年以降は「サステナビリティ」に変更されている。またこれらは2016年は同社のCSRの考え方、労働環境モニタリング、全商品リサイクル活動、2017年は環境（E）、社会（S）、ガバナンス（G）、で構成され、2018年以降は同社の6つの重点領域（マテリアリティ）に配慮して構成されている。

　2017年までは財務価値中心の情報開示であったが、2018年以降は非財務情

28　ファーストリテイリングのホームページによる（2021年8月19日現在）。

報を意識した開示となっており、形式的には整った統合報告書となっている。しかし、人権問題の面で、一次取引先の縫製工場での労働環境・環境負荷のモニタリングを実施し（2017）、その結果の数値も毎年公表しているほか、海外工場リストの公開（2018）も行っているものの実際に取り組んだ改善活動には触れられていない。前述したとおり、グローバルサプライチェーンには商社が介在するため、末端の状況を企業が把握するのは困難であるが、新疆ウイグル問題への同社の対応は、正にそこに課題があることを示していると考えられる。

②（株）ワールド

コロナ禍の 2021 年 3 月期決算で約 1,800 億円の売上を上げるも赤字決算となったワールドは、第 2 章で述べたようにアパレル業の名門企業であり、現在国内ではファーストリテイリング、しまむらに続く三番手グループに甘んじている。同社は 2005 年に自ら上場を廃止し、2018 年に東京証券取引所第 1 部に再上場している。

ワールドのホームページは英語に対応しているが、全てのページが英語に対応しているわけではない。トップページに「CSR」メニューがあるものの、CSR 報告書や統合報告書といった毎年の非財務情報を開示する報告書は掲載されていない。また環境問題については、自社視点で「オフィスや店舗における環境への取り組み」がごく簡単に紹介されてはいるものの、サプライチェーンを踏まえた SDGs の 6、12 ～ 15 には触れられていない。

「IR 情報」メニューには、財務情報をまとめたデータブックと、財務情報と各期の経営戦略や方針をまとめた決算説明会資料は掲載されているが[29]、SDGs に関する非財務情報の開示はされていない。

③（株）オンワードホールディングス

前述のワールドと同じくアパレル業の名門企業であるが、コロナ禍の 2021 年 2 月期決算で約 1,740 億円の売上を上げるも赤字決算となった。財務諸表は国際会計基準で作成されている。

オンワード HD のホームページは英語に対応しているものの、全てのページが英語に対応しているわけではない。たとえば会社経営をマネジメントする代表取締役の言葉は日本語のみである。同様にトップページの「サステナビリ

29　2020 年 3 月期の決算説明会資料に ESG の説明資料が 1 頁あるが、翌年は触れられていない。

ティ」メニューも日本語表示はあるが英語表示は存在しない。アニュアルレポートは 2001 年度より英語版が掲載されているが、日本語版は作成されていない。そのためアニュアルレポートは同メニュー内ではなく、「投資家情報」メニューに掲載されており、このためこれが投資家を想定したレポートだと推測できる。また日本語の「サステナビリティ」メニューには環境への対応は記載されているが更新日時の記載がないため、時系列の変化は読み取れない。また、同メニューの人権問題は働き方改革にともなう社内のダイバーシティへの取組みが中心で、サプライチェーンを踏まえた SDGs の 1、16 には触れられていない。

　直近 5 年間のアニュアルレポートを見ると、財務情報が冒頭に記載され、SDGs 関連の内容は「Environmental and Social Responsibility」と「Corporate Governance」の項目として中盤にまとめて記載されており、その構成に変化は見られない。内容面でも環境と社会的責任が中心で、環境に関する記載情報は過去のアップデートがほとんどで、サプライチェーンを踏まえた人権問題についてはホームページ同様触れられておらず、社会貢献に関する内容以外は日本の情報が中心となっている。

④（株）ワコールホールディングス

　創業者の「日本の女性を美しくしたい」という想いから 1949 年に設立されたワコールは、当初より世界を視野に入れた日本を代表する婦人洋装下着メーカーである。1950 年代の百貨店での販売から 1970 年代の海外進出と量販店の販売チャネルの開拓、2000 年代には直営店事業を開始するなど、時代の要求する「美」を追求し、愛される商品、時代の要求する新製品を提供している。コロナ禍のワコール HD の 2021 年 3 月期の売上高は、1,520 億円と前年より約 20％の減収となった。

　ワコール HD のホームページは英語に対応し、日本語とほぼ同じ項目が掲載されている。トップページの「サステナビリティ」メニューは CSR、ESG と連動しており、ESG による同社の価値創造の仕組みが掲載されている。このメニュー内に統合レポートとして「INTEGRATED REPORT」が 2007 年より日本語版、英語版ともに掲載されている[30]。また、ESG データ集として日本語

30　2007 ～ 2011 年はアニュアルレポートである。

と英語で ESG それぞれの切り口で数値化された情報が開示されている。なお、トップページの「投資家情報」メニューには「サステナビリティ」メニューとは別に ESG 説明資料があり、各メニューの利用対象者を意識した構成となっている。

　ワコール HD の直近 5 年間の統合レポートを見ると、当初は CSR 報告書の色彩が強かったものの、2018 年頃から徐々に薄まり 2020 年以降の統合レポートでは ESG 中心の構成となっている。2019 年に記された 6 つの重要課題は 2020 年には 6 つのマテリアリティに変わり、その進捗状況、今後の取組み、これらの取組みが同社に与えるインパクトが示され、同社の戦略との関連がわかりやすく説明されている。記載内容は、2020 年は人材マネジメント中心で環境・サプライチェーンに関する記述は少なかったが、2021 年にはこの 2 つの部分が強化された記載となっている。

⑤青山商事（株）

　「洋服の青山」を展開し、紳士服販売チェーンの最大手である青山商事は、経営者の「人と同じ事はやらない」という経営哲学のもと、郊外型店、完全買取制、多店舗展開による大量販売で成長した。コロナ禍の同社の 2021 年 3 月期の売上は、1,120 億円と前年度より約 30％の減収となった。

　青山商事のホームページは「企業情報」以外は英語対応しているが、トップメニューには SDGs に関連したメニューはなく「株主・投資家向け情報」メニューがある。この 1 つ下の階層に「ESG への取り組み」があり、ここに経営者のメッセージと「取り組みの分類と SDGs の関連性」、「社外からの評価」が記載されているものの、統合報告書を含む非財務情報に関連する報告書は作成されていない。「取り組みの分類と SDGs の関連性」には、ESG それぞれの取組みに関して詳細な記載はあるが、数値化されておらず、時系列にともなう変化は読み取れない。また人権問題については、SDGs の 1、10 には触れておらず、国内の情報が中心でサプライチェーンを踏まえた記載はほとんど見られない。なお、「社外からの評価」では CDP（Carbon Disclosure Project）の外部認証を受けている点や、エコマークや国の認定を受けていることが掲載されている。

(2) 中小・ベンチャー企業の SDGs への取組み事例
① (株) ユニフォームネット[31]

　ユニフォームネットは 1975 年に福島で創業し、現在は都内に本社をおく企業用ユニフォームの企画・販売業を営む中小企業である。主な営業エリアを北関東におき、2021 年現在、従業員数 87 名、年商 23.4 億円であり、カタログによる通信販売やインターネットショップにより販売実績を伸ばし、2010 年の約 2 倍の売上を達成している[32]。同社の特徴として「見える化」と「情報公開」があげられる。たとえば前者については、年間取引企業数 5,200 社、年間総仕入れ数 102 万点、取扱いユニフォームカタログ 100 種以上、といったように、中小企業では社内でもあまり意識しない情報まで数値化し見える化している。また後者については自社の年間売上高の公開や、自社と取引実績がある企業を取材して、広報誌や自社ホームページで事例として公開している。

　ユニフォームネットの営業案内には「使用済みユニフォームの無料回収・リサイクル」として日本環境設計 (株) が展開する服の回収からリサイクル、再生素材を使った洋服の販売までを行うブランドである「BRING」が紹介されている。同ブランドは高島屋、GU など多くの企業で導入されている。同社が中小企業ながら BRING を導入しているのは、使用済みユニフォームは産業廃棄物となるため自社単独ではできないリサイクルを他社とパートナーシップを組むことで実現するためである (SDGs13、17)。また、妊婦用にマタニティウェアを無料で貸し出し、女性の活躍支援を行っているほか、ユニフォームの特徴である社名や名前の刺繍やプリント加工などは自社工場で行っている (SDGs12)。

②ライフスタイルアクセント (株)[33]

　第 2 章でも紹介した工場直結のファッションブランド「Factelier」を展開するライフスタイルアクセントは、「工場に適正な利益を」をコンセプトに、中間業者を完全に排除し流通構造をシンプルにすることでアパレル製品に関連する工場が適正な利益を受け取れるようエシカルな取組みを行っている。

31　ユニフォームネットには、2017 年 11 月 30 日に訪問。
32　1960 年代までは企業ユニフォームは受注生産が一般的であったが 1970 年代になるとカタログによる定番の販売が見られるようになった。
33　ライフスタイルアクセントには、2017 年 10 月 5 日に訪問。

　ライフスタイルアクセントはホームページで特に SDGs を強調してはいないが、同社の日本のアパレル関連工場を持続させるための取組みとして、消費者に製造現場を知ってもらうために全国各地で工場見学会を主催したり、工場で働く人々をホームページで紹介したりするなどしている（SDGs4、12）。また、同社は山梨県南アルプス市の遊休農地を活用してコットンを一から生産し、そのコットンを使った T シャツをつくるコットンプロジェクトを 2019 年から行っている（SDGs12、15）。

5．サステナビリティへの取組みが遅れる理由と今後の課題

　ここまで上場企業 5 社、中小・ベンチャー企業 2 社の SDGs への対応を確認してきた。アパレル産業でサステナビリティへの取組みが遅れた理由は、主に次の 3 点が考えられる。「中心となる顧客の地域の違い」、「情報公開、透明性の意識の違い」、「成功体験に拘った故の変化への対応の遅れ」、の 3 点である。これらの理由について考察する。

　まず「中心となる顧客の地域の違い」についてである。海外に店舗を多数有し、売上高における海外比率が大きい企業は、必然海外の様々な地域の動向を意識する必要がある。一口に海外といっても地域毎に文化・風習が違うため、その対応は容易ではなく、新規参入も容易ではない。たとえばファーストリテイリングは 90 年代に海外進出を図るも、最初のトライでは失敗に終わり、2000 年代の再度の挑戦から現在に至っている。本章で紹介したワールド、オンワード HD、ワコール HD も海外進出にあたり、何らかの失敗は経験しているだろう。グローバル化の流れにあって、常に海外顧客と向きあい、各地の政治・経済動向を意識していれば、SDGs の潮流に気づくことは難しくはなかったと考えられる。しかし百貨店の海外進出とともに海外店舗を増やした百貨店アパレル業は、百貨店の海外からの撤退に連動して海外店舗を縮小することになった。その結果、海外消費者への意識が疎かになり、国内消費者の感度に合わせたため SDGs への対応が先送りされたと考えられる。

　次に「情報公開、透明性の意識の違い」についてである。企業は上場すれば法定の財務情報を公開しなければならない。しかし、近年の投資家や消費者の

ESG への関心から、業績に関連する決算報告書以外の非財務情報の公開ニーズが高まってきている。これは財務情報が過去の結果を表しているのに対し、非財務情報が企業の未来を表す可能性が高いからである。しかし非財務情報の開示は法定されていないため、その対応は各企業の判断に任されている。前述した表3-3の通り、国内のアパレル産業が CSR や ESG に関連する意識や情報公開、透明性が低いのは、元来、自社製品を扱う縫製業者等の公開を拒んできたという歴史に関係すると思われる。また、衣料品は自社で一貫生産することが難しいため商社が介在することが多い。その利便性と裏腹に製品の生産プロセスの一部はブラックボックス化し委託企業には分からなくなるため、委託企業自身のサプライチェーンの人権デュー・ディリジェンスの意識が高くないと情報公開の意識が高まらず、SDGs への対応が遅れてしまったと考えられる。

　最後の「成功体験に拘った故の変化への対応の遅れ」であるが、どんな企業も何らかの成功の積み重ねがなければ、ある程度の企業規模に達し、それを維持することは困難である。その上で、その成功体験を破壊することができるかどうかが問われている。これまで人権問題や環境問題は、それはある特定の企業、あるいはある特定の業界に固有のものであった。しかし SDGs は、国際的な目標としてこれまでの各企業のやり方をグローバルな視点で見直すことを迫っている。これまでのアパレル産業は、SPA のように消費者のニーズを汲み多くの生産プロセスのイノベーションを経て現在の状況に行き着いた。しかし SDGs に敏感に反応している Z 世代[34]の若者は、これまでの安価な衣料品を肯定しながらも、環境面ではこれを否定している。SPA などの成功体験に拘り、消費者ニーズへの対応が疎かになった結果、SDGs への対応が鈍くなったと考えられる。

　2020 年代に入り、SDGs が企業活動においてこれまで以上に重視されることは間違いない。業界を取り巻く環境は、人権問題、環境問題も含め益々変化するのは必然で、自社商品にどういう付加価値をつけるかが鍵となる。こうしたヒントは、事例で紹介した中小企業やベンチャー企業にある。見える化と情報公開に加え、商品にどういった物語（付加価値）をつけるか。生き残りをかけたこの激化する競争を勝ち抜くためには、SDGs17 のパートナーシップを国内

34　1990 年代中盤から 2000 年代に生まれた世代を指す。

外のどの業界のどの企業と、あるいはどの地域のどの企業と築くかにかかっており、新たなバリューチェーンの構築を検討する必要があろう。

参考文献

上野継義（2018）「児童労働とサッカーボール―ナイキ社による労働改革の事例」『京都マネジメント・レビュー』第 33 号、pp.85-101。

経済産業省製造産業局生活製品課（2021）『繊維産業のサステナビリティに関する検討会報告書〜新しい時代への設計図〜』https://www.meti.go.jp/shingikai/mono_info_service/textile_industry/pdf/20210712_1.pdf、2022 年 1 月 8 日最終確認。

（株）ディスクロージャー＆ IR 総合研究所（2021）『「統合報告書発行状況調査 2020」最終報告』https://bit.ly/3f3NBYN、2022 年 1 月 8 日最終確認

森摂（2000）「ナイキ 低賃金批判に対応　工場労働条件ネットで公開」『日本経済新聞（夕刊）』2000 年 6 月 5 日第 3 面。

渡邊博顕（2009）「外国人の研修・技能実習制度 見直し動向について」『日本労働研究雑誌』第 587 号、pp.36-42。

第二部
生産機能、貿易機能をめぐる
集団間・地域間競争

第 4 章

衣料品生産における地域間競争の構図

国内外をめぐる縫製業の量と質に基づく分業と競争

加藤秀雄

　わが国の衣料品市場は、国内生産品が大半であった時代から、海外生産品が大半を占める時代へと変貌している。かつて海外生産の衣料品といえば、舶来品と呼ばれた欧米の高級衣料品を指していたが、1970 年代以後においてはアジアの低価格生産品が加わるだけでなく、その存在感を増してきた。90 年代に入ると、日本企業が関わる海外製品生産事業は、中国を焦点に本格化していくことになる。そして、2010 年前後からは、日本向け製品生産が ASEAN、南アジアなど地域的に広がり続けている[1]。

　こうした生産の地域的広がりと量的重心の移動は、国内市場の変化をめぐる製品企画者であり製品生産の発注者（アパレル業、企画を手がける SPA、セレクトショップ、量販店などの小売業）、製品生産の最終段階ともいえる縫製加工を担う受注者（縫製業）、そしてその製品生産の仲介にとどまらず生産管理から製品企画まで幅広い事業領域に踏み出している OEM・ODM 事業者（総合商社、繊維専門商社、OEM 業者など）の三者の取引関係が、時代と共に変化してきたことを背景にしている[2]。

　本章では、製品生産の「場」としての地域（国）に注目した地域間分業・競争がどのように変化してきたかを明らかにするために、先の三者のうち縫製工場を最も数多く構えてきた縫製業に焦点を当てていくことにする。この場合、分業と競争を、統計データに基づく定量的な把握だけでなく、具体的な事例企業の事業活動を通じての定性的な分析にも踏み込んでいくことにする。

1　加藤・奥山（2020）pp.19-25。
2　本章は縫製業に焦点を当てて分析している。この縫製業および縫製加工に関しての分析は、丹下が第 5 章で縫製業の海外展開を事例によって分析、奥山が第 6 章で縫製加工に関わるアパレル業、総合商社、専門商社、紡績系メーカー・商社に焦点を当て海外での「垂直的集団間競争」について、また第 7 章で縫製・加工業の海外分工場を革新の困難性という観点から分析している。

1．衣料品の国内外生産をめぐる分業と競争の分析視角

　戦後の衣料品市場における既製服化とファッション化は、数多くのアパレル業を輩出すると共に、その製品生産を手がける下請けとしての縫製工場を大都市圏を焦点に成立発展させてきた。こうした国内市場の拡大は、次第に大都市圏での生産力拡大だけでは十分ではなく、次第に全国的に広がっていった。[3]しかし、国内生産需要を国内の生産力拡大ではカバーできず、生産の一部を海外化していくという流れが日本企業によって取り組まれていったのである。そして、わが国縫製業は、バブル経済崩壊以降の海外生産の本格化と国内生産の縮小による困難に直面するだけでなく、今日なお存立のあり方が問われ続けている。

(1) 地域間分業・競争の判断基準と立地因子

　こうした製品生産の全国化と海外化の流れを、本章の分析の焦点である地域間競争という視点から分析する場合、次の二つを分業と競争の判断基準としておきたい。

　一つは「量（生産ロット、生産量規模）」である。ここでの「量」については、大都市圏、あるいは地方圏全体の生産量規模を論点とするケースと、製品個々の生産ロットの大小を論点とするケースに分けて考える必要がある。前者は、地域全体の生産力を指すのに対して、後者は個別の製品生産のロットサイズを示す。また、製品としては、次に取り上げる「質」の一部に重なる量産普及品と非量産高級品というように大雑把に分けることができる。

　一般に、大ロットを手がける地域が、総量としての生産規模も大きいという関係がみられるが、全国化の当初は、そうした関係は必ずしも成立していない。それは、戦後の既製服化とファッション化の下での生産力拡大が、大都市圏を焦点に展開され、地方圏はそれを補完する役割に多くがとどまっていたからにほかならない。

　その後、国内生産の重心は、人的資源を十分に確保することが難しい大都市

3　加藤・奥山（2020）pp.71-79。

圏ではなく、地方圏へと移っていくことになる。結果、大ロット生産の下での生産力を備えていく地方圏という形での地域間分業が成立していったのである。また、量を焦点とする地域間分業は、国内と海外のケースでも同様に、海外生産が大ロットを担い、国内生産を小ロット化させていくという関係において成立してきたといえよう。

　二つ目の判断要素として「質」をあげておきたい。一般に、衣料品の質は、生地の品質、縫製加工の品質に求めることができるが、ここでは地域間分業・競争という観点から、後者の縫製加工の品質に焦点を当てていることを断っておきたい。また、縫製加工の質（縫製技術の難度と同一製品における相対的な工程数の違い）を、普及品・高級品、低価格・高価格、量産品・少量品という図式でみると、低難度・少工程数品が普及品・低価格・量産品、高難度・多工程数品が高級品・高価格・少量品というように関係づけられるが、それらはすべての衣料品に妥当するものではない。たとえば、ファッションアパレル品では、デザイン、ブランドなどの要素が加わることで、量産品であろうとも、また縫製加工が低難度であろうとも高級品に位置づけられるケースが例外ではないというようにである。

　次に、国内外をめぐる地域間分業・競争の変化を、製品生産における立地因子の一部を構成する「人的資源」と「生産技術」からみていくことにしたい。

　まず、「人的資源」についてである。製品生産の全国化をもたらした要因の一つは、先に指摘したように大都市圏をめぐる人的資源の確保難に求めることができる。大都市圏では、拡大する需要に応える生産力を整えることができず、地方圏での人的確保に基づく生産力拡大が国内生産体制を整える上で必須となっていく。こうした人的資源確保を目的とする構図は、海外展開においても共通するが、海外では生産コスト面で圧倒的な優位性がみられた人件費の安さという要素が加わってくる。

　二つは、「生産技術」についてである。先の国内における全国化を焦点とする地域間分業は、生産技術面からみると、地域間における「技術格差」が大きな要因となっている。新たに製品生産を手がけ始めた地方圏の縫製業は、技術格差ゆえに、質的には低品質の普及品で、単純繰り返しの量産という領域に位置づけられていたといえよう。しかし、この技術格差も、地方圏縫製業の高度

領域生産に向けての技術移転と、繰り返し生産と製品生産の積み重ねによる
「技術蓄積」によって、縮小していくことになる。そして、90 年代以降の海外
生産の本格化によって、高度な生産技術を備えることが国内においては生産継
続の絶対的な条件ともなり、国内を焦点とした地域間分業は、急速に地域間競
争へと変容していったといえよう。

　同様に、海外生産の場においても、日系企業、ローカル企業のいかんにかか
わらず時を経るにしたがって、量産普及品だけでなく、非量産高級品をカバー
するというように幅広さをみせていくのであった。さらに、生産技術を基礎と
する海外をめぐる分業と競争は、中国から ASEAN・南アジアといった広がり
をみせると共に、技術移転と技術蓄積を背景に一段と複雑性を増し続けてい
る。[4]

（2）事例企業一覧とアパレル産業の海外進出の概要

　以上のような分業と競争の判断基準と立地因子に基づき、次節以降では、具
体的な企業を例示しながら分業と競争がどのように進められ変化してきたか
を整理していくが、そこで取り上げる縫製業が 19 社に及ぶだけでなく、時代、
テーマにしたがって、同一の企業を繰り返し紹介するケースも少なくないこと
から、ここではそれら事例企業を表 4 - 1 にまとめておくことにする。

　なお、ここで取り上げている縫製業は、今なお事業を継続している企業であ
り、また国内外の事業展開を代表する企業が大半であるというように、時代の
変化の中で事業継続を断念せざるを得なかった企業が含まれていない。そうし
た点で、ここでの事例研究は、縫製業全体の実態をカバーできているわけでは
なく、あくまでも部分的であることを断っておきたい。[5]

　ところで、表 4 - 2 は、アパレル産業における海外進出を、東洋経済新報
社『海外進出企業総覧・国別編』に基づき、衣料品生産（縫製加工）を手がけ
る海外現地法人 381 法人を抽出し、それに資本参加（独資を含む）している日

4　2010 年前後からの ASEAN 展開については、日本人技術者より中国人技術者を派遣するケースが増えている。これは国内生産の縮小が長く続き、国内に技術者が減少したからにほかない。
5　本章の事例研究で企業名を掲げているのは、縫製業が 19 社、商社が 2 社である。ただし、著者が訪問した縫製工場を備える企業は、それらを含めて 70 社である。内訳は、縫製業が 29 社、アパレル業（紳士服を含む）12 社、ユニフォーム業（学生服、作業服等）12 社、ニット業（縫製・リンキング等）が 11 社、インナーメーカーが 3 社、商社 2 社、紡績業 1 社である。それらから得た知見によって、本章は記述している。

表4-1 ファッションアパレル分野における縫製業（事例企業）の概要

本社	企業名	従業者数	工場所在地 工場数（従業者数）	分業と競争関係の焦点
東京圏	(株)辻洋装店	50	東京	超高級分野での差別化
	(株)福新ドレス	30	東京	超小ロット対応による差別化
	(有)ファッションしらいし	35	東京	高級対応と自社企画の取り組み
	サンプリーツ（株）	436	東京2、茨城、フィリピン（380人）	海外での高度生産企画体制の構築
	(株)美ショウ	250	東京（90人）、ベトナム（160人）	海外高級品、国内機動性
	(株)福装	228	埼玉草加（28人）、福島2（200人）	企業内地域分業の維持と高度化
	(株)サントップ	550	国内10→5、秋田2、岩手3、中国、ベトナム	地方生産体制の拡大と縮小・撤退
	(株)昭和インターナショナル（法人の昭和ドレスも存続）	757	青森、山梨、岩手2、ベトナム2（555人）	地方展開と新たな海外生産体制
	ウインスロップ（株）	480	国内7（生産量80%）、タイ（生産量20%）	国内生産の優位性の下での差別化
大阪	フジキュウ服装（株）	90	大阪	高級品生産体制による差別化
	(株)イワサキ	95	大阪	人材育成と特殊ミシンの充実
	吉井服装（株）	20	大阪	高級分野での生き残り
	(株)アーバン	95	大阪（35人）、大分（60人）	高級品領域での生産管理体制の充実
岐阜	(株)ロックス	596	岐阜2（120人）、中国2→1（*人）、カンボジア2（*人）	商社の海外展開支援から独自展開へ
	(株)サンテイ	4,100	岐阜（100人）、中国9→6（2,300人）、ベトナム（300人）、ラオス3（900人）、インドネシア（500人）、バングラデシュ（ライン）	中国工場展開の先駆者の多様な海外展開
地方圏	(株)ミラノ・サンラインガーメント	150	山形	国内での生産力維持と高級品対応
	(株)パルコモード	200	山形2	生産力維持と高級品対応
	フレックスジャパン（株）	2,300	長野（90人）、熊本（143人）、中国（410人）、インドネシア（360人）、バングラデシュ（360人）、ミャンマー（1000人？）	工業的品質維持と国内外生産の展開
	(株)ワイケーエス	600	香川2、鹿児島2、中国2（390人）	国内主導での国内外生産

注：上記の事例企業の今日の製品領域は、ドレスシャツ類を手がける3社（ウィンスロップ、フレックスジャパン、ワイケーエス）を除き、他は婦人服縫製に重心を置いている。また、企業個々の従業者数、工場数、工場従業者数などは、著者が2015年から2020年にそれぞれを訪問した時点、あるいはホームページ等で再確認した数値であり、必ずしも現在を正確に示していない。

資料：筆者作成。

本企業を業種別に集計した結果である。これによると、最も資本参加している企業数（延べ数、以下同様）が多いのは、商社等であり203企業を数えている。商社等の資本参加については、多くがアパレル業や縫製業の海外進出を資金面や貿易面などサポート的な役割が多いが、本章で取り上げる伊藤忠商事や日鉄住金物産（現、日鉄物産）のように、自らが主体となった縫製工場の設立もみられるという点に留意しておきたい。ただし、法人数でいうと、前者が圧倒的

表4-2　海外進出企業総覧と事例企業の海外法人数の差異

	延べ進出数 海外法人数	2016年版現在・法人数	資本参加・日本企業の業種構成						参考・事例企業 延べ海外法人数 (内、左掲載数)
			商社等	アパレル企業	縫製業	紡績系	その他	不明	
香　　港	21	5	12	7		3	2	3	
韓　　国	26	4	9	13	4	2	1	1	
台　　湾	15	3	7	6		4		1	
中　　国	233	93	126	95	64	19	18	12	15 (3)
タ　　イ	17	8	12	12		2	3	1	1 (1)
インドネシア	23	9	15	5	5	9	2	1	2 (1)
シンガポール	2	0	1	1					
ベトナム	22	18	13	9	3	2	2	1	6 (1)
フィリピン	7	0	1	4	1		1	1	1 (0)
カンボジア	2	2		1			1		2 (0)
ラオス	3	3	3	1					3 (0)
ミャンマー	3	3	1	1	1				1 (1)
イ ン ド	2	0	1			1			
スリランカ	3	0	2	1	1				
バングラデシュ	2	2		1	1				1 (0)
合　　計	381	150	203	157	80	42	30	21	32 (7)

注：上記は、衣料品の製造に関わっていると考えられる法人を抽出し集計したものである。業種別の数値は、
　　海外法人に資本参加している日本企業の数を表している。したがって、これら日本企業数の合計は、複数
　　企業による進出のケースもあり、進出数（現地法人数）と一致しない。また、参考にあげている事例企業・
　　縫製業の「海外法人数」と「東洋経済の資料に掲載されていた法人数」は、本データと表4―1を対比さ
　　せた結果である。
資料：東洋経済新報社『海外進出企業総覧・国別編』1980、02、16年版、著者の訪問調査の結果、より作成。

であるというように理解しておく必要がある。

　次に、多いのがアパレル業である。このアパレル業の企業名を眺めると、大
手百貨店アパレルのイトキン総本社（現、イトキン）[6]が11法人と突出してい
た。アパレル業で、目につくのは、作業服等のユニフォームアパレル業である。
これは、先のファッションアパレル業が国内生産において、比較的自社縫製工
場を構えている企業が少ないのに対して、ユニフォームアパレル業では多くの
企業が自社工場を構えていたということが海外進出に反映していると考えてよ
い。また、ワコール[7]をはじめとする有力インナーアパレル業も、比較的海外
進出に積極的であったことが確認できる。

　さて、本章の分析の焦点である縫製業は、80法人（これには、シャツメー
カーのように、あえて縫製業に分類している企業が含まれている）と、資本参

6　イトキンには、2017年8月7日に訪問。
7　ワコールには、2018年4月19日に訪問。

加という点では、海外生産の主役ではないようにみえる。では、縫製業の海外
進出は、サポート的な役割が進出時には強かった商社等を除くと、自社の企画
に基づく海外生産に取り組んでいたアパレル業が、数でいうと 2 倍程度に達す
るなど主役的位置にあったと単純に理解してよいのであろうか。

　この点、本章で事例として取り上げる 19 社のうち、海外に縫製工場を構え
ている 9 社の延べ海外法人は、32 法人を数えているが、先の縫製業 80 海外法
人には、7 法人しか掲載されていない。このことをどのように評価すればいい
のであろうか。これは、海外進出企業総覧の捕捉率の問題として片づけること
もできるが、商社やアパレル業と異なり、下請け的な位置にとどめられてきた
縫製業を捕捉することが容易ではないことを示している。本章では、このこと
について分析を行っておらず、あくまでも著者の私見にとどまるが、縫製業が
国内外を通じての製品生産の焦点ともいえる縫製加工の主役であり、地域間競
争を具体的な「生産の場としての地域」で繰り広げてきたとして分析している
ことを断っておきたい。

2．国内生産拡大期における地域間分業と地域間競争の構図

　さて、ここでは国内生産拡大期における分業と競争がどのように取り組まれ
てきたかを、各種統計データを用いて定量的に把握すると共に、事例企業を通

図 4 - 1　織物製衣服製造業の従業者数と事業所数の推移

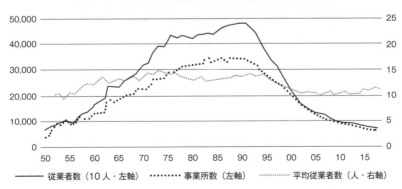

資料：『工業統計表　産業編』各年版、より作成。

図4−2 ニット製衣服製造業の従業者数と事業所数の推移（推計を含む）

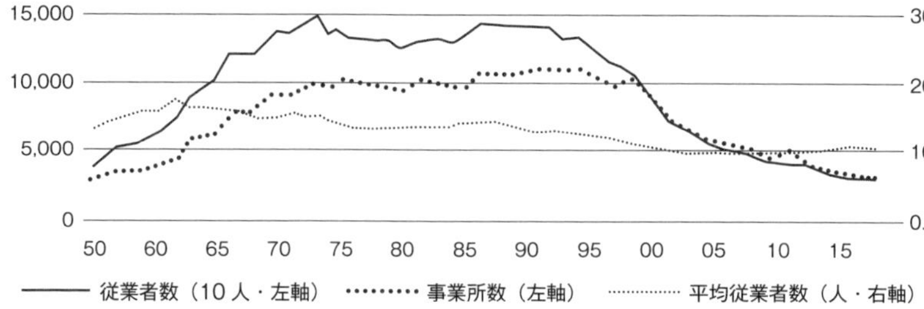

注：1955-84年のニット製衣服製造業の従業者数と事業所数は、生地製造業と分離公表されていないが、ここ
　　では、51〜54年と85〜87年の生地と衣服の割合を求め、その割合が直線的に推移したとして試算。
資料：『工業統計表　産業編』各年版、より作成。

じて理解していくことにする。

(1) 市場拡大による生産力拡大要請と全国化

　図4−1は、工業統計調査の織物製衣服製造業の従業者数と事業所数の推移
を示している。これによると、国内市場における既製服化とファッション化の
進展を背景に、50年代、60年代、70年代前半を通じて、従業者数が拡大を続
けてきたことが認められる。その後の70年代後半から80年代においても拡大
を続けているものの、その勢いは衰えているようにみえる。また、従業者数と
事業者数を対比してみると、1事業所当たりの平均従業者数が、70年代前半ま
で増加、70年代後半から横ばいであったことが認められる。

　図4−2は、ニット製衣服製造業の推移であるが、従業者数のピークが73
年となり、その後は減少、横ばい、そして多少の回復といった推移を示すなど、
国内生産に従事する従業者数は、早い段階から拡大基調から遠のいていったよ
うに思える。ただし、後に掲げる図4−5をみると生産数量は、拡大傾向にあ
るように、インナー等の大量生産体制にみられるニット製衣服の生産特性が影
響していることに留意しておく必要がある。なお、1事業所当たりの平均従業
者数は、62年（17.5人）をピークとし、その後は縮小基調にあることが指摘
できる。

　次に、国内生産の全国的な拡大がどのように進められてきたかを、表4−3
の織物製衣服製造業の地域区分別従業者数の推移によって理解していくことに

表4－3　織物製衣服製造業の地域区分別従業者数の推移

		衣服・その他の繊維製品製造業						80年右/左	織物製衣服製造業				
		1955	1960	1965	1970	1975	1980		1980	1985	1993	2000	2016/6
東北・北海道	実数	3,047	4,135	8,948	24,536	54,350	63,825	87.4	55,781	73,541	98,012	53,202	24,093
	構成比	2.1	2.0	2.9	5.9	10.2	11.9		13.2	16.4	21.9	23.9	27.9
北関東	実数	7,087	16,221	29,081	35,660	45,082	42,045	79.3	33,321	31,549	26,204	14,050	3,665
	構成比	4.9	7.7	9.4	8.6	8.5	7.8		7.9	7.0	5.9	6.3	4.2
首都圏（東京除く）	実数	19,114	25,983	34,375	35,101	40,806	39,590	72.4	28,669	26,857	24,370	13,328	5,008
	構成比	13.3	12.4	11.1	8.5	7.7	7.4		6.8	6.0	5.5	6.0	5.8
東　京	実数	19,530	26,236	39,500	40,278	40,513	34,956	68.3	23,872	19,018	13,241	8,049	2,821
	構成比	13.6	12.5	12.7	9.7	7.6	6.5		5.6	4.2	3.0	3.6	3.3
北陸4県	実数	7,727	8,935	12,492	18,213	31,179	33,133	87.6	29,031	30,930	32,424	15,105	5,314
	構成比	5.4	4.3	4.0	4.4	5.9	6.2		6.9	6.9	7.3	6.8	6.2
甲信・静岡	実数	6,444	8,090	10,124	11,990	15,272	15,353	73.6	11,301	10,084	8,762	3,728	1,606
	構成比	4.5	3.9	3.3	2.9	2.9	2.9		2.7	2.2	2.0	1.7	1.9
岐阜・愛知	実数	10,820	18,971	31,700	40,893	52,003	54,776	76.0	41,653	41,751	38,575	18,249	6,237
	構成比	7.5	9.0	10.2	9.9	9.8	10.2		9.8	9.3	8.6	8.2	7.2
近畿（大阪除く）	実数	15,379	22,229	32,811	46,138	51,264	52,522	62.2	32,662	31,029	24,413	9,280	4,482
	構成比	10.7	10.6	10.6	11.2	9.7	9.8		7.7	6.9	5.5	4.2	5.2
大　阪	実数	25,574	36,430	40,288	40,221	40,503	35,798	69.1	24,720	25,876	22,186	11,068	3,404
	構成比	17.8	17.3	13.0	9.7	7.6	6.7		5.8	5.8	5.5	5.0	3.9
山陰・山口	実数	839	894	4,470	13,964	21,337	21,944	91.4	20,054	23,441	22,838	10,744	3,774
	構成比	0.6	0.4	1.4	3.4	4.0	4.1		4.7	5.2	5.1	4.8	4.4
岡山・広島	実数	19,187	27,591	41,014	53,553	54,969	53,237	89.2	47,511	49,213	43,651	22,165	10,987
	構成比	13.3	13.1	13.2	12.9	10.4	9.9		11.2	11.0	9.8	9.9	12.7
四　国	実数	6,080	8,999	16,108	28,899	37,450	40,098	89.5	35,885	36,826	30,285	11,273	3,109
	構成比	4.2	4.3	5.2	7.0	7.1	7.5		8.5	8.2	6.8	5.1	3.6
九州・沖縄	実数	3,019	5,088	9,822	24,340	46,074	48,907	76.3	37,297	46,768	60,466	28,673	12,313
	構成比	2.1	2.4	3.2	5.9	8.7	9.1		8.8	10.4	13.5	12.9	14.3
全国（合計）	実数合計 秘匿値除く	143,847	209,802	310,733	413,786	530,802	536,184	78.7	421,757	446,883	445,427	218,914	86,813
	全国合計	100.0	99.9	99.9	100.0	100.0	100.0		99.7	99.6	99.6	98.2	100.5
	全国合計 秘匿値含む	143,847	210,099	310,983	413,786	530,802	536,184	78.9	423,003	448,671	447,025	222,970	86,377
		100.0	100.0	100.0	100.0	100.0	100.0		100.0	100.0	100.0	100.0	100.0
	推移(指数)	100	146	216	288	369	373		100	106	106	53	20.4
参考	衣服・その他繊維製品製造業	143,847	210,099	310,983	413,786	530,802	536,184		536,184	582,897	579,673	432,685	238,751
	衣服製造業（織物製）	97,322	160,665	237,240	315,701	422,732	423,003		423,003	448,671	447,025	222,970	86,377
	衣服構成比	67.7	76.5	76.3	76.3	79.6	78.9		78.9	77.0	77.1	51.5	36.2

注：網掛けは、掲載年での最大を示す。1960、65年の地域区分（都道府県別から算出）の従業者数は、秘匿（x）が除かれている。全国合計では、含まれている。1955、70、75、80年の衣服・その他では、秘匿はない。織物製衣服製造業の1980、85、93、2000年の地域区分（都道府県別から算出）の従業者数は、秘匿（x）が除かれている。合計では含まれている。経済センサス2015年版の事業所数、従業者数は、2016年6月1日現在、他の出荷額等のデータは、2015年分である。それゆえ、ここでは2016/6と表記。経済センサスの都道府県別（86,377人）と産業編（71,875人）では集計対象が異なっている。産業編では、「管理、補助的経済活動のみを行う事業所でないこと」「製造品目別に出荷額が得られた事業所であること」が集計対象であるが、都道府県別では、「管理等のみや、出荷額のない事業所」が含まれている。産業編は、工業統計の産業編とほぼ一致する。上記の時系列では、都道府県別の従業者数は、86,377人－71,875人＝14,502人と、工業統計の20％増になっている。また、経済センサスの地域区分（都道府県別から算出）の従業者数は、全国（86,377人）と都道府県別の合計（86,813人）は一致しない。また、衣服・その他繊維製品製造業と織物製衣服製造業のデータによって、従業者数の推移を表記しているが、両者の段差は、1980年の併記によって推定する。この数値が大きいほど、「その他の繊維製品製造業」の割合が小さく、逆に小さい場合は、「その他」の割合が大きいことを示す。

資料：『工業統計表　産業編』各年版、『経済センサス』2015年版、より作成。

する。なお、工業統計調査の都道府県別の従業者数の公表は、55年から75年が中分類（2桁）、85年以降が細分類（4桁）、そして80年が中分類と細分類、というように異なっている。中分類の「衣服・その他の繊維製品製造業」と細分類の「衣服製造業」という異なるデータに基づき分析せざるを得ないが、両データが公表されている80年の段差を踏まえることで、おおよその推移を理解することができると考えている。

　さて、国内生産における従業者数の推移を時間軸でみると、国内全体では、バブル期の90年代初めをピークとするが、地域区分別では異なっている。表で掲げた年でみると、75年をピークとしているのが、北からいうと北関東、首都圏（東京除く）、東京、大阪、岡山・広島である。これらの地域区分のうち、東京、大阪については、65年、70年時点の従業者数は、75年とほぼ同じ水準にあり、60年代後半から70年代前半にかけて横ばい状況にあったことが認められる。つまり、同時期の国内生産の拡大は、これらの地域ではなく、その大半が地方圏を焦点に繰り広げられていたということになる。

　また、80年をピークとするのは甲信・静岡、近畿（大阪を除く）の2地区で、85年とするのは岐阜・愛知、山陰・山口、四国、93年とするのは東北・北海道、北陸4県、九州・沖縄となっている。

　まさに、わが国のアパレル産業におけるファッション分野の東京、大阪、ユニフォーム分野の岡山、首都圏（主に埼玉）[8]、大阪といった地域を軸に、全国化していったことが認められよう。ただし、ファッション分野の一大拠点である岐阜・愛知（名岐地区）については、相対的ではあるが他のアパレル業集積地よりも生産拠点としての地域特性を維持していたといえる。

　このように、50年代、60年代を通じての国内生産の拡大は、大都市圏を含めた全国的な広がりであったのに対し、70年代後半から80年代を通じて拡大したのが、東北・北海道、北陸4県、山陰・山口、九州・沖縄に限られているように、国内立地は変化し続けていったのである。

　これらを、地域間分業・競争という観点でみると、70年代前半までが国内市場拡大に応える体制を国内全体で整えると共に、大都市圏を核とし、地方圏が量的対応（特に、量産、低価格品）を担うという意味での地域間分業を形成

8　奥山（2019）が詳しい。

してきたのではないかと考えている。これに対して、70 年代後半から 80 年代については、大都市圏における立地環境の悪化、とりわけ人手確保難の進展を背景に、地方圏が量的対応のみならず、高級領域を含めた生産拠点へと変貌していったといえよう。それを実現する技術的背景は、10 年、20 年と着実に生産を積み重ねてきたという意味での技術蓄積があったことを忘れることはできない。こうした地方展開における地方工場の技術力向上は、機械産業においても共通するが、縫製加工の場合は、それ以上にスピード感をもって進めることが可能な技術体系にあったという点も指摘されねばならないだろう。

　次に、そうした定量的なデータや著者の私見ではなく、全国的な広がりの渦中にあった縫製業の事業展開がどのように進んできたかを、事例企業を通じてみていくことにしたい。

　一つは、全国的広がりを大都市圏立地の縫製業が地方分工場を設立して生産力拡大を進めてきたという例に注目したい。まず、サントップ（本社、東京都板橋区）[10]の歩みをみてみよう。同社は、戦前長野県で仕立て屋（オーダー服）として創業するが、東京鶯谷で工場生産に乗り出し、上野の繊維街からの仕事を 20 人ほどの規模で手がけていた。戦後は、板橋で再開し、一大ブームを巻き起こすヴァンヂャケット（以下、VAN という）との取引によって急角度で成長していく。求められた生産量は、板橋の工場ではこなすことができず、70 年福島（150 人）、72 年秋田（300 人）に VAN 専属工場を設立する。ところが、78 年の VAN の倒産により、福島を一時閉鎖するなど経営規模も半分に縮小せざるを得なくなる。しかし、この 70 年代後半は、生産力拡大が求められていた時代でもあり、三陽商会、オンワード樫山、岩本町の紳士服問屋から仕事が相次いで入るなど、再び拡大基調に突入する。そして、90 年頃には秋田、岩手、福島を中心に 10 工場、従業員 1,300 人を擁する巨大企業へと変貌していくのであった。ここで注目したいのは、同社の製品領域が紳士服にとどまらず、百貨店アパレル業が手掛ける幅広い高級品分野を地方分工場中心に手がけていったということである。

9　ミシンを駆使しての縫製加工にも、熟練技能は存在するが、一方で繰り返し生産という意味での単純労働という性格も有していることに留意する必要がある。
10　サントップには、2017 年 10 月 6 日に訪問。

　続いて、東京都荒川区で 50 年に独立創業した福装[11]の歩みに注目したい。同社は、60 年に拡大スペースを求め埼玉県草加市に移転する。当時は、ジャケット、トレンチコートなどを手がけていた。65 年には、福島県相馬市の誘致企業第 1 号として分工場を展開する。その後 10 年ほどは、ブレザー時代が続いたという。ちなみに、20 人でスタートした相馬の分工場は、70 年には 200 人、90 年には 500 人規模に拡大するだけでなく、近隣において外注先を 3、4 社（合わせて 200 人程度）組織するなど、生産力拡大を実現してきた。

　こうした大都市圏の縫製業が、アパレル業からの生産力拡大要請を自らの発展につなげるという形での地方分工場展開は、大都市圏と地方圏における地域間分業をもたらした一つであり、企業内地域間分業の例として理解することもできよう。また、それは量的な意味での地域間分業を示すが、質的には大都市圏と地方圏が当初から重なるという意味での競争関係が形成されていったと理解することもできるのである。

　なお、本章では紙幅の関係で詳しくは紹介できないが 90 年代後半のピーク時に 5 工場で 700、800 人を擁していた東京都江東区のウィンスロップ（57 年設立の蛟龍と 19 年に合併）[12]や、東京都昭島市の昭和ドレス（現、昭和インターナショナルでアパレル事業継続）[13]の地方展開（72 年青森市、73 年岩手県二戸、74 年山梨県塩山、76 年岩手県盛岡）なども、こうした例といえよう。

　二つは、地方資本により設立された縫製業の事業展開が注目される。山形県米沢市のパルコモード[14]は、機業が兼業していた縫製工場を引き継ぎ 74 年に創業した縫製業である。たとえ、生産力拡大が求められていた時代とはいえ、経営立て直しは容易ではなかったと想像できるが、税理士でもあった経営者は、その後米沢を代表する縫製業になるほどの経営手腕を発揮する。結果、90 年頃には、大手百貨店アパレル業の 20 〜 30 ブランドを手がけるほどに発展する。こうして百貨店向け高級品を手がける縫製業としての地位を築くが、そのことが 100％専属を要請されることに繋がったともいえる。その要請を断ったことで、仕事の大半を失うが、同社は果敢に営業活動に取り組み、20 〜 30 社、50

11　福装には、2018 年 9 月 18 日に訪問。
12　ウィンスロップには、2017 年 11 月 24 日に訪問。
13　昭和インターナショナルには、2019 年 11 月 1 日に訪問。
14　パルコモードには、2017 年 9 月 21 日に訪問。

ブランド以上の取引に成功する。こうした新規開拓が成果を上げたもう一つの
要因としては、同社の生産技術力が高級品領域に対応できる水準に達していた
ことをあげておきたい。

　このように同社は、90 年頃までには、製品領域で大都市の縫製業との競争
関係に踏み込んでいた。ただし、すべての地方圏の縫製業が、大都市圏の縫製
業と競争関係を築けたわけではなく、引き続き低価格量産品に依存していた縫
製業も少なくなかったが、そうした企業の大半は海外生産時代（国内生産縮小
期）に淘汰されていったのではないかと考えている。

　三つは、生産の重心が地方圏に移りつつあった時代における大都市圏の縫製
業の事業展開の取り組みについてである。東京都中野区の辻洋装店は、1980
年代に至ると 900 社に及ぶアパレル業と取引をしていた。この取引先数の多さ
から、手がけていたのは量産品ではなく、少量品（小ロット）であったことが
想像できよう。実際、同社は、80 年代の地方圏における縫製業の設立や生産
力拡大を前に、小ロット生産への取り組みと、地方圏の高級品のさらに上の価
格帯での差別化を強く意識していくことになる。

　こうした大都市圏の縫製業の高級品領域へのシフトは、企業個々によって時
期が異なるものの、国内生産が縮小に入る前からすでに始まっていたのである。
それは、全国化が量産・低価格を基礎とした地域間分業という構図のみでなく、
地域間競争をともなう高級品領域の生産に踏み出していったことが影響してい
るといってもよいだろう。また、こうした例は、大阪縫製業を代表するイワサ
キ[16]、アーバン[17]、フジキュウ服装[18]、吉井服装[19]においても共通している。とり
わけ、フジキュウ服装は、70 年代中頃からは高級婦人服アパレル業のラピー
ヌ[20]を取引先とするなど、地方圏の縫製業とは異なる製品領域での差別化に早
くから取り組んでいた。

15　辻洋装店には、2015 年 11 月 13 日に訪問。
16　イワサキには、2015 年 11 月 30 日、2019 年 7 月 5 日に訪問。
17　アーバンには、2015 年 12 月 1 日、2019 年 6 月 20 日に訪問。
18　フジキュウ服装には、2019 年 6 月 20 日に訪問。
19　吉井服装には、2016 年 3 月 9 日に訪問。
20　ラピーヌには、2019 年 7 月 4 日に訪問。

図4－3 わが国の衣料品の国別輸入数量の推移

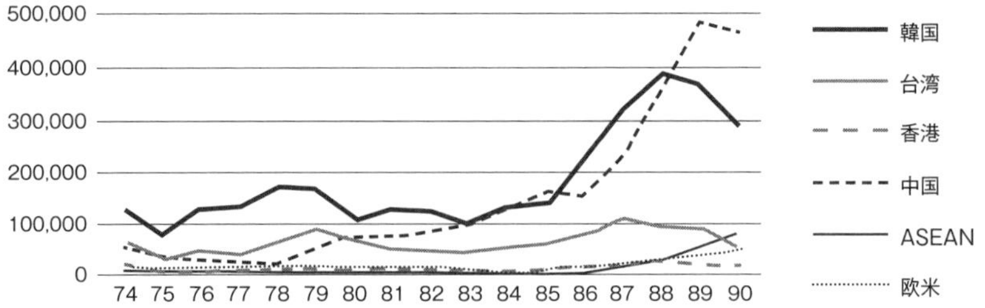

注：単位は、千点
資料：日本化学繊維協会『繊維ハンドブック』（元データは、「貿易統計」）各年版、より作成。

(2) 海外生産の前史から合弁時代の到来

　一方、こうした国内生産拡大時代に、日本市場向けの海外生産は、着実に進んでいた。実際、わが国の衣料品輸入割合は、第1章の図1－1によると[21]、70年代の大半が1割未満、80年代中頃から1割を超え、88年には2割に、そして90年時点で23.8％に達するというように着実に拡大してきた。

　こうした衣料品輸入数量を国別で表した図4－3を眺めると、韓国、台湾、香港における保税地区での加工貿易による安価な衣料品の輸入が80年代まで続いていたことや、加工貿易、補償貿易による中国生産が、一定の水準で推移していたことが認められよう。ただし、これら海外生産品の輸入は、低価格、量産品、低品質であったことと、国内需要が旺盛であったことから、国内縫製業にそれほど影響を及ぼすものではなかった。とはいえ、低価格、量産品の輸入品は、国内市場の中で着実に存在感を増していたことも事実である。

　ところで、70年代、80年代を通じて商社等が、国内市場に投入できる品質レベルに高めるために、国内縫製業に技術指導を依頼するなどして海外生産に深く関与するようになったことが指摘されねばならない。こうした生産関与の深まりが、その後の商社等のOEMを基調とした海外製品生産事業の基礎になったことはいうまでもない。たとえば、長野のフレックスジャパンは[22]、70年に三菱商事の韓国での加工貿易事業において、女性4人を日本で指導したと

21　欧米からの輸入品以外の大半は、日本企業が技術移転、資本参加、委託生産など、何らかの形で関わっていることに留意しておきたい。
22　フレックスジャパンには、2019年7月12日に訪問。

いう。また、岐阜のロックス[23]は、取引先が名岐地区の繊維専門商社だけでなく、東京の総合商社にも広がったことを背景に、80年代を通じて多くの商社の委託加工などにおける技術指導業務を請け負っていた。84年には、伊藤忠商事と組み韓国の縫製業への委託事業に関わったり、86年には三菱商事と組んでタイでの技術指導業務に携わったりしたという。

3．国内生産縮小期における国内外生産をめぐる分業と競争の構図

　バブル経済の崩壊以降、時代は国内生産の縮小と海外生産の本格化へと大きく変貌していくことになる。ここでは、そうした時代の変化の中での分業と競争の変化を、海外と国内にみていくことにする。

(1) 海外生産の本格化による地域間（国際）分業と地域間（国際）競争
　図4‐4、5は、織物製衣料品とニット製衣料品の国内市場における国内生産品と輸入品の投入量の推移を示したものである[24]。これによると、50年代、60年代における織物製衣料品の国内市場は、国内生産品で占めていたことが認められる。織物製とニット製の合計では、前節でみたように70年代に入り、アジアでの第三国生産が日本国内市場向け事業への転換、日本アパレル業の海外進出などが加わり、一定程度の輸入量に達することになる。さらに、90年23.8％、95年44.5％、2000年64.6％、05年81.3％、10年87％、そして15年には90.3％と9割を超える輸入品が国内市場に投入されるようになる[25]。
　ところで、織物製とニット製のピーク時における国内生産品の数量は、織物製が12、13億点であるのに対し、ニット製では17億点前後と1.5倍近くであった。ただし、織物製は1点あたりの平均価格が、ニット製を大きく上回ることもあり、国内生産における従業者数では、時代ごとに異なるが、先に指摘したように、織物製の従業者数がニット製の3倍前後に達していることに留意しておかなくてはならない。

23　ロックスには、2017年6月30日に訪問。
24　国内生産の投入量については、繊維統計と工業統計の従業者数の比較による推計に基づいている（奥山と加藤による）。
25　第1章、図1‐1に基づく。

図4－4　織物製衣料品市場における国内生産品と輸入品の投入数量の推移

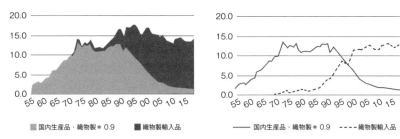

注：単位は、億点。上記の国内生産数量は、繊維統計と工業統計の従業者数の捕捉率の違いから推計した第1章図1－1の値を、さらに小規模企業の生産性を考慮し、生産数量を9割程度に補正し、表示している。

資料：『工業統計表　産業編』各年版、『経済センサス』2011、15年版、『繊維統計年報』『繊維・生活用品統計年報』『生産動態統計調査　繊維・生活用品編』各年版、『貿易統計』各年版、より作成。

図4－5　ニット製衣料品市場における国内生産品と輸入品の投入数量の推移

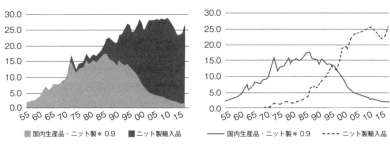

注：図4－4に同じ。

資料：『工業統計表　産業編』各年版、『経済センサス』2011、15年版、『繊維統計年報』『繊維・生活用品統計年報』『生産動態統計調査　繊維・生活用品編』各年版、『貿易統計』各年版、より作成。

　さて、こうした国内外生産品の数量の推移を眺めたとき、日本アパレル産業による海外生産、とりわけ中国展開が80年代後半から活発化し、90年代に入り本格化し、国際分業の時代へと急角度で進展させていったことが認められる。当初は、安価な量産品を焦点とした海外生産に対して、国内生産は小ロット品、高級品にシフトせざるを得なくなったように日本と中国における国際分業構造は着実に築かれていったといえよう。それは、時間軸でいうと、80年代後半から90年代においてである。そして、早くて90年代後半、遅くとも2000年代に、中国生産の製品領域は、量販店向けのみでなく、百貨店向けにまで広がっていく。すなわち、国内縫製業が手掛けていた製品領域を含めた幅広い製

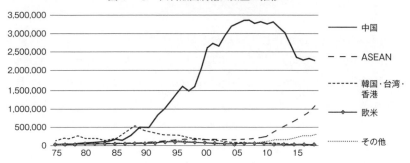

図 4 − 6　衣料品国別輸入数量の推移

注：単位は、千点
資料：日本化学繊維協会『繊維ハンドブック』（元データは、「貿易統計」）各年版、より作成。

品生産が取り組まれていたという意味で、分業と競争が同時進行するという状況が顕著になったのである。これは百貨店アパレル業が、自ら縫製業を組織しての製品生産の一部を放棄し始め、商社等の海外製品生産事業に依存するというように変化していったことを背景にしている。

　ところで、図 4 − 6 に示した国別輸入数量を眺めると、90 年代以降、中国からの輸入が圧倒的であることが認められる。しかし、その中国からの輸入も2010 年をピークに落ち込み始めるが、これは日本アパレル産業のチャイナプラスワン戦略の取り組みを背景としている。とりわけ、ベトナム、タイ、インドネシア、フィリピン、ミャンマーなどの ASEAN での生産を拡大させていく。これは、日本と中国の間での分業と競争に、ASEAN が量的拡大をともないながら加わってきたことを示している。

　次に、こうした分業と競争の変化を、事例企業を通じて理解していくことにしよう。この場合、国内外の生産者を組織するだけでなく、それぞれを選択肢の一つとしてアパレル業等に提案する商社等の OEM 事業にも目配りしながら、地域間分業（国際分業）と地域間競争（国際競争）の実態を理解していくことにする。

　まず、中国において合弁や独資などで先進的に踏み出していた岐阜の縫製業の海外展開を、国際分業の本格化の先駆けとして位置づけておくことにす

26　ASEAN のうち、原糸メーカーの海外生産拠点であったタイについては、70 年代から、同じくインドネシアについては、90 年代から縫製業の進出が活発であったともいえる。

る。時代的には、90 年代よりも少し前の 80 年代後半にさかのぼることになる。

　わが国の衣料品生産が、加工貿易や補償貿易ではなく、合弁や独資での中国進出に先進的に取り組んだのは、岐阜のサンテイ衣料（現、サンテイグループ）[27]であり、85 年のことである。中国進出進出のきっかけの一つは、日本国内における人手確保の先行きに見通しが持てなかったことによる。当時、同社は量販店向けの製品を手がけていた名岐地区のアパレル業と取引しており、国内に 6 工場、1,600 人体制を整えるなど、安価な量産品を供給する役割を担っていた。同社の中国進出第 1 号である合弁形態の黄石工場は、従業者規模でいうとピーク時の 2010 年前後には 5,000 人にも達していた。また、同社の中国展開は、87 年の上海工場、88 年の南通工場、90 年の第 2 上海工場と続く。こうして同社は、中国生産を拡大させる一方、国内生産を縮小させての企業内国際分業へと一気に駆け上っていったのである。

　こうした中国展開は、同じ岐阜のロックスにもみられる。先に、同社が総合商社の海外事業での技術支援を担ったことを記述したが、同社は手がけていた量販店向けの製品供給が、技術支援の下での委託生産などでは限界になると感じ、89 年に中国江西省南昌市を訪問し、翌年に合弁会社（江西工場）を設立することになる。当初は 30 人規模であったが、採算は 120 ～ 150 人ほどの規模に拡大して取れ始めたという。91 年上海に物流拠点を設立。のちに 600 人の工場にする。92 年には江西工場を独資に変更、700 人規模に拡大。以上が、同社の 90 年代の中国展開の概要である。

　こうした岐阜の縫製業の中国展開は、まさに量産低価格品を焦点とした「企業内の国際分業」の典型例であったといえよう。

　ところが、90 年代を過ぎ、2000 年代に入って、日本向け衣料品生産の主役は、日系企業ではなく中国ローカル企業に移っていくことになる。そうしたローカル企業との取引を拡大させたのは、海外製品生産（OEM）事業を展開する商社等である。[28]この点、商社等の海外製品生産事業では、日本縫製業やアパレル業の中国進出に際して資本参加していることもあり取引継続が期待さ

27　サンテイには、2017 年 7 月 13 日に訪問。
28　たとえ、商社等が日系縫製工場ではなく、ローカル企業に製品生産の重心を移していったが、その最終決定は、契約上はアパレル企業等の発注者であることはいうまでもない。

れるところであるが、日系企業（独資を含む）から独立した企業を含め多くの
ローカル企業に対して、機械設備資金を融資しての製品取引に踏み込んでいく
例も少なくなかったことに留意する必要がある。

　たとえば、伊藤忠商事[29]の中国事業では、日系工場への資本参加や専用ライ
ン契約をしていた工場は、多いときで50 〜 60工場に達していた。しかし、生
産の中心となるローカル企業との取引が次第に拡大し、何百社にも達する一方、
日系との取引は必然的に縮小の道をたどったのである。また、日鉄住金物産
（現・日鉄物産、以下同様）[30]の中国事業では、ピーク時には15の自社縫製工場
（合弁から独資へを含む）を擁していたが、16年現在では5工場を閉鎖し（契
約期間20年が経過したことによる）、10工場になっている。生産量としては、
2割が自社工場で、残りの大半が数百社のローカル企業という構成へと変化し
ていったのである。

　このように日本市場向けの製品生産は、品質面で優位であった日系企業か
らローカル企業へ大きく転じたことで、中国に進出していた日本縫製業は、中
国事業の縮小を余儀なくされていく。この点、地域全体で30 〜 40社、120 〜
130工場ほどを展開していた岐阜の縫製業[31]は、現在では5、6社ほどに減って
いる。今なお事業を継続している岐阜の縫製業のみならず、日系縫製工場の大
半は、それまでの商社等のOEM事業に依存できなくなり、独自の営業展開に
踏み込まざるを得ない状況下に置かれていったのである。ただし、中国に進出
した縫製業のすべての海外工場が、OEM事業依存というものではなく、国内
工場の補完的な位置づけにより事業を継続している企業も少なくないことに留
意しておく必要がある。たとえば、ドレスシャツをはじめとするシャツ類を手
がける香川県のワイケーエス[32]は、海外工場（2工場で390人）が量のまとまる
もの、国内工場（4工場、210人）が小ロット、短納期、追加生産という企業
内国際分業という体制を、今日なお維持している。

　こうした日本と中国、そして中国における日系企業とローカル企業との関係
は、ローカル企業が2000年代には着実に技術力を向上させてきたこともあり、

コスト的な優位性のみならず、日系が先行していた高級品領域に踏み込むなど
の競争関係が多々見られるように変化していったのである。

　続く、2010年前後からは、日本アパレル産業が取り組んできたチャイナプ
ラスワン戦略の下でのASEANへの生産移管など、海外と海外を焦点とする
国際分業・競争という新たな関係が築かれていく。

　ところで、この2010年前後の輸入品に占める中国の割合は、9割前後に達
していたが、今日では6割前後と低下している。それは尖閣諸島問題などを背
景に過度の中国依存に対するカントリーリスクを回避すべく、日本アパレル産
業がASEANほかの国での製品生産を強く取り組んできたという戦略的な経
営展開を背景としてあげておかねばならないだろう。

　事実、ユニクロ事業を展開するファーストリテイリングをはじめ、製品企
画を手がける多くのアパレル業、SPAなどは、OEM事業を展開する商社等に
対して、中国以外での製品生産の提案を要求することが多くなっていったので
ある。たとえば、日鉄住金物産の海外OEM事業における中国割合は、05年
98％、10年90％、16年70％弱と低下を続けていた。その他の海外生産とし
ては、16年現在でベトナム5％、ミャンマー5％、バングラデシュ5％、イ
ンドネシア3％、タイ3％となるなど、アパレル業等の要請に応える体制を、
ASEANほかにおいて構築していったのである。

　こうしたチャイナプラスワンの動きを、先に取り上げた日系縫製業のサン
テイとロックスでみると、次のような取り組みをみせている。サンテイは、91
年にベトナムの縫製業との取引をライン契約により開始しているが、同社によ
る本格的な進出としては、05年のラオス（現在、1,000人）、08年のインドネ
シア（現在、3工場に増え、600人）、そのほかバングラデシュでのライン契約
など、2,500人体制の中国工場とほぼ拮抗する生産体制を整えていくのであっ
た。この点、ロックスについては、12年にカンボジア工場が操業開始、16年
には第2工場も稼働するなど、17年現在で1,300人体制を整えるが、中国工場
は150人規模に縮小させている。

　ところで、こうした日本企業による中国からASEANほかへの生産拠点
の分散、広がりは、中国進出時代は何百という縫製業が取り組んだのに対し、
ASEANほか全体では、縫製業だけでなく商社ほかの資本が投入されている

ケースを含めても、百社には遠く届かないというのが実態である[33]。また、中国だけでなく中国以外へ展開した縫製業の多くは、有力企業に限定されていたことに留意しておきたい。

　また、この ASEAN を焦点とした分業・競争は、日系だけでなく、着実に成長しているローカル企業や、技術力と生産力を備えた中国・韓国・台湾企業が、それぞれの得意分野を構成して展開されていることが指摘できる。

　次に、先の事例と異なり、当初から中国以外に進出先を選択した 3 社の事業展開の特質をみていくことにする。

　まず、94 年にフィリピンに進出したサンプリーツ[34]についてである。フィリピン工場は、操業当初 80 人であったが、現在では 400 人規模に拡大している。うち 40 人が日本語の読み書きができ、縫製の専門用語を日本語でやり取りするだけでなく、20 年以上勤めるベテランが 7 割に達することもあり、高い技術水準に達している。また、フィリピン工場の従業員のうち 200 人ほどは、同社の主力取引先であるデザイナーズブランドへの企画提案に参加するというように同社の重要な戦力になるなど、5 年ほどで従業員が入れ替わっている日本では想像できないほどの高い技術力を備えた生産企画体制を整えている。

　昭和インターナショナルのベトナム進出は、96 年のことである。ベトナムを選択したのは、経営者の直感（仏教国、治安、安心感など）によるという。手がけた仕事は、オンワードの重衣料で、技術者を 2 人送り込み、40、50 人体制から出発する。当時の国内体制は、本社工場が 60 人（別法人化しているグループ企業は 400 人）であったが、現在では本社は、営業・受入れ検査・出荷業務が中心となっている。また、グループ企業（昭和ドレスグループ）は、独自の営業展開によって国内生産を維持している。

　3 社目が、2010 年にベトナム進出したという美ショウ[35]である。ベトナム工場の現在は、140 人ほどで、進出時の 160 人からすると減ってはいるが、同工場から独立した工場（60 人）とか、専属の縫製工場（10 数人規模）を何社か

33　本章の表 4 - 2 に示した資本参加による業種別の企業数は、一定の傾向を示すものであるが、80 年代後半から 2000 年代初めに活発に展開された中国進出時代とは異なり、チャイナプラスワン後の ASEAN 進出は、限定的であったことに留意する必要がある。先の表では、詳細に紹介していないが、インドネシア、タイ進出は、比較的早い時期から取り組まれていたことに留意する必要がある。

34　サンプリーツには、2019 年 11 月 28 日に訪問。

35　美ショウには、2019 年 11 月 14 日に訪問。

組織するなど、生産力規模は拡大を続けている。日本の本社工場（パート50人強を含み75人）は、カットソー（ニット製）100%であるのに対し、ベトナム工場は布帛（織物製）が80%、カットソーが20%というように分業している。また、カットソーについては、取引先のQR（クイック・レスポンス）に対応する短納期物とか、工数の少ない簡単な物を手がけるのは、日本の本社工場で、ベトナムは納期が長く工数が多い高級品というように分けている。

　これら3社に共通するのは、海外生産が安価な量産品ではないという点であろう。それぞれ操業開始からの時間差はあるが、国内生産に劣らない、むしろ高い技術水準を誇っている。また、これらの企業の本社所在地が、東京多摩地域であるという点に注目したい。それは、近年、ファッションアパレル業が、製品生産を商社等によるOEM事業に国内外を通じて依存しているといわれる中で、東京都心と東京多摩地域という物理的な距離感が、アパレル業と縫製業の新たな関係構築に重要な要素になっているという点においてである。

（2）国内における地域間競争と企業間競争の激化

　国内市場への海外生産品の投入が拡大する中で、国内生産のみの縫製業がいかに厳しい困難に直面したかは想像に難くないであろう。ここでは、国内のみに生産拠点を構え、厳しい生き残り競争を潜り抜けてきた縫製業の事業展開をみていくことにする。

　最初に、大都市圏に立地する縫製業の事業展開をみてみよう。先に取り上げた東京の辻洋装店は、80年代に東京立地での生き残りを高級化に求めていたが、それが今日ではデザイナーズブランドとの取引につながっている。加えて、かつて有力縫製業の多くが内部化していたパターン製作にも取り組むなど、アパレル業の弱体化をカバーすべき体制を整えていることが指摘できる。また、その延長上に位置づけられる自社企画品の取り組みもあげられる。

　東京都板橋区の福新ドレス[36]の事業領域は、一般的にいうと高級品、小ロット、短納期といえる。ただし、その短納期対応は、アパレル業から夕方に生地が送られてくると翌朝裁断し、夕方には納品するというスピード感をもって実施されているところに特徴を持つ。また、小ロット高級品の中には、ロットサ

36　福新ドレスには、2017年10月12日に訪問。

イズがサンプル品のような 3 色で 1 点ずつという極小ロットもみられる。取引
先としては、国内に 60 店舗ほどの直営店を構えるアパレル業とか、高級既製
服のプレタポルテのトップ企業とか、高級ブラックフォーマルを手がける企業
などを構成している。

　東京都杉並区のファッションしらいし[37]は、アパレル業との取引が 70％、自
社企画品が 30％というように、アパレル業の単なる下請け工場ではなく、独
自の道を探っているところに特徴がある。2000 年頃からは、ウェディングド
レスのオーダーメイド事業では 1 着単位の売り上げ、企画提案に基づく ODM
事業では尾州産地の毛織物を仕入れるなどの取り組み、03 年にはニット工連
の助成金を使ってのニューヨーク展示会への参加、百貨店バイヤーからのお受
験用のサンプルジャケット 20 着の製作、09 年からは、ニューヨークでサンプ
ルづくりから量産物に至るまでの挑戦。こうした様々な経験を積み重ねてきた
同社は、現在では海外ブランドメーカー 1 社からの量産を含めて売上高の 3 分
の 1 ほどが海外向けになっている。残りの国内向けでは、デザイナーズブラン
ドとの取引と自社企画品事業で構成されている。

　大阪府東大阪市のイワサキは、87 年鹿児島、92 年長崎に分工場を構えるが、
現在では大半の製品が大阪本社工場で生産されている。地方工場展開は、時代
の流れでもあったが、U ターンする従業員の能力を生かすことが目的であり、
他社と異なり人手不足が理由ではなかった。少なくとも同社については、70
年に社内に職業訓練校を設けていることもあり、今日に至るまで人手不足に直
面していない。毎年 20 〜 30 人採用し、縫製加工のプロとして育てている。同
社の技術力は極めて高く、百貨店アパレル業との取引をこなすなど、大阪を代
表する縫製業の 1 社といえよう。

　ここで紹介した 4 社以外でいうと、サンプルづくりから高級品までを手がけ
るフジキュウ服装や、自動裁断機を導入し高級品を手がける吉井服装など、今
なお独自の発展に挑戦し続けていることに注目していく必要がある。

　次に、地方圏に本社を構え、生産は国内のみという縫製業の事業展開をみ
てみよう。先に取り上げた山形のパルコモードの現在は、高い技術力による多
様な製品生産というだけでなく、国内で 2,000 とか 3,000 の生産要請にも対応

37　ファッションしらいしには、2017 年 10 月 13 日に訪問。

できる体制を整えるなど、小ロット対応が大半を占めている国内の中にあって、量的対応も可能な企業としての特徴を備えている。

　山形県鶴岡市に81年に設立されたミラノ・サンラインガーメント（160人）[38]は、現在、総勢530人ほどの共栄グループ[39]に属している縫製業である。しかし、大半の仕事は、独自の営業によって確保している。80年代の同社は、生産ロット3,000とか5,000、さらに追加注文というように作っても間に合わないほど仕事があふれていた。バブル経済の崩壊後は、アパレル業からの仕事が半減、そのため国内生産の関与を強めつつあった商社、小規模なアパレル業である「マンションメーカー」[40]、アパレル業の仕事を振り分ける「振り屋」[41]に飛び込むなどして新規開拓に努めた。結果、取引先は増えたが、不良債権も多くつかまされたという。現在では、かつてのコート、ジャケットなどの重衣料中心から、ワンピース、ブラウス、スカートなどの軽衣料まで幅広く手掛けるなど、アパレル業にとって利便性に富んだ生産体制を整えることで、国内生産縮小時代を乗り切ろうとしている。

　こうした多様な製品構成と一定規模の生産力を維持しての事業展開は、先に取り上げた大都市圏に本社を構え、地方圏に生産の重心を置いているサントップと福装にも共通している。サントップでは、地方工場の多くが本社と工場独自の営業を併用しながら多様な製品生産体制を構築していること、福装ではパルコモードと同様に、量産タイプを含めての生産体制を整えていることに、差別化の一つをみることができる。

　さて、ここまで国内に重心を置く縫製業の事業展開をみてきたが、国内縫製業すべてを、小ロット、高級品という単純な構図で語れないことが理解できたであろう。海外生産の拡大と共に、確実に国内生産の小ロット化や高級品領域へのシフトしたことは間違いないが、それらを詳細に眺めると、取り扱い量の

38　ミラノ・サンラインガーメントには、2016年10月4日に訪問。

39　共栄グループは、（株）共栄（本社、鶴岡市、従業員200人）を中心に、ミラノ・サンラインガーメント（160人）、ミラノキング（株）（本社、鶴岡市、130人）、（株）プログレーション（本社、鶴岡市、30人）という縫製工場4社と、東京都中央区に本社を構える営業部隊としての（株）共栄衣料（8人）によって構成されている。

40　まさに、青山、原宿などのマンションの一室で、企画生産を手がけていた新進のアパレル企業を、当時はこう呼んでいた。

41　小規模なアパレル企業などの製品生産を、縫製業に橋渡しをするという事業内容の事業者を指す。

多い大手アパレル業の場合には、1,000 単位のロットを国内生産に求める例も
みられるなど多様であることにも気づくであろう。また、高級品という領域も、
上代が 5、6 万円、あるいは 10 万円、さらには 50 万円、60 万円を超えるとい
うように、実に幅広く、1 万円以下という価格領域との単純な比較で理解する
ことには無理がありそうである。そうした意味において、国内生産縮小期にお
ける地域間競争の激化は、極めて多様かつ複層的な関係をもたらしてきている
というように理解しておきたい。

4．新たな地域間分業・競争の行方

　ここまで、国内外における地域間分業・競争を、製品生産の最終段階である
縫製加工を手がける縫製業に焦点を当て分析してきた。すなわち、製品生産の
場としての「地域」に重心を置いての分析であったが、ここでは最後に、縫製
業とアパレル業および商社等との取引関係の変化が、地域間分業・競争にどの
ように影響してきたかを、もう少し踏み込みながら再整理しておくことにする。
　まず、アパレル業は、国内生産拡大時代において縫製業とどのような関係を
築いていたかに注目しておきたい。
　多くのアパレル業は、縫製業を「工場」と呼んでいる。もちろん、先に指摘
したように縫製工場を社内に抱えているアパレル業も存在するが、大半は縫製
業の生産機能に依存しているというのが今日まで続いているといっても過言で
はない。そのアパレル業と縫製業の関係は、時代と共に変化し続けてきた。戦
後の国内生産拡大期には、衣料品市場における既製服化とファッション化を背
景に、アパレル業は縫製業に対して様々な要求を突き付けてきた。その要求の
多くは、戦後の日本産業に共通するかのような下請取引における支配従属的な
前近代性を内在させていたが、縫製業にとってはビジネスチャンスとして受け
止めていたという側面もあったことが指摘されねばならないだろう。
　当時、アパレル業は、厳しい品質、理不尽な加工賃提示を要求する一方、生
産力拡大最も強く要求していたようである。それは、50 年代、60 年代におけ
る生産力拡大が大都市圏と地方圏の双方において繰り広げていた時代と、70
年代後半以降における量的重心が地方圏へ大きく移っていった時代においても

共通していた。このことは、縫製業の立地場所としての「地域」は、二次的なものにすぎなかったことを示している。それゆえ、国内生産拡大時代の国内をめぐる地域間分業・競争は、あくまでも縫製業の意思決定の下で展開されてきたというように位置づけることができよう。

　こうした縫製業を主体とした地域間分業・競争が変化していくのは、海外生産の本格化を迎えてからのことである。日本企業が関わる海外生産は、50年代の商社等による第三国生産、60年代以降の香港、韓国、台湾などに展開される加工貿易、そして委託生産や補償貿易が開始される中国生産という流れが先行的にみられる。しかし、アパレル業、商社等、そして縫製業が海外を舞台に製品生産に雪崩れ込んでいく80年代後半からは、地域間分業・競争の主体は、国内生産拡大時代とは一変する。特に、商社等が積極的に取り組んでいくOEMを基本とする海外製品生産事業は、国内のアパレル業と海外の日系縫製工場とローカル企業を仲介するという形ではあるが、地域間分業・競争という面からすると主導的な役割を担っていくことになる。

　実際、中国生産が本格化する90年代の縫製業の海外進出は、企業内国際分業体制の構築という色彩が強かったが、次第にアパレル業との直接取引ではなく、商社等が介在するケースが増えていくことになる。この理由の一つは、生地、製品等の貿易面の問題であり、もう一つは大半が資本力に乏しいアパレル業が、縫製業の海外生産を直接管理することが難しくなっていったことがあげられる。

　商社等のOEM事業における生産関与は、第1章で分析したアパレル業の競争力低下に繋がっただけでなく、時間的経過の中で、海外における日系縫製工場を優越的に置き続けることなく、ローカル企業を含めた選択肢の一つに過ぎなくするというビジネス上の冷酷さを備えていたことが指摘できよう。次第に、コスト競争力だけでなく、高品質、少量生産などの対応する生産技術力を備えてきたローカル企業との競争の中で、日系縫製工場の多くは商社等が強く影響を及ぼす地域間分業・競争の場面からはじき出されていくのであった。

　この点、製品企画を手がけるアパレル業が海外生産の場では商社等への依存を継続し続けるのに対し、ユニクロ事業を展開するファーストリテイリングを代表とするSPAや、独自企画品を増やしている量販店などは、取扱量が多い

こともあるが、海外生産の場を、検査や見学の名目にかかわらず訪れている例が増えるなど、商社等にすべてを依存する段階から踏み出しているように思える。また、中国一辺倒から ASEAN・南アジアを含めた地域間分業・競争の時代に突入している現在では、商社等の選択肢の一つに甘んじることなく、日系縫製工場は、日本本社の独自展開により、新たな役割が与えられ、その存在感を強めていることが指摘されねばならないだろう。

　一方、海外生産の本格化以降の国内における地域間分業・競争も、量的縮小基調が続くことで変化し続けてきた。まず、量的縮小により、国内縫製業の契約上の発注者が、OEM 事業（ODM 事業を含む）を手がける商社等が多くを占めるように変化してきたことがあげられる。これは、海外生産にともなう価格破壊的な製品投入が繰り広げられたことを背景とする国内市場の縮小により、アパレル業が厳しい経営環境に追い込まれてきたことによる。このアパレル業は、必ずしも高額品を扱う百貨店アパレル業だけでなく、普及品を扱う量販店アパレル業を含めた既存アパレル業を含めてのことである。さらに、量が減少する国内生産品の製品企画面におけるデザイナー契約、生産現場出張などに十分な経費を投入することができないだけでなく、製品生産面における生産技術力も、技術者の育成・確保がままならず失っていったといえよう。

　結果として、国内生産縮小期における国内をめぐる地域間分業・競争は、商社等による縫製業の選択・決定の下で進められるように変化してきたといえる。また、量的縮小と共に、加工賃低下が一段と厳しく、大半の縫製業は事業継続を断念せざるを得ない困難に直面したのである。このことは、わずかな仕事量をいかに確保するかの縫製業の生き残り策が、地域間における分業とか競争ではなく、企業間競争の中で繰り広げられてきたことを示している。いずれにせよ、商社等やアパレル業にとっての国内生産は、量的には魅力に乏しく存在になってきたのである。

　しかし、そうした困難を潜り抜け国内生産を継続している縫製業の事業展開を眺めたとき、それぞれ個性的であることに気づかされるであろう。かつてのような地域間分業・競争という構図での取引が皆無というわけではないが、多くの縫製業は次なる発展の場を求めて模索し続けている。時代は、新たな衣料品生産の構造を求めている。国内生産の場は疲弊していることは否定できない

が、これまでの量と質に基づく地域間分業・競争を超えた新たな製品生産の時代へ、いや製品生産という限定的な括りから解き放された事業展開が、国内縫製業において展開されていくことが期待できるのではないだろうか。もはや地域間分業・競争は、事業領域の壁を乗り越えるだけでなく、地域、国という枠組みを超えたところに向かっているように思える。

参考文献

岩本真一（2014）『ミシンと衣服の経済史──地球規模経済と家内生産』思文閣出版。

上野和彦（1977）「北埼玉縫製業地域の成立とその構造」『地理学評論』第 50 巻第 6 号、pp.319-334。

荻久保嘉章・根岸秀行編（2003）『岐阜アパレル産地の形成──証言集・孵卵器としてのハルビン街』成文堂。

奥山雅之（2019）「衣服製造産地の構造変化に関する一考察──北埼玉・岐阜・倉敷における『分離』とその様態」明治大学政治経済研究所『政經論叢』第 87 巻第 3・4 号、pp.321-369。

奥山雅之（2020）「生産技術の変化が産業集積に与える影響に関する一考察──日本のニット産地を例に」明治大学政治経済研究所『政經論叢』第 88 巻第 5・6 号、pp.101-152。

加藤秀雄（2019）「わが国アパレル産業の国内生産拡大期における縫製業の立地特性」『埼玉学園大学紀要．経済経営学部篇』第 19 号、pp.39-52。

加藤秀雄・奥山雅之（2020）『繊維・アパレルの構造変化と地域産業』文眞堂。

加藤秀雄（2021）「衣料品縫製業をめぐる諸変化と地域別事業展開の諸特性」『商工金融』第 71 巻第 2 号、pp.4-22。

経済産業省（2016）『アパレル・サプライチェーン研究会報告書』。

小島正憲（2002）『10 年中国に挑む──長征とビジネス』パル出版。

小林進編（1970）『香港の工業化』アジア経済研究所。

杉田宗聴（2016）「国内ファストファッションにおけるクイック・レスポンスとグローバル化の現状」『阪南論集　社会科学編』第 52 巻第 1 号、pp.31-61。

富澤修身（2003）『ファッション産業論──衣服ファッションの消費文化と産業システム』創風社。

富澤修身（2013）『模倣と創造のファッション産業史』ミネルヴァ書房。

富澤修身（2018）『都市型中小アパレル企業の過去・現在・未来──南都大阪の問屋ともの作り』創風社。

長田華子（2014）『バングラデシュの工業化とジェンダー──日系縫製企業あの国際移転』お茶の水書房。

花房征夫（1978）「韓国輸出衣服業の発展過程と成長要因」アジア経済研究所『アジア経済』第 19 巻第 7 号、pp.15-32。

藤田敬三（1973）「輸出縫製品製造業の現状と転換問題」『中小企業金融公庫調査時報』第 14 巻第 5 号、pp.52-73。

康上賢淑（2016）『東アジアの繊維・アパレル産業研究』日本僑報社。

第5章

日系縫製業者にみる海外生産の変化と 集団間・地域間競争

中国生産の変化と ASEAN への進出

丹下英明

　本章では、海外、特にアジアに進出した日系縫製業者[1]について、海外生産の変化を、統計データや事例研究を用いて分析する。

1．日系縫製業者による海外進出にみる歴史的変遷

　縫製業を含めた日系繊維企業の海外進出は、1960 年代末に始まったとされる。藤井（1997）によると、「70 年代以降まず NIEs の韓国、台湾、香港に対して行われたが、……80 年代末には ASEAN のタイ・マレーシアへと向かい、さらに……中国へと、その主要な進出先をシフトしてきた」[2]。

　本木・上野（2001）は、日系繊維企業による中国進出を 3 段階に分類する。第一の段階は、80 年代、日本向けの製品を、香港を介在させて、中国華南地域の繊維企業群に生産委託する「生産委託型」である。第二の段階は、80 年代後半から 90 年代初めに、労働コストの削減を目指して、主として東北地域遼寧省に直接進出する「労働力志向型」であり、第三の段階は、90 年代半ば以降における上海地域への移動で、産業集積の利益を求めた「集積志向型」である[3]。

　藤井（1997）や本木・上野（2001）に代表されるように、日系繊維企業の海

1　本章では縫製業者を「自社で縫製工程をもち、衣服生産に従事する企業」と定義する。
2　ここでは、縫製業以外の業種を含めた繊維企業全体の動向を述べている。第 2 章でみたように、縫製業者による海外進出は、原糸メーカーの海外生産拠点であったタイにおいて、70 年代にはじまり、85 年ごろには中国への進出が始まった。
3　本木・上野（2001）p.7。

外展開に関する研究は、多くの蓄積がある。一方で、先行研究の多くは、その発行年が示すとおり、日系繊維企業が中国進出を活発化させた90年代までにとどまっており、その後の動向については、十分に研究されていない。

　以上を踏まえて、本章では、次の2点を明らかにしたい。第一に、00年代以降、縫製業を含む日系繊維企業の海外生産はどのように変化しているのかについてである。変化しているとすれば、どのような背景があるのだろうか。

　第二に、海外進出した日系繊維企業は、どのような生き残り策を展開しているのかについてである。ここでは、現在も中国に工場を有しながら、ASEANでも事業を展開する日系縫製業者に焦点を当てて分析を行う[4]。

2．データにみる日本繊維企業の海外展開動向[5]

（1）海外現地法人数の推移

　表5－1は、縫製業を含む日系繊維企業の海外現地法人数の推移を示したものである。これをみると、日系繊維企業の海外現地法人数は、97年の613社をピークに減少の一途をたどっており、17年には、430社にまで減少している。アジアについても同様に、97年の528社をピークに減少しており、17年には、377社と96年以降で最も少なくなっている。

　アジアについて、国別にその動向をみると、最も減少しているのが中国である。中国の海外現地法人数は、04年の335社をピークに減少しており、17年には207社と、ピーク時の約6割にまで減少している。

　一方で、現地法人数を増やしているのが、ベトナムやカンボジア、ミャンマーといった国である。ベトナムの現地法人数は、95年の5社から、17年には28社にまで一貫して増加している。カンボジアやミャンマーも、把握可能な14年以降でみて、増加傾向にある。

4　日系繊維企業による衣服の海外生産について、その形態としては、主に、①日系縫製業者による海外生産、②日系総合・繊維商社による海外生産、③日系アパレル業による海外生産に分類できる。②日系総合・繊維商社による海外生産については、本書第1章や加藤（2017）が詳しい。③日系アパレル業による海外生産については、撤退した日系アパレルが多く、現在、自社で海外生産を継続しているアパレル業はごく少数である。以上を踏まえて、本章では、日系繊維企業のなかでも、①の日系縫製業者に焦点を当てる。
5　ここでは、データの制約上、縫製業以外の業種を含めた繊維企業全体の分析を行っている点に留意する必要がある。

表5-1　地域別にみた海外現地法人数（繊維・衣服製造業）

(単位：社)

年	95	96	97	98	99	00	01	02	03	04	05	06	07	08	09	10	11	12	13	14	15	16	17
全世界	549	597	613	601	574	556	528	519	531	546	514	503	494	474	445	448	435	446	441	444	457	449	430
アジア	444	498	528	519	497	487	473	470	482	496	470	456	448	427	402	407	390	399	391	392	403	394	377
韓国	17	14	11	10	12	12	12	12	13	14	14	12	9	8	8	8	7	9	9	8	8	8	8
中国	228	276	306	302	294	296	289	296	317	335	317	312	310	293	276	271	253	247	240	235	236	222	207
香港	42	39	44	42	34	28	25	23	23	24	21	19	18	18	14	16	16	18	17	18	17	16	15
台湾	17	16	14	13	13	14	13	14	12	11	11	11	10	10	10	11	9	9	9	8	8	8	8
ベトナム	5	11	16	15	15	13	13	14	11	14	14	15	15	16	16	16	18	19	21	25	26	28	28
タイ	55	60	59	59	50	47	45	40	37	40	39	38	37	35	33	37	37	36	36	39	42	43	42
カンボジア	-	-	-	-	-	-	-	-	-	-	-	-	-	-	-	-	-	-	-	5	6	7	6
ミャンマー	-	-	-	-	-	-	-	-	-	-	-	-	-	-	-	-	-	-	-	2	4	6	7
シンガポール	3	3	2	2	2	1	1	1	1	2	2	2	1	1	1	1	1	1	1	1	1	1	1
マレーシア	14	12	12	12	12	12	12	12	10	8	7	7	8	8	8	9	10	10	8	6	6	6	6
フィリピン	9	8	7	7	6	6	5	5	4	3	3	1	1	1	1	1	1	1	1	1	1	1	1
インドネシア	48	54	53	53	54	52	54	49	46	44	39	35	34	33	31	34	36	37	37	37	38	39	37
インド	2	3	3	3	4	3	3	3	2	1	0	0	0	0	0	1	2	3	3	3	4	5	5
パキスタン	1	1	0																				
スリランカ	2	1	1																				
その他アジア	1	0	0	1	1	1	1	2	2	2	3	3	4	4	4	2	8	9	5	6	6	6	6
アジア以外	105	99	85	82	77	69	55	49	49	50	44	47	46	47	43	41	45	47	50	52	54	55	53

資料：東洋経済新報社『海外進出企業総覧 [国別編]』各年版より作成。

　このように、日系繊維企業の海外現地法人数は、中国を中心に減少傾向にある。一方で、ASEAN、特にベトナムやカンボジア、ミャンマーといった国で近年増加していることがわかる。[6]

　だが、中国での減少に比べると、ASEAN での現地法人数増加はそれほど多くはない。中国での現地法人数が、ピーク時の 04 年から 17 年にかけて 128 社減少しているのに対し、同期間での ASEAN における現地法人数増加は、19 社に過ぎない。[7] 中国から撤退した日系繊維企業のうち、ASEAN にも海外展開する余力を持ち合わせていた先は少数に過ぎないというのが実情といえる。

(2) 進出

　日系繊維企業の海外現地法人数は、なぜ減少しているのだろうか。海外現地法人数の増減は、進出と撤退との差で決まる。ここからは、日系繊維企業の進出と撤退について、それぞれみてみよう。

6　その他にも、バングラデシュなどの南西アジアでも進出が増加しているとされる。

7　ここでは、表5-1のうち、ベトナム、タイ、カンボジア、ミャンマー、シンガポール、マレーシア、フィリピン、インドネシアについて集計して算出した。

表5-2　地域別にみた新規設立現地法人企業数（繊維製造業）

(単位：社)

（年度）	全地域	アジア	中国	中国本土	香港	ASEAN10	NIEs3	その他アジア	その他
1997	-	-	-	-	-	-	-	-	-
98	-	-	-	-	-	-	-	-	-
99	15	10	5	4	1	-	2	-	5
2000	10	5	3	3	0	-	0	-	5
01	2	1	0	0	0	-	0	-	1
02	10	9	8	7	1	-	0	-	1
03	3	3	3	3	0	-	0	-	0
04	8	7	6	6	0	-	0	-	1
05	11	8	8	8	0	-	0	-	3
06	4	3	2	2	0	-	0	-	1
07	3	2	2	2	0	0	0	0	1
08	6	6	5	5	0	1	0	0	0
09	2	2	2	2	0	0	0	0	0
10	5	5	3	3	0	1	0	1	0
11	13	12	12	10	2	0	0	2	1
12	8	4	0	0	0	3	0	1	4
13	4	4	1	1	0	3	0	0	0
14	2	2	0	0	0	2	0	0	0
15	3	3	1	1	0	2	0	0	0
16	0	0	0	0	0	0	0	0	0

注：①「設立・資本参加時期」が当該年度中のもの（設立後初決算前を含む）を集計。
　　②ASEAN10：マレーシア、タイ、インドネシア、フィリピン、シンガポール、ブルネイ、ベトナム、
　　　ラオス、ミャンマー、カンボジア。
　　　NIEs3：シンガポール、台湾、韓国。
　　③ASEAN10、その他アジアについては、07年度より集計。
資料：経済産業省「海外事業活動基本調査」各年版より作成。

　表5-2は、日系繊維企業による新規設立現地法人企業数の推移を示したものである。これをみると、99年以降の海外進出数はそれほど多くないことがわかる。また、全地域では、99年の15社をピークとして、増減を繰り返しつつ、減少を続けている。アジアについても、11年に12社と一時増加しているが、大きな傾向としては、減少の一途をたどっている。

　アジアへの進出を国別にみると、中国への進出が大きく減少しており、特に12年以降は、1社ないし0社にとどまっている点が注目される。新たに中国に進出する日系繊維企業は少ないことがわかる。

　一方で、ASEAN10[8]については、12年以降、毎年2、3社のペースで進出

8　マレーシア、タイ、インドネシア、フィリピン、シンガポール、ブルネイ、ベトナム、ラオス、ミャンマー、
カンボジアの10か国。

がなされている。表には示していないが、マレーシアやタイ、インドネシア、フィリピンといった ASEAN4 への進出がそれほど増えていないことから、ベトナムやラオス、ミャンマーなどへの進出が増加しているものと推測される。

(3) 撤退

海外からの撤退についてはどうだろうか。表5−3は、海外から撤退した現地法人数の推移を示したものである。これをみると、海外からの撤退は、02年の32社をピークに、12年には13社にまで減少したものの、その後は増加に転じ、足元16年には36社にまで再び増加している。

表5−3　地域別にみた解散、撤退現地法人企業数（繊維製造業）

（単位：社）

（年度）	全地域	アジア	中　国	中国本土	香　港	ASEAN10	NIEs3	その他アジア	その他
1997	14	7	4	4	0	-	2	-	7
98	22	14	10	7	3	-	1	-	8
99	15	10	5	4	1	-	2	-	5
2000	24	17	9	8	1	-	3	-	7
01	16	8	5	5	0	-	-	-	8
02	32	31	22	18	4	-	2	-	1
03	23	22	15	14	1	-	-	-	1
04	29	23	13	3	9	-	1	-	6
05	31	26	20	20	0	-	1	-	5
06	18	15	11	10	1	-	1	-	3
07	12	10	6	5	1	3	1	1	2
08	27	26	18	15	3	5	4	2	1
09	18	15	12	12	0	2	1	0	3
10	23	21	17	16	1	3	1	1	2
11	13	12	12	10	2	0	0	2	1
12	13	12	11	10	1	1	0	1	1
13	23	22	20	19	1	2	0	1	1
14	27	24	22	22	0	0	2	0	3
15	22	22	22	21	1	0	0	1	0
16	36	35	26	25	1	8	0	2	1

注：①操業状況で「5．解散、撤退」又は「6．出資比率の低下」を選択し、かつ、その時期が当該年度と回答した企業を集計。
　　②ASEAN10：マレーシア、タイ、インドネシア、フィリピン、シンガポール、ブルネイ、ベトナム、ラオス、ミャンマー、カンボジア。
　　NIEs3：シンガポール、台湾、韓国。
　　③ASEAN10、その他アジアについては、07年度より集計。
資料：経済産業省「海外事業活動基本調査」各年版より作成。

　地域別にみると、中国からの撤退が過半数を占めている。16年の撤退社数36社のうち、中国は26社を占めており、撤退の約7割が中国で起こっている。

　加えて、中国からの撤退は、足元で増加している。中国からの撤退は、02年から05年にかけてピークを迎えたのち、減少傾向で推移してきたが、12年の11社を底として、16年には26社に増加している。このように、日系繊維企業の撤退の多くは、中国で起こっており、その数は足元で増加している。日系繊維企業にとって、中国の事業環境が厳しさを増していることが推測される。

　なお、16年の地域別撤退企業数をみると、ASEAN10の撤退企業数が前年度の0社から8社に急増している点が注目される。表には示していないが、内訳をみると、ASEAN4で4社（マレーシア2社、インドネシア2社）、その他ASEANで4社となっている。その他ASEANの国別撤退企業数は不明であるが、日系繊維企業が近年進出しているベトナムやラオス、ミャンマー、カンボジアであると推測される。こうした新興国に進出しても、日系繊維企業が海外現地法人を維持するのは、決して容易ではないことがわかる。

3．事例研究

　ここまで、統計データをもとに日系繊維企業の海外展開動向を見てきた。中国からの撤退が進む一方で、ASEANへの進出が増加していることがわかった。

　以上を踏まえて、ここからは、表5-4に示した日系縫製業者の事例研究を行う。特に、現在も中国に工場を有しつつ、ASEANでも事業を展開する企業を取り上げる。中国に進出した日系縫製業者は、現在に至るまで海外展開をどのように変化させてきたのか、そして、国内外でどのような生き残り策をとっ

表5-4　事例企業の概要

企業名	事業概要	国内従業員数	資本金(万円)	進出国
A社	高級婦人服の企画、製造、販売	96名	3,000	中国、ベトナム（委託）
B社	紳士服の企画、製造、販売	135名(グループ合計)	5,000	中国、ラオス、インドネシア、ベトナム（委託）、バングラデシュ（委託）
C社	婦人服・紳士服の企画、製造、販売	26名	1,000	中国、カンボジア
D社	紳士服・婦人服縫製	―	―	中国、ベトナム

資料：筆者作成。

てきたのかについてみてみよう。[9]

（1）A 社：中国拠点の縮小とベトナムへの生産委託[10]

①企業概要

A 社は、86 年に設立された、婦人服の OEM・ODM などを手掛ける企業である。キャリア向けを中心に、高品質なレディスアパレルの企画、デザイン、サンプル縫製、量産に至るまで、一貫して自社で行う点に強みを有している。

現在、自社工場を国内に 2 ヶ所、中国に 1 ヶ所を有し、ベトナムには、委託先工場を有している。現在、従業員数は、国内：96 名　海外：110 名である。

②中国への進出と縮小、ベトナムへの生産委託

A 社は、94 年に中国および韓国にて委託生産を開始する。

その後、99 年に中国遼寧省に合弁で自社工場を設立、2003 年には独資に変更した。中国工場では、日系の百貨店アパレル業からの受注が多かった。当時は生地や付属品を日本から輸出し、縫製する OEM を手掛けており、国内でも OEM を行っていた。同工場周辺では、人件費があまり上がらず、人材確保もしやすかったという。

中国工場のピークは 03 年頃で、従業員数は 400 名にまで増加した。当時、日本から技術者を 2 〜 3 名派遣していた。その後は、中国工場を 3 回移転し、現在の中国工場は、従業員数 110 名とピークに比べて大幅に縮小している。給与が 10 年前と比べて、17 年時点では倍以上にまで上がってしまっている。また、2003 年頃までは、人材確保は比較的容易であったが、17 年時点では募集しても人がなかなか集まらない状況にある。

同工場には、日本人スタッフが総責任者として常駐し、日本の生産管理、品質管理を徹底している。そのため、同工場の縫製技術や品質、管理レベルは高く、国内外の得意先から高い評価を得ている。

A 社は、その後、14 年にベトナムにて委託生産を開始した。委託先は、ベトナムのホーチミン市にある日本企業が管理している協力工場である。製品は、

9　編著者らの研究グループは、2015 年 8 月を皮切りに、合計 282 社の繊維企業・団体（2021 年 7 月末現在）にインタビューを実施済である。ここでは、これらインタビュー企業の中から、アジアに生産拠点を持つ縫製業者を抽出して事例研究を行った。

10　2017 年 8 月 7 日に代表取締役に対してインタビューを実施。

大ロット、低コスト品が中心で、年間 15 万〜 20 万着を生産している。

(2) B 社：中国拠点の縮小・撤退とラオス・インドネシア進出[11]

①企業概要

B 社は、63 年に設立された紳士服や婦人服の OEM を主体とした企業である。郊外型量販店や専門店、アパレル業を主な販売先としている。

当社は、いち早く中国へ進出した企業として知られている。現在、グループ企業を含め、中国に 7 社、ラオス 2 社、インドネシア 1 社の現地法人を有する。従業員数は、国内 135 名、中国工場 2,500 名、ラオス工場 1,000 名、インドネシア工場 600 名となっている。ベトナムとバングラデシュに協力工場も有する。

②中国への進出と縮小・撤退

B 社は、1970 年に韓国に進出したものの、オイルショックの影響により、1974 年に撤退した。その後、83 年にドイツのアパレル機器展示会を視察する。その岐路に、中国に立ち寄り、①人件費が日本の 20 分の 1 であること、②手先が器用、③若者が多く、人材の質がいいことを知り、衝撃を受ける。

そうした中、大手商社より湖北省黄石市を紹介され、いち早く中国へ進出する。創業以来培った技術、ノウハウの全てを投入し、1986 年に合弁会社を設立する。当初の従業員は、約 250 名で、合弁相手の中国側企業より移ってきた。

その後も B 社は、2004 年までに、中国に 12 の現地法人を設置する。現在、7 法人が存続し、残り 5 法人は、解散または撤退済みである。中国では現在、スーツを生産している。

87 年に設立した現地法人については、11 年に撤退。メンズスラックスを生産していたが、人件費の割合が高くなり、採算が取れない状態となった。そのため、91 年にベトナムに生産を移管している。

88 年に設立した現地法人については、90 年代には撤退。撤退理由は、進出先の市から縫製に詳しくない幹部が送り込まれることや、従業員のレベルがそれほど高くなかったためである。

金額ベースの生産比率は、11 年で中国 90%、ASEAN 南西アジア 10%だっ

11　2017 年 7 月 13 日に代表取締役に対してインタビューを実施。

たが、18年には中国60％、それ以外が40％となっている。[12]

③ラオスへの進出

ラオスには、08年に現地法人を設立し、レディーススーツの生産を開始（従業員数250名）。11年には、メンズドレスパンツを生産する第2工場を開業する（従業員数250名）。11年には、別の現地法人を立ち上げ、13年からメンズスーツと一部レディーススーツの生産を開始した（従業員数500名）。3工場のうち、二つは合弁で、もう一つは合弁から独資に切り替えている。いずれも同じラオス企業がパートナーである。

ラオスへの進出経緯は、カントリーリスクを考慮したことや、ラオス繊維協会に日本の大学を出た知人がいたことが大きい。

B社では、工場立ち上げ時から、中国人スタッフを工場に派遣し、技術指導を行った。そうしたこともあって、ラオス工場の製品品質は、相応の水準にある。しかしながら生産性は、中国工場より劣る。当初は、中国工場の半分以下だったが、現在は7割程度まできている。なお、生地は中国より調達している。

④インドネシアへの進出

インドネシアには、12年に現地法人を独資で設立し、13年より工場が稼働。16年には、第2工場も稼働している。従業員は、2工場で500名、レディース重衣料全般を手掛けている。

進出当初は、日本人と中国人が現地スタッフ30〜50人を3か月間指導した。人材に関する苦労はない。離職率が0％で、30人募集すると300人応募が来る。生産性は、今後上がると期待している。

生地は、ほとんど国外調達で、中国や台湾、日本などから調達している。

（3）C社：中国拠点の縮小・撤退とカンボジア進出[13]
①企業概要

C社は、婦人服および紳士服の製造業者である。企画からデザイン、製品製作からパッケージングまで一貫してワンストップで対応できる点が強みである。

海外に3工場（中国1工場、カンボジア2工場）を有しており、従業員数は、

12　アパレル工業新聞「2018AAPフォーラムパネルディスカッション　上」2018年9月1日第2面。
13　2017年6月30日に代表取締役に対してインタビューを実施。

カンボジアが 1,300 名、中国が 150 名である。

②中国への進出と縮小・撤退

当初は、中国、タイでの海外生産指導から開始したが、資本を投下せずに、技術指導を行うのは難しかった。そのため、自分で資本を投資すればうまくいくだろうと考え、90 年に合弁で中国江西省に工場を設置する。

江西工場は、当初 30 名の従業員で開始。150 名まで増加した段階で採算に乗り、92 年には独資に変更、従業員数も 700 名まで増加した。

その後は、中国拠点を早い段階で縮小する。91 年に設立した上海工場は、ピーク時の 600 名から、02 年の移転時には 200 名にまで縮小する。仕事はあったが、コストがあわなくなっていったためで、上海工場は 17 年に閉鎖した。

05 年には、江西工場も縮小した。将来、従業員の退職補償金が大変になるため、移転を機に縮小した。05 年に 500 名だった従業員は、現在 150 名にまで減少している。江西工場では現在、コートやジャケット、ドレスなどフルアイテムを生産しており、生産量は、月産 15,000 着で、レディースが 80%、メンズ 20% となっている。

③カンボジアへの進出

中国拠点の縮小・撤退と並行して、11 年にカンボジアに進出した。特恵関税国であることや、ベトナムの港や高速道路を用いれば、日本まで 10 日程度で輸送が可能である（上海は 3 日）など、地の利がある点が進出理由である。

12 年に第 1 工場を設立、15 年に第 2 工場を設立。両工場合わせて、従業員数 1,300 名の規模を誇り、いずれも独資である。第 1 工場では、レディススーツ・レディスボトムを、第 2 工場では、カジュアルウエア・レディススーツ・レディスボトムを生産している。生地は、中国やタイ、台湾から輸入している。

進出当時、中国系や韓国系の企業がすでに進出していたが、カットソーなど、軽衣料の生産が主であり、当社が扱う重衣料の生産は、難しい状況だった。そこで、当社では、中国拠点の人材を投入し、技術指導にあたらせた。当初は日本人も派遣した。また、大手商社に設備投資をしてもらい、ライン契約してもらうことで、初期投資負担の軽減と受注量の安定化に努めた。

従業員の平均年齢は、カンボジアが 21 歳、中国が 48 歳となっており、中国

拠点での従業員の高齢化が進んでいる。

（4）D社：中国拠点の縮小・撤退とベトナム進出[14]

①企業概要

当社は、メンズおよびレディースフルアイテムを製造している。パターン作成によるデザイン提案はもちろん、海外工場と輸出入を含め、自社で一貫して対応できる体制に強みを有している。

現在、国内5工場、海外3工場（中国1工場、ベトナム2工場）を有する。

②中国への進出

当社は、00年に中国に進出。90年代半ばより、百貨店アパレル業が中国への発注を開始。また、国内でも工賃引き下げ要請が強まったため、それに対応したもの。当初は、現地企業との合弁で、日本側が70％、中国側が30％を出資。その後、当社が97％出資に変更している。

従業員は、10名でスタート。進出後2年で黒字に転換し、その後3年ほどは、高い利益率を確保する。

人件費は、00年頃は、1万円／月だったが、現在は6万円／月にまで上昇。加えて、社会保険料の負担も増加している。

現在、中国拠点では、ハンドメイド仕様スーツ、ジャケットなど、比較的高級なものを製造している。生地の調達は、中国生地が多い。かなり高級なものはイタリアの生地を使う。

なお、中国では、05年に浙江省湖州市にも進出したが、10年に撤退している。同拠点では、カジュアルアイテムを製造した。当社ではそれまで、スーツ製造が中心であったため、カジュアルアイテム製造のノウハウがなかったことや、採算のいい製品の受注がうまく取れなかったこと、残業拒否やストライキなど、従業員の質もよくなかったことなどから、採算悪化を余儀なくされ、撤退に至った。

③ベトナムへの進出

97年には、ベトナムでの技術指導を開始。大手アパレル業からの受注増加にともなうもので、大手商社と組んでベトナムでの技術指導を10年まで行っ

14　2017年10月6日に代表取締役に対してインタビューを実施。

ていた。

　並行して、07年にカジュアルメンズ工場を現地に設立。従業員は約200名で、ダウンやトレンチコートなどフルアイテムを製造している。

　10年には、レディース向け工場を設立。従業員は、分工場200名と合わせて400名で、コートやワンピース、スカートなど、フルアイテムを製造。いずれも独資での進出であり、土地建物は賃借である。

　メンズ工場の投資回収は、既に終えている。レディース工場はもう少しかかる見通しである。カジュアルのモノ作りは、ベトナムのほうが、レベルが高い。

　現在、当社の販売先は、10～15％は日系以外となっている。10年前は0％であった。欧米アパレル業数社と取引があり、ベトナム工場で生産した製品を納品している。

　欧米アパレルとの取引拡大に向けて、当社では、大手アパレル業出身者で英語に堪能な人材を採用したり、パターンができる人材を確保したりしている。

4．考察：日系縫製業者による海外生産の変化

　以上、現在も中国に工場を有しつつ、ASEANで事業を展開する日系縫製業者4社の事例研究を行った。ここからは、事例研究を踏まえて、日系縫製業者による海外生産がどのように変化しているのか、みてみよう。

（1）中国生産の変化と課題

　2．でみたように、中国に進出した日系繊維企業の多くが中国からの撤退を余儀なくされている。そうしたなかで、事例企業の多くは、中国に自社の生産拠点を存続させている。

　事例企業はどのようにして中国拠点を存続させているのだろうか。事例企業における海外展開をみると、その多くが中国に設立した海外現地法人数を減らしたり、従業員数を減らしたりすることで、生産を縮小させている。特に、00年代に入り、縮小へと至っていることがわかる。

　A社の場合、1999年に中国遼寧省に合弁で自社工場を設立した。同工場の従業員数のピークは03年頃で、400名にまで増加した。現在は、従業員数110

名と大幅に縮小している。C 社は、中国拠点について、当初 30 名の従業員は、92 年には 700 名まで増加したが、現在 150 名にまで減少している。

　では、事例企業は、なぜ中国での生産を縮小しているのだろうか。その要因として、第一に、中国での人件費上昇が指摘できる。「給与が 10 年前と比べて、(17 年時点では) 倍以上にまで上がってしまった」(A 社) といった声に代表されるように、人件費の上昇が中国での生産縮小要因となっている。

　一方で、事例企業の生産縮小要因は、人件費上昇だけではない。第二の要因として、人材確保の困難が指摘できる。A 社が「03 年ごろまでは、人材確保は比較的容易であったが、現在では募集しても人がなかなか集まらない」と述べるように、中国では、現在の日本と同様、既に人材を確保することが困難になりつつあり、従業員の高齢化が進んでいる。中国では、繊維産業以外に、様々な産業が育っており、給与面などで魅力的な別の産業に人材が流れてしまっているのが現状である。こうした状況は、今後の中国拠点存続に際して、大きな課題となる。

　第三に、中国地場企業との競争が指摘できる[15]。本章で採り上げた事例企業にもみられるように、日系繊維企業は、90 年代以前に、中国地場企業への技術指導を積極的に行ってきた (藤井 1997、康上 2016、富澤 2018)。また、日本製機械の輸出による熟練労働の単純労働への分解が行われた (藤井 1997)。そして、中国地場企業は、日本などの機械を積極的に導入するとともに、大量生産による習熟効果を通じて、技術力を向上させてきた[16]。その結果、中国地場の繊維企業は、品質を向上させ、大きな成長を遂げる企業も現れている (藤井 1997、康上 2016)。日系繊維企業は、中国地場企業に対して、コスト面だけでなく、品質面での優位性をも喪失し、生産縮小を余儀なくされていると考える。

　このように、中国における生産縮小は、賃金コストの上昇だけでなく、人材確保の困難や、現地企業との集団間競争が要因として指摘できる。

　こうしたなか、事例企業のなかには、中国拠点での生産品目を変化させて

15　この点については、事例企業へのインタビューでは生産縮小要因として直接指摘されることはなかったが、藤井 (1997) や康上 (2016) などの先行研究や、他のインタビュー先からの情報を判断すると、中国での生産縮小要因になっているものと考える。

16　中国地場企業の成長過程については、康上 (2016) が詳しい。

いる企業もみられる。Ｂ社では、付加価値の低いスラックス製造をベトナムに移管する一方で、中国では付加価値の高いスーツを生産している。Ｃ社では、ロットの大きな製品の生産をカンボジアに移管する一方で、中国ではロットの小さい製品を生産する。中国での生産規模を縮小しつつ、生産品目を付加価値の高い小ロット品に変更することで、中国拠点の存続を図っている。

　以上のように、日系縫製業者は、中国拠点の生産規模を縮小したり、生産品目を変更したりすることで、なんとか中国拠点を存続させている。

　なお、人件費の上昇や人材確保の困難、現地企業との競合といった課題については、現在もまだ解決されていない。中国に進出した日系縫製業者は、現在もこうした課題に直面している。加えて、中国では、環境規制が強化されているため、現地での染色工程でネックを抱えているなど、新たな課題にも直面している。日系縫製業者がこうした課題にどのように対応していくのか、今後の動向が注目される。

(2) ASEAN 生産の現状と課題
①現状

　事例企業は、中国拠点で様々な課題に直面するなか、中国から撤退・縮小するのと並行して、ASEAN への進出を果たしている。

　事例企業が ASEAN に進出した理由をみると、中国での人件費の上昇や人材確保の困難など、中国での生産拡大が難しい状況にあることが指摘できる。また、中国集中によるカントリーリスクを考慮したという企業もみられる。

　ASEAN 進出時の特徴として、立ち上げ時の技術指導に中国拠点の人材を活用している点が興味深い。Ｂ社では、ラオスへの進出時に、日本人とともに、中国拠点から中国人を派遣して、3 か月間にわたり、30 ～ 50 人を指導している。Ｃ社でも、カンボジア拠点設立時は、日本人だけでなく、中国拠点の人材を投入し、技術指導にあたらせている。このことは、事例企業の中国拠点が日系縫製業者にとって、重要であることを意味している。

　事例企業は、ASEAN への進出後、現在に至るまで、ASEAN 拠点の規模を積極的に拡大している。Ｂ社は、ラオスに自社工場を 2 か所増設し、生産能力を拡大。インドネシアでも 2016 年に第二工場を開設し、生産能力を拡大し

ている。D社は、ベトナムに2007年にカジュアルメンズ工場を設立し、2010年には、レディース向け工場を設立するなど、現地での生産を拡大している。ASEANに進出した日系縫製企業は、中国での生産比率を縮小するとともに、ASEANでの生産比率を積極的に高めている。

　一方で、事例企業は、ASEANでの生産規模を拡大しつつも、自社投資と委託生産を使い分けるなど、初期投資を抑えようと努めている。B社の場合、ラオス、インドネシアには自社工場を設立しているものの、ベトナムでは委託契約やライン借りを活用することで、生産能力拡大を実現している。A社やD社も、自社での進出と生産委託を併用している。

　C社が「当社と同様に中国に進出した企業の多くは倒産・撤退した。現在も中国拠点を有する縫製業者がASEANにも進出している」と指摘するように、日系縫製企業で、中国拠点の撤退縮小を経て、ASEANに進出できた企業は、少数にとどまる。そして、ASEANに進出できた企業でも、初期投資を抑えることで、なんとか対応しているのが実態と考える。

　②課題

　事例企業は、ASEANでの生産において、多くの課題に直面している。

　第一に、現地での資材調達の難しさが指摘できる。ASEAN現地では、サプライチェーンの構築が十分ではなく、生地や副資材の現地調達が難しい状況にある。そのため、事例企業の多くが、中国などから生地や副資材を輸入調達することで、ASEANでの工場操業を可能にしている。

　第二に、中国拠点での生産と比較して、思ったほど生産コストが下がっていない。前述の通り、ASEANでは、一部の国・素材を除き、資材調達の多くを輸入に頼らざるをえない。また、近年、人件費が上昇している。加えて、ASEANでは「独身寮を設置したり、工場までバスを走らせたりする必要があるため、トータルのコストがかかる」（B社）ような国もある。さらに、「ラオス工場の製品品質は、相応の水準にある。しかしながら生産性は、中国工場より劣る」との言葉に代表されるように、ASEANに進出した事例企業にとって、現地での生産性向上が課題となっている。そのため、「中国、インドネシア、ラオスのコストは、あまり変わらない」（B社）との声もきかれるなど、思ったほど生産コストが下がっていない点が課題となっている。ASEANに進出し

た日系縫製業者は、自社中国拠点や中国地場企業との競争に直面しているといえる。

　第三に、現地人材の質の問題である。「カンボジア拠点の課題は、優秀な人材の確保が難しい点である。義務教育はあるが、学校に行かなかった人も多い」（C 社）といった国もみられる。そうしたなか、C 社では、工場で日本語やクメール語の講義を自社で行っている。こうした事例は興味深い。

　第四に、現地での競合である。ASEAN には、韓国系や台湾系、中国系の縫製業者が既に多数進出している。ASEAN に進出した日系縫製業者は、そうした企業と競合することになる。中国地場企業との競合などから ASEAN に進出した日系縫製業者は、ASEAN でも中国企業などと集団間競争を余儀なくされているのが現状といえる。

(3) 拠点間競争と共通課題

　ここまでみてきたように、事例企業は、中国での生産を縮小する一方で、ASEAN に進出し、その生産を年々拡大している。

　では、事例企業における中国と ASEAN の拠点間競争はどのようなものだろうか。全般的にみると、生産ロットや納期に応じて、生産拠点を使い分けている。「当社では、拠点ごとの使い分けを実施している。カンボジアは量産品、中国工場は少量品を生産している。当社生産量の80％がカンボジア、20％が中国」（C 社）との声に代表されるように、中国では、小ロットで短納期が求められる製品を生産し、ASEAN ではロットが大きく、納期に余裕がある製品を生産する傾向がみられる。4. (1) でみたように、事例企業は、中国での生産を縮小しているものの、相応のコストで小ロット・短納期対応が可能な拠点として、中国との関わりは欠かせないものとなっている。[17]

　品質については、中国と ASEAN で大きな違いがあるとの声はきかれなかった。「カンボジア工場の品質は、中国工場と比べても高い水準にある。JUKI 製の最新設備を投入していることがその要因である」（C 社）との声にみられるように、ASEAN では、最新設備を導入していることがそうした一因と

17　実際、中国から自社拠点を撤退した後も、中国企業への委託生産という形で、中国とのかかわりを継続している企業もみられる。

考える。

　中国拠点、ASEAN 拠点に共通する課題として、生産性の向上が指摘でき
る。前述の通り、中国拠点では、人件費の上昇や人材確保の問題などから、生
産性の向上が不可欠である。また、ASEAN 拠点においても、最新の設備が導
入されているものの、生産性は、中国拠点と比べると、まだまだ低い状況であ
る。品質確保のため、生産性をある程度犠牲にしているともいえる。中国拠点、
ASEAN 拠点ともに、今後は、生産性をいかにして向上させるか、工場の IoT
（モノのインターネット）化や自動化を含め、対策が求められる。[18]

（4）国内外における事業変革への取り組み

　事例企業は、生き残りをかけて、海外拠点の再編を行うとともに、日本国内
も含めた事業の変革に取り組んでいる。そうした方向性をみると、①新たな販
路の開拓、②企画など発注先機能の代替、の2点が確認できる。

①新たな販路の開拓

　第一に、事例企業は、国内外で新たな販売先の開拓を行っている。D 社では、
欧米企業の開拓に取り組んできた結果、現在、欧米アパレル業数社と取引があ
り、ベトナム工場で生産した製品を納品している。D 社では、欧米アパレル業
との取引拡大に向けて、英語が堪能な人材を確保している。また、パターンが
できる人材を確保している。

　日本国内において、セレクトショップなどの専門店を新たな取引先としてい
る事例企業もみられる。A 社は、販売先を従来の百貨店アパレル業から専門店
専門店アパレル業にシフトしている。

　自社ブランドやファクトリーブランドを開発した事例企業もいる。A 社では、
職人の技術・美意識・こだわりを凝縮させたファクトリーブランドを 16 年に
立ち上げている。縫製業者は、従来の百貨店アパレル業への依存から脱却する
ため、欧米アパレル業や専門店の開拓や、自社ブランドによる販売など、新た
な販路開拓に取り組んでいる。

18　ミシンメーカーの JUKI は、縫製機器見本市 JIAM で、自動機に加えパーツの供給や完成品の回収を行う自動搬送機も備えたポロシャツのスマート縫製ラインを提案。人員を 13 人から 4 人に減らしながら、一人当たりの生産枚数を 2.2 倍に増やすことが可能になったとしている（繊研新聞電子版「物作りの未来像とは③　脚光を浴びるミシンの IoT 化」2017 年 7 月 17 日）。

②企画など発注先機能の代替

第二に、企画提案機能を強化している。A社は、02年頃から企画提案型への変化を進めてきた。また、日本国内において、自社で展示会を開催し、自社の情報を発信したり、他社と協力した情報発信・収集を行ったりしている。

D社では、「欧米企業との取引では、素材の選定・提案やパターン作成など、デザインを形にするところから求められることが多い」ことから、パターンができる人材を日本国内に1名、ベトナムに1名の計2名確保している。

企画提案機能だけでなく、発注先であるアパレル業や専門店などが行う機能を代替する企業もみられた。B社は、発注先の物流機能を代替している。B社では、物流センターを有し、そこから大手郊外型量販店の各店舗に製品を直接発送している。

このように日系縫製業者は、国内外で企画提案機能を強化したり、物流機能を強化したりすることで、発注先機能の代替に取り組んでいる。このことは、発注先であるアパレル業や専門店の機能を取り込むことで、付加価値向上を図ろうとする垂直的集団間競争と位置付けることができる。縫製のみでは付加価値の確保が困難であることや、日系アパレル業の縫製加工管理・企画デザイン部門の縮小などが要因として指摘できるだろう。

5. 集団間・地域間競争に直面する日系縫製業者

本章の結論は、次の通りである。縫製業を含めた日系繊維企業の海外現地法人数は、減少傾向にある。中国からの撤退が増加する一方で、ベトナムやカンボジア、ラオスなどへの進出が進んでいるが、中国からの撤退数に比べて、その数は少ない。中国から撤退した日系繊維企業のうち、ASEANにも海外展開する余力を持ち合わせていた先は少数に過ぎないのが実情である。

こうしたなか、現在も中国に工場を有しつつ、ASEANで事業を展開する日系縫製業者は、中国において、人件費の上昇や人材確保の困難に加え、現地企業との集団間競争といった課題に直面している。そのため、生産規模を縮小したり、生産品目を変化させたりすることで、なんとか生産を継続している。

中国から撤退・縮小するのと並行して、ASEANへの進出を果たした事

例企業は、自社投資と委託生産を使い分けるなど、初期投資を抑えながら、ASEANで生産規模を拡大している。また、中国拠点とASEAN拠点をロットや納期などによって、使い分けている。ただし、事例企業は、ASEANにおいて、現地での資材調達や現地人材の質などに課題を抱えるため、生産コストの低減が進んでいないなど、中国との地域間競争に直面している。加えて、ASEANにおいても、現地に進出した韓国系や台湾系、中国系縫製業者との集団間競争を余儀なくされている。

　海外拠点をもつ日系縫製業者は、こうした海外拠点の再編を進めつつ、国内外で①新たな販路開拓、②企画など発注先機能の代替に取り組んでいる。特に、②は、発注先であるアパレル業や専門店の機能を取り込むことで、付加価値向上を図ろうとする垂直的集団間競争と位置付けることができる。

　本章の貢献として、近年、研究の少ない日系縫製業者の海外展開について、その現状と課題を明らかにしたことが指摘できる。一方で、本章で採り上げた事例は4事例にすぎない。一般化のためには、定量調査などさらなる調査が必要だろう。

〔付記〕本章は、丹下（2019）を大幅に加筆・編集したものである。丹下英明（2019）「海外に展開する日系繊維企業の現状と課題：日系縫製業者による国内外での事業展開を中心に」大阪経済大学中小企業・経営研究所『中小企業季報』2019年度第1号（通巻第189号）、pp.15-31。

参考文献
アパレル工業新聞「2018AAPフォーラムパネルディスカッション 上」2018年9月1日第2面。
大田康博（2018）「日本中小繊維企業の国際化過程における学習―海外出展を通じた輸出を中心に」『商工金融』第68巻第2号、pp.47-67。
加藤秀雄（2017）「日本アパレル産業における商社等の海外製品生産事業の分析」『埼玉学園大学紀要　経済経営篇』第17号、pp.27-40。
経済産業省「海外事業活動基本調査」各年版。
康上賢淑（2016）『東アジアの繊維・アパレル産業研究』日本僑報社。
繊研新聞電子版「物作りの未来像とは③脚光を浴びるミシンのIoT化」2017年7月17日。
丹下英明（2016）『中小企業の国際経営―市場開拓と撤退にみる海外事業の変革』同友館。
東洋経済新報社『海外進出企業総覧［国別編］』各年版。
富澤修身（2018）「戦後における衣服縫製業の変遷―標準作業と中国移転を念頭に」『経営研究』第69

　巻第 1 号、pp.1-41。

藤井光男（1997）「日本アパレル・縫製産業の新展開」島田克美・藤井光男・小林英夫（1997）『現代
　アジアの産業発展と国際分業』ミネルヴァ書房。

本木弘悌・上野和彦（2001）「中国における日系繊維企業の立地展開」『東京学芸大学紀要．第 3 部門，
　社会科学』第 52 集、pp.1-11。

第6章

生産の海外化にともなう集団間競争と
自社工場のジレンマ

海外の縫製・加工工程をめぐる集団間競争と地域間競争

奥山雅之

1. 何が日系工場を苦しめるのか

　20世紀半ばからの地域間の生産ネットワークによって特徴づけられる急速なグローバル化の進展は、様々な産業分野での地域間分業（フラグメンテーション）をもたらしており、各産業では川上から川下までのグローバル・バリュー・チェーン（GVC）をいかに構築するかが大きな課題となっている。日本企業の繊維・アパレル産業の縫製・加工工程においては、1960年代後半の韓国、台湾への進出からはじまり（中込1975、藤井1997）、中国の改革・開放政策にともない1990年前後から中国への合弁工場の設立が本格化し、その中で総合商社も縫製・加工工程に積極的に参入するなど、GVCの構造は大きく変化した（加藤2017）。主な海外自社工場の担い手は、アパレル業、商社（総合商社・専門商社）、紡績業・化合繊メーカーなどの原糸メーカー、縫製・加工業であり、前三者は垂直的直接投資、縫製・加工業は水平的直接投資の形態をとる。ただし、これらは、アパレル業、商社（総合商社・専門商社）、原糸メーカー、縫製・加工業が共同出資したり、商社が出資した工場に縫製・加工業が技術指導にあたったりするなど、それぞれの集団が別々に実施するものだけでなく、集団間の協調によって実施されたものも少なくない。[1]しかし、これらを俯瞰すれば、各集団の主目的は、東アジア、特に中国国内における縫製・加工工程をめぐる主導権の獲得にあり、海外の縫製・加工工程という「機

1　これは、多くのアパレル業とは異なり商社が縫製・加工技術を有していないことによる。

能」をめぐる集団間競争と捉えることができよう。

　一方、こうした日本資本の集団間競争を尻目に、2000年代以降、中国をは
じめとする東アジアの現地資本企業が縫製・加工工程を担うようになる。日本
からの技術指導や日系工場勤務経験者の人材移動を背景とした知識のスピル
オーバー（伝播）によって現地資本工場の技術水準が向上し、日系自社工場[2]
と現地資本工場が代替的となった。この頃から日系自社工場の撤退が増加し、
現地資本工場への委託（製造ラインの年間契約を含む）に移行した。もちろん、
委託化そのものが集団間競争の優劣ではなく、戦略的に他集団を支配し、活
用することで自らの付加価値を高めることも可能である。しかし、日本の各集
団への影響は日系自社工場の撤退にとどまらず、アパレル業や縫製・加工業の
廃業、日本の繊維・アパレル産業の縮小をみると、現地資本企業との集団間競
争の中で日本資本の各集団が劣位に追いやられていることに疑いの余地はない。
なぜ日系自社工場は撤退に追い込まれ、現地資本工場への委託に移行したので
あろうか。地域間分業としての現地化だけでなく現地企業化、すなわち企業間
分業までも変化するのか。多くの企業はこの理由を「労働費が上昇した」とす
るが、労働費の上昇は現地資本工場でも事情は同じである。「現地資本工場が
レベルアップして、委託でも遜色なくなった」との理由を挙げる企業もあるが、
自社工場と現地資本工場とが代替的であることは、こうした変化の必要条件で
はあるものの十分条件ではない。また日本とアジア諸国との商慣習の違いによ
るトラブルや合弁工場の契約満期も撤退の要因の一部であるが、要因の全部で
はない。

　ここで取り上げる自社工場か現地資本工場かという問題は、自社工場を保有
した側からの視点では、基本的には経済学における「市場か、組織か」という
命題の一部である。自社工場は取引費用の節約や連結の経済のメリットを享受
できる（宮澤 1988）が、組織的な柔軟性の欠如につながる（Scott 1988）。ま
た、生産工程の一部の海外化は有利な価格、品質、供給企業の多様化などが促
進要因となり（Quintens 2006）、安価な資源を利用することで低コスト生産を
可能にする。一方、距離の摩擦が大きいなかでの現地資本工場への委託生産
（市場取引）では、取引費用は無視できない（Malmberg & Maskell 2002）。こ

2　ここで（日系）自社工場とは、基本的には日系企業が過半を出資している現地工場をさす。

うした動きをサプライチェーンやバリューチェーンで分析することもできる。
Gereffi *et al.*（2005）は、GVC の統治類型を提示し、アパレル業ではサプライ
ヤーの能力向上により、核となる企業が特定のサプライヤーを取りまとめる拘
束型から、業務を一括請け負う「ターンキーサプライヤー」を介するモジュ
ラー型へと移行していると指摘した。しかし、この移行はただちに自社工場の
撤退を意味しない。

　第三国での生産様態については Dunning（1981）の OLI（所有特殊的優位、
立地特殊的優位、内部化インセンティブ）フレームワークが有用である。た
だし、この理論は折衷的であり、所有特殊的優位や内部化インセンティブが各
場面で具体的にどのように規定されるのかは必ずしも明確でない。同じ地域
（中国）における自社工場から現地資本工場への移行を理論的に分析するため
には、立地特殊的優位が存在するアジアにおける自社工場の存立条件に影響す
る具体的かつ実務的な問題の抽出が欠かせない。

　本章では、こうした問題意識に基づき、日系海外工場の撤退、現地資本企
業への移行という競争を取り上げる。この競争は、3 つの競争の次元に分割し
て理解することができる。第一に、海外への生産機能の移転は、日本と海外諸
国・地域との地域間競争の次元である。第二には、繊維・アパレル産業の各集
団において、縫製・加工工程という機能を獲得しようとする垂直的集団間競争
の次元である。そして第三には、主に 2000 年以降に発生した、アパレル業だ
けでなく紡績業・化合繊メーカーや商社を含めた日系自社工場の撤退、生産の
中心が現地資本工場へと置き換わる現象であり、本章の主たる考察の対象であ
る。これは、縫製・加工工程をめぐる日系資本の企業集団と、現地資本の企業
集団との縫製・加工工程をめぐる水平的集団間競争の所産であると捉えること
ができる。この水平的集団間競争において、何が要因で現地資本企業集団の競
争優位、日系企業集団の競争劣位が規定されたのであろうか。本章では、垂直
的直接投資による縫製・加工工程の海外化を取り上げ、繊維・アパレル産業の
縫製・加工工程における日本とアジアとの地域間競争にともない発生した、日

系自社工場の現地資本工場に対する競争劣位要因として、海外自社工場特有の問題としての「自社工場のジレンマ」を検討する。

2. 業態別海外進出・撤退の状況

　ここでは、垂直的直接投資によって縫製・加工工程を海外化する企業群・集団としてアパレル業、専門商社、総合商社および原糸メーカーを取り上げ、それぞれの海外進出および撤退の状況を整理する。東洋経済新報社『海外進出企業総覧』を時系列に整理して作成した縫製・加工業における海外工場（製造子会社・関連会社）の進出・撤退状況をもとに、その進出・撤退を一定の基準で6つのタイプに類型化する。タイプ1は撤退の一方、別の海外分工場を新設した「スクラップ・アンド・ビルド」、タイプ2は撤退がなく海外分工場を新設した「拡大」、タイプ3は撤退がなく海外分工場を継続している「継続」、タイプ4は、撤退はあるが新設はなく、海外分工場を集約している「集約」、タイプ5は一度すべての海外分工場を撤退したが、再び進出した「撤退・再進出」、タイプ6はすべての海外分工場を撤退した「撤退」である。

(1) アパレル業

　衣類の製造卸売業あるいは小売業に関わる一連の産業およびその取扱商品が「アパレル」と呼ばれ、この言葉が一般的になったのは 1972 年頃からといわれる（中込 1977）。「アパレル」を企画・製造・販売するアパレル業の本格的な成立もこの時期であった。[4]こうした企画・デザインから小売までのサプライチェーンにおいて中心的役割を果たしたのがアパレル業であり、この点、木下（2009）は「企画・設計と生産管理を含めた生産体制構築、百貨店をはじめとする小売業者への全国的な販売体制、直接消費者に対するブランド構築において主導的な役割を果たし」たとしている。また、これを支えたのは 1960 年代

4　一般的に、実際の工場を自社で所有せず、企画・デザインを主体とする企業を「ファブレスメーカー」として製造業に位置づける場合もある。このように「メーカー」「製造業」という言葉の持つ意味は多様であるが、アパレル業が現時点では工場を自社で保有するケースが少ないことを鑑み、ここでは卸売業の一類型として「アパレル業」と表記することとしたい。アパレル業における上場企業の業種別分類をみると、そのほとんどが卸売業に分類される。

から1970年代にかけてのJIS（日本産業規格）による既製服の規格化であった。これは、製品やメーカーが異なっていても利用できるといった利便性を消費者に付与し、大量生産・大量販売を特徴とするサプライチェーンの存立条件を構成した。

　アパレル業の縫製・加工工程における海外進出状況をみると、早くは1970年代前半に韓国への進出がみられ、1980年代以降は台湾、香港経由での中国

表6-1　アパレル業における海外工場の進出・撤退状況

番号	本社	進出国	設立年	00年	10年	17年
\【タイプ1：4社\】スクラップ・アンド・ビルド：撤退の一方、新設						
1	東京	中国	1991	240	○	○
	東京	中国	1993	300	○	×
	東京	中国	1995	○	×	
	東京	ベトナム	1995	50	×	
	東京	ベトナム	1995	320	○	○
2	東京	中国	1996	710	1275	580
	東京	中国	2001		353	200
	東京	中国	2001		158	199
	東京	中国	2002		47	×
3	東京	中国	1993	224	234	×
	東京	中国	1994	220	459	×
	東京	中国	1996	○	○	×
	東京	中国	2008		○	○
4	東京	台湾	1988	107	168	124
	東京	中国	1993	678	708	×
	東京	中国	1995	138	×	
	東京	韓国	2001		59	43
	東京	中国	2002		430	×
	東京	中国	2013			63
	東京	カンボジア	2013			5

番号	本社	進出国	設立年	00年	10年	17年
\【タイプ4：2社\】集約：新設はなく、海外分工場を集約						
5	東京	韓国	1973	595	×	
	東京	台湾	1988	176	×	
	東京	中国	1994	180	270	208
	東京	中国	1995	674	×	
	東京	香港※	1986	85	370	370
6	東京	タイ	1982	○	575	×
	東京	台湾	1983	○	280	200
	東京	中国	1989	307		
	東京	中国	1990	252	186	70
	東京	中国	1990	307	×	
	東京	中国	1991	158	×	
	東京	中国	1992	288	196	×
	東京	中国	1994	208	×	
	東京	中国	1995	422	354	×
	東京	中国	1995	1046	852	×
	東京	中国	1995	204	×	
	東京	中国	1996	146	238	×
	東京	中国	1996	252	×	
	東京	中国	1996	216	×	
	東京	中国	1996	248	×	
\【タイプ6：2社\】撤退：すべての海外分工場を撤退						
7	東京	韓国	1985	○	×	
	東京	韓国	1988	263	×	
	東京	韓国	1989	○	×	
8	東京	香港	1986	70	30	×
	東京	韓国	1988	250	382	×

注：1）製造拠点（工場）のみ掲載。調査年は2000年、2010年および2017年。※は、生産は中国。
　　2）各年の欄の数字は各工場の従業員数、○は掲載あり・従業員数不明、×は掲載から非掲載になったことを指す。工場設立前あるいは掲載前の年、×の後年は空白・網掛けとしている。2017年については、各企業のホームページなどで情報を補足している。△は自社工場の形態ではなくなったと推測されるものである。
　　3）出所資料は、各調査年において回答した企業かつ2か所以上の海外拠点（工場以外を含む）を有する企業を掲載しているため、この表はすべての企業、海外工場を網羅していない。
資料：東洋経済新報社『【会社別編】海外進出企業総覧』各年版より作成。

本土、さらには中国本土への直接進出が増加する。アパレル業の海外進出が急増するのは、序章でみたアパレル業を含む卸売業の販売額が急拡大する 1990年から 2000 年にかけてであり、その進出先は圧倒的に中国が多い。アパレル業の多くは国内に自社工場を有していたが、商社と一緒に海外工場を設立、技術指導はアパレルの縫製工場経験者が主に実施した。ただし、この時期の海外進出の一義的な理由は、コストダウンではなく需要拡大、国内の労働者不足であったとされる。各地方に展開した縫製・加工工場も、他産業の地方進出によって人材を奪われた。縫製・加工工場は賃金が比較的安く、人材獲得競争で劣位となるからである。こうしたなか、各社は急拡大する需要に応えるため、中国への工場新設を進めたと推測できる。

　しかし、2000 年以降、その状況は一変、海外自社工場の撤退が相次ぐ。この時期は、総合商社や専門商社が海外工場を組織化し、OEM・ODM を本格化させた時期と重なる。この時期に国内では、商店街の専門店が衰退、百貨店の委託販売、消化仕入により、実質的な販売活動はアパレル業が担うようになった。全体の経営資源配分の中で販売を重視せざるを得なくなったアパレル業は、縫製・加工工程や生産管理だけでなく、デザインをも外部化することとなった。OEM は、そうしたアパレル業の経営資源配分の変更で手薄になった縫製・加工工程や生産管理機能を補完した。これに加えて ODM は、企画さえ持ち込めばデザインから一貫して外注によって生産活動が完結することでデザイン外部化の受け皿として機能した。在庫最小化の要請、生地の制約のなかで、デザイナーの自由裁量が狭まったことも ODM に拍車をかけた。

　資料によって 2000 年、2010 年および 2017 年において海外進出が確認できた 8 社のうち、タイプ 1 の「スクラップ・アンド・ビルド」は 4 社、タイプ 4 の「集約」は 2 社、タイプ 6 の「撤退」は 2 社となった（表 6 - 1）。タイプ 2 の「拡大」、タイプ 3 の「継続」、およびタイプ 5 の「撤退・再進出」の企業はなかった。たとえば、表中の番号 6（集約）の企業は、2000 年には中国を中心に 15 もの海外拠点を展開していたが、2017 年には 2 拠点にまで集約が進み、従業員数も縮小している。

(2) 商社（総合商社・専門商社）

　総合商社とは、単一の分野を専門的に取り扱う専門商社に対し、幅広い分野を取り扱う商社をいう。江戸時代に源流を持つ財閥系の三井物産、三菱商事、財閥系だが戦後スタートの住友商事などのほか、綿花の輸入および綿製品の輸出を大阪で担った「関西五綿」、すなわち伊藤忠商事、丸紅、双日、豊田通商、兼松がこれにあたる。総合商社が台頭した19世紀には、国際的な取引のシステム構築には多大な時間とコストがかかったため、総合商社がこうした一般貿易・卸売業務に必要なネットワークを構築し、日本の各企業に安価なマージンで貿易業務を提供した。こうして、総合商社は日本企業にネットワーク外部性をもたらした（橋本 1998）。また、人材の有効活用のため、取扱分野の総合化が進められた（森川 1976）。

　対して専門商社は、繊維・アパレル分野を中心として商品を取り扱う商社である。専門商社も長い歴史を持ち、繊維産地と結びつきながら事業を拡大した。創業1751年のタキヒヨーは、京都で修行を積んで愛知県に戻り、京呉服および地場の絹織物の卸として開業した。豊島の創業は1841年、綿産地であった尾張にて、生産農家から綿を買い集めて問屋へと持ち込む仲買人としてスタートし、明治初期には洋糸（輸入糸）を扱う常設店舗を一宮に構え、業容を拡大していった。瀧定は創業1864年で、愛知県で呉服太物卸商として独立開業した[5]。1893年に綿糸商八木商店として大阪で開業したヤギは、のちに総合商社となった「関西五綿」に次ぐ「船場八社」のうちの1社である。

　繊維・アパレル産業においては、ビジネスに商社が深く介在する必然性があった。それは、第一に、この分野特有の複雑かつ細分化された分業体制、第二には、海外との貿易の必要性である。国内では、その分業体制をつなぐ仲介機能だけでなく、長い資金循環に必要な金融機能の提供が商社のビジネスの機会となった。通常、原料から製品までの期間は180日ないし240日と長期にわたり、その間の運転資金需要に応えるべく、資金のバッファを提供したのは総合商社であった。海外との貿易においては、1970年代までは当該分野では原料輸入、製品輸出を主体としていた。総合商社のNM社[6]によれば、商社の輸

5　太物とは、綿織物や麻織物のこと。絹織物に対して綿織物や麻織物を太物類と呼んだ。
6　2016年12月12日に実施したNM社（部門責任者）への非構造化インタビューによる。

出ビジネスは、もともとは産地商社から最終製品を仕入れて海外に輸出することであった。「産地の商社は貿易のノウハウがなく、決済や資金についてもバッファが必要であり、総合商社の強みが活かせるビジネスであった」という。こうして、商社は、取引のマッチング機能と金融機能を発揮し、糸、生地、商品のあらゆる取引に介在するようになった。

　商社の繊維・アパレル分野のビジネスに大きな変化がみられたのは 1970 年代以降である。日本の輸出において機械産業が主力となるなか、貿易摩擦や円高を背景として、製品輸出は縮小、国内需要の高まりも背景としながら、商社にとって繊維・アパレル分野のビジネスは、製品輸出中心から製品輸入中心へと急転換した。[7]

　では、こうした商社が海外に縫製工場を保有する意義は何であったのか。集団間競争の視点からみると、次の 2 点に集約される。

　第一には、生産ネットワークの構築による生地から縫製までの一貫生産機能を備えるためである。国内生産においては、仲介機能や金融機能によって付加価値を獲得できたが、それは確固たるものではなかった。国内であれば、アパレル業が自社工場あるいは直接縫製工場を下請として組織し、商社の機能を限定することも可能であったからである。一方、海外では貿易ノウハウという商社、特に総合商社の優位性を発揮できる。商社の縫製・加工工程をめぐる集団間競争の焦点は、そうした強みを発揮しながら、海外、特に中国の大量生産の織物工場などとも結びついて、アパレル業の持つ生産管理機能を代替しようとするものであった。総合商社 MB 社によれば、1990 年代、中国にミシンや生地を持ち込んだという。[8]また、前述の MN 社によれば、中国の織物が国内の品質と比べて遜色がなくなったのは 1990 年半ばからといい、「中国の織物工場は大量生産で安価、1 社で国内有数の綿織物産地を超える生産量があるケースもある」という。[9]

　第二には、欧米市場へのアプローチに際して「メーカー化」が必要であったことである。特に総合商社は、日本だけでなく、欧米のアパレル業の OEM も請け負うのが特徴である。ある総合商社の場合、2010 年代半ばにおいて日

表６－２　総合商社における海外工場の進出・撤退状況

番号	本社	進出国	設立年	00年	10年	17年
【タイプ1：5社】スクラップ・アンド・ビルド：撤退の一方、新設						
11	大阪	中国	1991	154	×	
	大阪	中国	1994	427	×	
	大阪	ベトナム	1997	163	978	1382
	大阪	ベトナム	2007		330	615
12	愛知	フィリピン	1974	845	×	
	愛知	香港	1992	444	×	
	愛知	中国	1994	○	○	196
	愛知	ベトナム	2011			462
13	東京	中国	1992	140	280	×
	東京	中国	1992	227	×	
	東京	フィリピン	1992	458	×	
	東京	中国	1993	215	×	
	東京	中国	1993	433	582	○
	東京	中国	1993	131	×	
	東京	中国	1993	220	×	
	東京	中国	1993	65	×	
	東京	中国	1993	535	382	×
	東京	ベトナム	1993	250	○	○
	東京	中国	1994	269	×	
	東京	中国	1994	279	466	×
	東京	中国	1995	189	×	
	東京	中国	1995	217	×	
	東京	中国	1995	512	×	
	東京	中国	1995	341	×	
	東京	中国	1996	520	×	
	東京	中国	1996	89	×	
	東京	中国	1997	200	200	○
	東京	中国	1997	200	150	×
	東京	中国	1997	470	970	1136
	東京	ベトナム	1997	116	539	950
	東京	ミャンマー	2002			○
	東京	中国	2011			○
14	東京	香港	1986	○	58	37
	東京	中国	1988	307	×	
	東京	中国	1993	569	×	
	東京	中国	1996	597	1127	×
	東京	中国	2002		43	58
	東京	中国	2006			247
	東京	中国	2006		822	805
15	大阪	中国	1991	835	×	
	大阪	中国	1993	○	358	○
	大阪	中国	1993	○	584	○
	大阪	中国	1993	160	270	×
	大阪	タイ	1993	140	×	
	大阪	中国	1995	○	591	×
	大阪	中国	1995	200	235	×
	大阪	中国	1995	131	233	×
	大阪	中国	1995	320	227	○
	大阪	中国	1995	522	×	
	大阪	中国	1996	○	254	×
	大阪	中国	1996	200	280	○
	大阪	ベトナム	1996	360	517	○
	大阪	インドネシア	2001		282	○
	大阪	中国	2003		311	○
	大阪	ベトナム	2017			○
	大阪	ミャンマー	2017			○

番号	本社	進出国	設立年	00年	10年	17年
【タイプ2：1社】拡大：撤退はなく、海外分工場を新設						
16	大阪	ベトナム	2011			○
【タイプ4：1社】集約：新設はなく、海外分工場を集約						
17	東京	中国	1987	150	×	
	東京	インドネシア	1990	66	×	
	東京	インドネシア	1991	296	×	
	東京	インドネシア	1991	470	×	
	東京	インドネシア	1992	338	×	
	東京	ベトナム	1996	271	409	433
【タイプ6：6社】撤退：すべての海外分工場を撤退						
18	東京	香港	1988	504	×	
	東京	中国	1990	333	×	
	東京	中国	1990	183	×	
	東京	中国	1990	190	×	
	東京	香港	1990	442	820	×
	東京	中国	1992	399	467	×
	東京	中国	1993	288	×	
	東京	中国	1993	226	×	
	東京	香港	1995	33	×	
19	大阪	中国	1988	598	×	
	大阪	中国	1989	140	×	
	大阪	中国	1992	146	×	
	大阪	中国	1993	400	×	
	大阪	中国	1993	227	×	
	大阪	中国	1995	252	×	
	大阪	中国	1996	405	×	
	大阪	中国	1996	335	×	
20	東京	中国	1992	500	×	
	東京	中国	1993	140	×	
21	東京	インドネシア	1990	621	560	△
22	東京	中国	1996	339	×	
	東京	中国	1996	120	×	
23	東京	中国	1993	380	×	

注：表６－１に同じ。
資料：東洋経済新報社『【会社別編】海外進出企業総覧』各年版より作成。

本向けは 40％程度、欧州アパレル業向けが約 50％、アジアアパレル業向けが 10％程度であるという。欧米アパレル業からは、商社は単なる仲介業者であるとみなされ、取引に応じてもらうためには、工場を保有あるいは保有に準じる強い結びつきを構築せざるを得ない。総合商社は、機械も取り扱うという総合性を活かして、中国の合弁工場にミシンなどを供与し、ラインを押さえる方法も多用し、工場との結びつきを強めていった。

　総合商社の縫製・加工工程における海外進出状況をみると、2000 年時点ではアパレル業と同様、かなりの商社系列の工場が中国に立地し、すでに韓国や台湾への海外進出をほとんどみることができなくなっている（表6－2）。しかし、2010 年には、これもアパレル業と同様に、1990 年代に設立した海外工場の多くは撤退した。2017 年までの状況では、13 社のうち、タイプ6の「撤退」が6社、タイプ1の「スクラップ・アンド・ビルド」が5社、そのほかはタイプ2の「拡大」、タイプ4の「集約」がそれぞれ1社である。タイプ3の「継続」とタイプ5の「撤退・再進出」の企業はなかった。進出・撤退状況においてアパレル業と大きく異なる特徴は、総合商社は 2000 年以降、中国から撤退しつつ、2010 年からのいわゆる「チャイナ・プラスワン」に積極的に対

表6－3　専門商社における海外工場の進出・撤退状況

番号	本社	進出国	設立年	00年	10年	17年	番号	本社	進出国	設立年	00年	10年	17年
【タイプ1:3社】スクラップ・アンド・ビルド:撤退の一方、新設							【タイプ4:1社】集約:新設はなく、海外分工場を集約						
31	大阪	中国	1990	358	57	129	34	大阪	中国	1995	○	230	242
	大阪	中国	1992	246	295	×		大阪	カンボジア	2012			110
	大阪	中国	1993	160	×		【タイプ6:5社】撤退:すべての海外分工場を撤退						
	大阪	中国	2002		308	286	35	大阪	中国	1995	○	360	×
	大阪	中国	2003		30	16	36	大阪	中国	1994	○	1050	×
32	大阪	タイ	1989	220	×			大阪	中国	1999	140	×	
	大阪	中国	1993	850	578	○		大阪	中国	2001		○	×
	大阪	中国	1996	300	469	○	37	大阪	スリランカ	1978	850	600	×
	大阪	ラオス	2008		500	○	38	愛知	中国	1992	359	×	
	大阪	ベトナム	2017			○	39	愛知	中国	1983	156	×	
33	東京	中国	1991	510	×			愛知	中国	1988	225	×	
	東京	中国	1994	500	×			愛知	タイ	1995	260	×	
	東京	香港	1994	450	×								
	東京	中国	1995	210	230	×							
	東京	中国	1995	120	265	×							
	東京	中国	1995	78	×								
	東京	中国	1996	180	292	230							
	東京	中国	1996	252	238	×							
	東京	中国	2006		131	×							

注:表6－1に同じ。原糸メーカー系商社を除く。
資料:東洋経済新報社『【会社別編】海外進出企業総覧』各年版より作成。

応し、東南アジアなどに積極的に進出したことである。

　一方、専門商社の強みは、国内の生地産地と深く結びつき、国内の生地を手当てできることである。アパレル業が自社で生地を別注品として発注し、それを使用すれば、基本的には製品リスクだけでなく、生地のリスクも負うことになる。このとき、生地を商社仕様で共通化すれば、在庫負担は相対的に少なくなる。こうした専門商社が海外に縫製・加工工程を保有する場合、前述の強みを発揮できるのは国内生地を持ち込んで海外で縫製・加工する方式である。

　2000 年代以降の専門商社の縫製・加工工程における海外進出状況をみると、9 社のうち、タイプ 6 の「撤退」が最も多く 5 社、次いでタイプ 1 の「スクラップ・アンド・ビルド」が 3 社、タイプ 4 の「集約」が 1 社となっており、タイプ 2 の「拡大」、タイプ 3 の「継続」、およびタイプ 5 の「撤退・再進出」の企業はなかった。総合商社と比べて撤退の割合が高い。生地の海外供給が拡大し、国内生地という専門商社の強みが海外生産において発揮しにくくなっていることが影響していると推測される（表 6 - 3）。

表6－4　原糸メーカーおよびその系列商社における海外工場の進出・撤退状況

番号	本社	進出国	設立年	00 年	10 年	17 年	番号	本社	進出国	設立年	00 年	10 年	17 年
【タイプ1：2社】スクラップ・アンド・ビルド：撤退の一方、新設							【タイプ4：2社】集約：新設はなく、海外分工場を集約						
41	大阪	インドネシア	1990	1391	○	636	47	愛知	中国	1996	520	○	×
	大阪	中国	1995	634	○	187		愛知	中国	1997	470	970	1136
	大阪	中国	2006		○	28	48	大阪	インドネシア	1994	235	×	
	東京	中国	2000		○	△		大阪	中国	1996	130	300	65
	東京	中国	2005		○	△	【タイプ6：6社】撤退：すべての海外分工場を撤退						
42	東京	インドネシア	1992	413	×		49	和歌山	中国	1983	○	××	
	東京	インドネシア	1992	414	×		50	大阪	中国	1992	177	△	
	東京	ベトナム	2001		499	450	51	大阪	韓国	1970	1024	×	
【タイプ2：4社】拡大：撤退はなく、海外分工場を新設								大阪	中国	1995	674	×	
43	東京	中国	2001		○	210	52	大阪	中国	1989	195	×	
	東京	タイ	2001		○	253		大阪	中国	1992	310	×	
44	大阪	ベトナム	1997	140	235	311	53	大阪	香港	1963	277	×	
	大阪	インドネシア	2016			○		大阪	香港	1989	1874	△	
	大阪	インドネシア	1994	840	○	○		大阪	インドネシア	1993	623	×	
	大阪	インドネシア	1996	432	○	○		大阪	中国	1995	400	×	
	大阪	インドネシア	2013			○	54	東京	インドネシア	1992	252	×	
45	大阪	インドネシア	1990	246	○	○							
	大阪	中国	2002		249	○							
46	東京	インド	2011			661	注：表6－1に同じ。						
	東京	インドネシア	2002		175	○	資料：東洋経済新報社『【会社別編】海外進出企業総覧』各年版より作成。						

（3）原糸メーカー系

　江戸末期から明治初期にかけて、日本の産業の近代化を先導したのが紡績であったのは周知のとおりである。日本最初の洋式紡績工場である鹿児島紡績所を嚆矢として、1880年代に大阪を中心に次々に近代紡績工場が設立された。1910年代には東洋紡績、大日本紡績、鐘淵紡績の三大紡績が大規模化する。その後、化学繊維・合成繊維の登場によって化合繊メーカーが台頭し、紡績業とともに原糸メーカーとして「繊維・アパレル産業」の原料基盤を担うことになった。

　1980年代以降の原糸メーカーにおける縫製・加工工程の海外進出は、本業である紡績や紡糸など原糸の生産の海外化と不可分の関係にある。1990年代以降、中国本土進出に先行した韓国、やがて台湾資本の原糸メーカー・織物業に対抗すべく、日本の原糸メーカーは、長繊維・短繊維含めて海外に生産拠点を設置し、原糸や織染だけでなく、縫製工場を設置し、一貫生産体制を整えていった。また、原糸メーカーでは、子会社で商社を保有し、アパレル業向けOEM・ODMを展開している企業も少なくない。こうしたケースでは、前述の商社と同等にOEM・ODMに必要な海外の生産ネットワークを構築する狙いがある。

　2000年代以降の原糸メーカーの縫製・加工工程における海外進出・撤退状況をみると、14社のうち、タイプ6の「撤退」が6社と最も多いが、これに続くのはタイプ2の「拡大」（4社）である。次いで、タイプ1の「スクラップ・アンド・ビルド」、タイプ4の「集約」がともに2社となっている（表6-4）。タイプ3の「継続」およびタイプ5の「撤退・再進出」の企業はなかった。

3．自社工場の進出・撤退事例

（1）アパレル業

　アパレル業AR社（東京）は、大阪で衣料品を手がける商社として創業し、百貨店を主たる販売ルートとして、1960年代よりテレビコマーシャルを積極的に展開して知名度を上げるとともに、欧米のブランドを積極的に導入して売

上を拡大、1990 年頃にはアパレル業として世界最大の売上高となったといわれている[10]。しかし、バブル崩壊後、過大投資と売上低迷に苦しみ、単独での事業継続が困難となった。AR 社は関係会社で国内工場も有しており、これらは主に百貨店向け商品、海外工場は主に GMS（総合スーパー）向け商品と棲み分けを図っていた。海外生産比率は 6 割強と、アパレル業の中では高くない。

　AR 社は前述の進出・撤退状況ではタイプ 1 の「スクラップ・アンド・ビルド」に相当する。中国への進出は 1993 年から、はじめは布帛製品と靴下からスタートした。当初の目的はコストダウンではなく人材不足への対応であったという。しかし、徐々に現地工場の技術レベルアップもあり、「自社工場が相対的に重荷になっていった」という。海外の自社工場は、「結局は日本人が常駐しているのでその分コストアップになる」と指摘する。さらに自社工場は、発注元である親企業の指示だけを聞いていればよいという雰囲気があり、自ら技術力を向上させるインセンティブの欠如がみられたようである。日本から少し難しい仕事を発注した際も、それをこなせなかったこともあったという。こうした状況について同社は、自社（発注元）の仕事ばかりだと、「他流試合」がなく、加工方法に多様性が生まれず、技術レベルが上がりづらいことを指摘している。くわえて、自社工場である場合には稼働を埋める必要があり、発注をコンスタントに出す必要があることも、自社工場撤退の遠因としている。

　自社工場縮小後は商社の OEM（生地の提案、生産管理、原価管理）に依存するようになった。当初、商社の OEM は生産管理のみであったが、生地の提案、トータルとしての原価管理などが加わり、特に 2000 年代以降、厳しい原価率の設定が求められるアパレルにとっては商社の OEM 機能が必要であったという。2014 年からは親会社の意向もあり直貿（商社を通さない製品輸入または OEM）の比率を増やしていったが、直貿の課題は、①工場の見極め、②品質管理、③貿易事務、の 3 つであるという。

　アパレル業 AI 社（東京）は、販路別にみると百貨店向け 70％、ショッピングセンター（SC）向け 30％、近年は EC にも力を入れている[11]。百貨店向けは OEM（ただしニットは ODM）、SC 向けは一部 ODM を利用している。SC 向

10　2018 年 2 月 8 日に実施した AR 社（部門責任者）への非構造化インタビューによる。
11　2017 年 8 月 7 日に実施した AI 社（部門責任者）への非構造化インタビューによる。

けは単価が低くロットサイズも大きくなるため、プロパー消化率は百貨店向け
より低いという[12]。1ブランドごとの標準的なチームは、デザイナーがチーフ、
雑貨デザイナーを含めて3〜4名である。布帛デザイナーは各ブランドに必ず
いるが、ニットのデザイナーは配置できないことが多く、ODMに頼る。これ
が、ニットがODM主体となる理由である。生産は、百貨店向けは60％が海
外（主に中国、一部はベトナムの自社工場）、40％は国内、SC向けは100％海
外で東南アジアが中心となっている。同社は、前述の進出・撤退状況ではタイ
プ4の集約に該当する。自社工場は、けっしてフルアイテムでできるわけでは
なく、「自社で縫製するためには、縫製工場をいくつも持たなければならなく
なる。結果、海外自社工場はうまくいかず、生産を委託することになった」と
いう。

　アパレル業AD社（東京）は、フォーマルの高級品などを主体としている。
前述の進出・撤退状況においてはタイプ1の「スクラップ・アンド・ビルド」
に該当する[13]。中国との付き合いは1987年から、国営毛紡績企業に対し技術指
導を要請されたことから始まり、1987年から6年間技術指導に応じたという。
1996年には国内10工場をすべて閉鎖し、中国へ全面移転し、中国に5工場を
保有していた。しかし、中国の賃金上昇のスピードが速く、「さまざまなラン
ニングコストを考えたら国内とそれほど変わらなくなっていた」という。この
ため、縫製工場2つとニット工場の3つを残して2つは撤退した。各工程には
それぞれ日本人技術者を2、3名配置するなど中国工場への徹底した技術指導
により国内並みの高品質の工場となったが、過剰品質となり、コストが高く採
算が合わなくなった。もともと高品質であるが高コストであり、さらに労働費
が上昇した中国の自社工場からの仕入コストは上昇し続け、本社の収益を圧迫
したのである。また、自社の製品のみをつくるため「なれ合いが生じた」とい
う。2016年には中国の主力工場を閉鎖した。

（2）商社（総合商社・専門商社）
　複数の分野で事業を展開する商社NS社（東京）の繊維部門はODMを主体

として、生地提案から生産までを行う[14]。取引のある生地商社、糸商社などは
合計して国内約 100 社であり、さらに海外のものを含め多様な生地を提案でき
ることが同社の強みとなっている。2000 年頃までは OEM 主体でデザイナー
が社内にいなかったが、アパレル業のニーズに対応し、まずは、テキスタイル
を提案するためのデザイナーを配置し、さらに 2010 年頃からは、製品のデザ
イナーをグループ内に擁し ODM となった。こうしたデザイナーの多くは、ア
パレル業をリストラされた人材であるという。現在の取扱商品における海外
生産（調達）比率は、生地では 90％、縫製・加工では 80％となっている。縫
製・加工でやや低くなっているのは、QR（クイック・レスポンス）対応のた
め国内縫製・加工を利用するからである。海外生産を国別にみると、中国が
70％（自社工場が 20％、中国の他工場への外注が 50％）、東南アジアが 30％、
東南アジアでは、そのうち、ミャンマーなど 3 か国で自社工場を保有している。
中国には自社工場のほかに約 100 社の協力工場がある。前述の進出・撤退状況
の類型化ではタイプ 1 の「スクラップ・アンド・ビルド」に該当する。2005
年頃は中国生産が 98％となっていたが、この比率が下がるにつれ、中国自社
工場での生産から徐々に協力工場での生産へと切り替えたという。一方、東南
アジアの新設の自社工場は、ユニフォーム分野などに特化していった。このよ
うに、流行のサイクルが短く計画生産が難しい婦人服は委託生産へと切り替え、
自社工場は計画生産が可能なユニフォーム分野等へと絞り込む企業も少なくな
いという。「一般的に日系自社工場には日本人が常駐しコスト高となる」と指
摘する。
　専門商社 RI 社（東京）は、アパレル部門と生地部門があり、アパレル部門
は OEM を、生地部門は主に親会社が生産する国産生地の輸出を手がけてい
る[15]。同社は、前述の進出・撤退状況の類型化ではタイプ 1 の「スクラップ・
アンド・ビルド」に該当するが、これまでは縫製・加工工程の海外直接投資に
それほど積極的ではなく、100 社ほどある協力工場への外注を主体に展開して
きた。しかし、2016 年頃より協力工場に出資するなど、自社工場保有に近い
動きを再活発化させている。これは欧米市場への対策であるという。欧米ア

14　2016 年 12 月 20 日に実施した NS 社（部門責任者）への非構造化インタビューによる。
15　2018 年 6 月 29 日に実施した RI 社（部門責任者）への非構造化インタビューによる。

パレルは、商社は「ブローカー」とみており、「ブローカー」を排除して工場
と直接取引したいという意向が強い。そのため、欧米向けアパレル業向けの
OEM を展開するためには自社工場に近いものを保有する必要が生じている。

　また、近年、外部のデザイン会社と提携して ODM も開始したが、百貨店ア
パレル業向けの仕事はほとんどないという。百貨店アパレル業が要求する「小
ロット」、かつ「納期が 1 か月」といった QR に対応することが、同社の海外
生産のスタイルでは難しいことがこの理由である。

(3) 原糸メーカー系

　原糸メーカー系商社である RC 社（東京）は、アジアの生地生産のネット
ワークに強みを持っている[16]。前述の進出・撤退状況の類型化ではタイプ 6 の
「撤退」に該当し、海外に自社工場を合弁で保有していたときもあるが、現在
では協力工場への外注主体に切り替えている。「商社であるため、多くのアパ
レルとの取引があり、その点ではまだ工場の仕事を埋める可能性があるかもし
れないが、自社工場を持つと、そこに定期的に仕事を発注しなければ利益が出
ないが、需要の変動もありフルに仕事を埋めることはできない。自社工場につ
いては計画発注などによって面倒をみる必要があり、これが在庫過多につなが
る」と指摘する。

4．自社工場のジレンマ

　2000 年代以降の垂直的直接投資によって縫製・加工工程を海外化する集団
として、アパレル業、総合商社、専門商社および原糸メーカーの海外進出・撤
退状況をみてきた。その状況はそれぞれの集団で違いはみられたものの、総じ
て 2000 年以降はその多くが撤退に追い込まれていた。また、前節でみたいく
つかの事例では、撤退が中国など海外側の理由ではなく、自社工場自体が抱え
る課題を指摘していた。これら企業の海外自社工場に関する課題を類型化し、
海外自社工場の存立に大きな影響を与える自社工場固有の問題を抽出した。こ
こでは、これらを「自社工場のジレンマ」と呼ぶことにする。

16　2018 年 6 月 29 日に実施した RC 社（部門責任者）への非構造化インタビューによる。

(1) 専用と情報のスピルオーバーとのジレンマ

　支配力を優先すれば、工場を自社専用にすることであるが、「自社工場で自社の製品だけを縫製していたのでは、他者の同等製品の縫製に学ぶ機会がなく、技術上の問題を克服するチャンスがない」（アパレル業：AR 社）というように、多様な受注をこなさなければ工場の技術的なレベルアップが十分に図られず、工場自体の競争力は低下し、自社工場を保有するインセンティブは失われる。そもそもライバルの系列工場から仕事を受注するのは、事前にデザイン情報が流出することを競合他社が警戒するため難しい。また、仮に受注できたとすれば、自社内の受注に融通を利かせることができなくなり、自社工場を保有するメリットは減殺してしまう。

(2) 在庫リスクと計画発注とのジレンマ

　一義的に在庫リスクを負うアパレル業の場合、在庫リスクの最小化が重要である一方、自社工場では工場稼働の平準化が欠かせない。2000 年以降、在庫リスクを最小化するため「流行をつくり出す」という従来の売り方ではなく「店舗で売れているものを素早く追加生産する」販売方法が広く導入された（QR：クイック・レスポンス）。週単位で販促や企画を検討する「52 週 MD」がこの典型である。一方、生産面では、自社工場が自社製品の専用工場であれば、閑散期から計画的に工場に発注する必要がある。「自社工場については計画発注などによって面倒をみる必要があり、これが在庫過多につながる」（原糸メーカー系企業：RC 社）という。QR による在庫リスク最小化と、計画発注による工場稼働の平準化とはジレンマとなり、自社工場を保有するインセンティブは弱まる。近年は、商社を中心に、流行のサイクルが短く計画生産が難しい婦人服は委託生産へと切り替え、自社工場は計画生産が可能なユニフォーム分野等に絞り込む企業もある（商社：NS 社）。

(3) 最適発注と工場稼働とのジレンマ

　特定のアイテムを最適に生産する工場は自社工場とは限らない。一方、自社工場の存立条件は工場稼働率維持であり、企業は自社工場が最適発注先でな

くても自社工場に発注する必要が出てくる。「自社工場の生産を埋めなくては
ならないという理論が優先する」（アパレル業：AR社）というケースである。
このような場合、最適発注と工場稼働率の維持という2つの存立条件を両立で
きず、自社工場を保有するインセンティブは弱まる。特に、多様なアイテムを
取り扱う総合アパレル業では「自社で縫製するためには、縫製工場をいくつも
持たなければならなくなる。結果、海外自社工場はうまくいかず、生産を委託
することになった」（アパレル業：AI社）という。

(4) 内部取引価格と市場価格とのジレンマ

　「中国の自社工場からの仕入コストが上昇して本体の収益を圧迫し、海外自
社工場を撤退した」（アパレル業：AD社）という事例でみたように、垂直的
直接投資企業の場合、工場を存立させるために内部取引価格を緩くすれば、他
企業に比べて企業全体としての競争力は低下する。一方、価格・納期・品質な
どについて、外部では取り扱えないような仕事を自社工場に押し付ければ、工
場の存立条件が揺らぐ。

(5) コミュニケーション費用と労働費とのジレンマ

　「一般的に日系自社工場には日本人が常駐しコスト高となる」（商社：NS社）、
「日本人が駐在している分だけコストアップになる」（アパレル業：AR社）と
いった指摘があるように、自社工場に日系スタッフが常駐すればコミュニケー
ション費用（取引費用の一種）は低減するが、工場の労働費は高くなる。
　一方、現地資本工場においては、日本人とのコミュニケーションの担い手は
日本語が話せるスタッフであり、その費用も労働費も節約される。これによっ
て現地資本企業への依存が強まり、自社工場を保有するインセンティブは弱ま
る。[17]

17　この点、最近では「中国人（アルバイト）を採用して直接交渉させる」（商社：KK社、2017年3月24日
調査、代表取締役に対する非構造化インタビュー）ほか、日本において中国人が経営するOEM専業企業が「現
地で日本人が介在しないGVC」（商社：OT社、2017年10月20日調査、代表取締役に対する非構造化インタ
ビュー）を構築し、低価格を実現している事例もみられる。

5．集団別の発生様態

　前節で示した5つの「自社工場のジレンマ」は、それぞれに発生条件が異なるが、本章の分析対象である垂直的直接投資のアパレル業、商社および原糸メーカー系企業、さらには水平的直接投資の縫製・加工業といった業態により、理論的に発生様態に違いがみられる。

　まず、「(1) 専用と情報のスピルオーバーとのジレンマ」は、自社専用工場でのみ生じるジレンマであり、アパレル業や原糸メーカー系企業の自社専用工場のみで顕在化し、複数顧客の受注を前提としている商社や縫製・加工業では発生しない。「(2) 在庫リスクと計画発注とのジレンマ」は在庫リスクを持つアパレル業にのみ発生するが、自社工場と外注工場を併用する場合は緩和される。基本的には在庫リスクを負わない商社、原糸メーカー系企業および縫製・加工業には発生しない。「(3) 最適発注と工場稼働とのジレンマ」は垂直的直接投資のアパレル業、商社および原糸メーカー系企業に発生する一方、水平的直接投資である縫製・加工業には発生しない。自社工場に最適でない受注は他社へと流れていくからである。「(4) 内部取引価格と市場価格とのジレンマ」は垂直的直接投資であるアパレル業や商社、原糸メーカーなど、受注価格が市場価格ではなく経営上の事情等を加味した内部価格で決定される場合に発生す

表6－5　集団別・ジレンマの発生様態

| | 垂直的直接投資 | | | (水平的直接投資) |
	アパレル業	商社	原糸メーカー系	(縫製・加工業)
(1) 専用と情報のスピルオーバーとのジレンマ	△ (自社専用工場は発生)	ー (多様な受注が前提)	△ (自社専用工場は発生)	ー (多様な受注が前提)
(2) 在庫リスクと計画発注とのジレンマ	○	ー (在庫リスク小)	ー (在庫リスク小)	ー (在庫リスク小)
(3) 最適発注と工場稼働とのジレンマ	○	○	○	ー (最適受注のものしかない)
(4) 内部取引価格と市場価格とのジレンマ	○	○	○	ー (市場価格での受注が基本)
(5) コミュニケーション費用と労働費とのジレンマ	○	○	○	○

資料：筆者作成。

る。「(5) コミュニケーション費用と労働費とのジレンマ」は、海外自社工場に日本人を雇用するすべての企業で発生する（表6－5）。

　このように、垂直的直接投資のなかでは商社、原糸メーカー系企業、アパレル業の順でジレンマの種類が増え、垂直的直接投資よりも水平的直接投資である縫製・加工業のほうがジレンマの発生種類は少なくなる。

6．海外展開がもたらす多様な競争次元

　本章では、縫製・加工工程の海外への垂直的直接投資において、日系の縫製工場が現地で競争力を失い、現地資本工場へと生産の中心が移る現象を考察対象とした。ここにおける競争の次元は三つにわけることができる。

　第一に、海外への生産機能の移転は、日本と海外諸国・地域との地域間競争の次元として捉えることが可能である。ここでは、労働費など一般的な立地条件の差に加え、1990年代以降の需要拡大と中国などアジア諸国での立地条件の整備を前提として、これら地域への「企業の引き寄せ」と同時に、日本からの技術指導による「技術・知識の引き寄せ」も実施された。

　第二に、日本のアパレル業、商社、原糸メーカー系企業の各集団においては、縫製・加工工程という機能を獲得しようとする垂直的集団間競争の一形態である。さらに商社においては、従来、アパレル業が有していた生産管理機能を海外生産の本格化を機に獲得しようとする集団的競争の一次元として理解される。アパレル業の縫製工程からの撤退および外注化は、こうした他集団からの機能獲得競争に劣位となった結果である。

　第三には、主に2000年以降に発生した、アパレルだけでなく商社や原糸メーカー系企業を含めた日系自社工場の撤退、生産の中心が現地資本工場へと置き換わる現象である。これは、日系資本の企業集団と、現地資本の企業集団との、縫製・加工工程における技術・知識や経営機能をめぐる水平的集団間競争という側面を持つ。

　本章は、この第三の集団間競争において日系企業が競争劣位になる要因として5つのタイプの「自社工場のジレンマ」を抽出した。またこれらは、それぞれに特有の発生条件があり、業態によって発生様態が異なっていた。さらに業

態別の撤退データは、ジレンマの発生様態と整合的な結果を示した。縫製・加工工程においては、海外自社工場と現地資本工場とが代替的となった 2000 年代以降「自社工場のジレンマ」によって内部化インセンティブを失い、自社工場から現地資本工場へ（組織から市場へ）とシフトすることが示された。これは、地域間分業局面における企業間分業としての「市場か、組織か」という命題に対し、自社海外工場から現地資本工場へとシフトしていく状況について「自社工場のジレンマ」という直接投資企業側の内在的要因から説明可能となる。一方で、自社工場から現地資本工場へのシフトは企業を「自社工場のジレンマ」から解放するが、生産ノウハウは現地資本工場に蓄積されるようになる。このようななか、ここで取り上げなかった縫製・加工業では、海外に自社工場を保有しながら、「自社工場のジレンマ」を緩和しようとする方向性を模索している。これらの詳細については次章に譲りたい。

　〔付記〕本章は奥山（2019）を大幅に加筆・編集したものである。奥山雅之（2019）「ファッションアパレル産業における縫製工程の空間的分業と企業間分業の変容」経営行動研究学会『経営行動研究年報』第 28 号、pp.63-67。

参考文献

小山田道弥（1984）『日本のファッション産業―取引構造とブランド戦略』ダイヤモンド社。

加藤秀雄（2017）「日本アパレル産業における商社等の海外製品生産事業の考察」埼玉学園大学『埼玉学園大学紀要 経済経営学部篇』第 17 号、pp.27-40。

木下明浩（2009）「日本におけるアパレル産業の成立―マーケティング史の視点から」立命館大学経営学会編『立命館経営学』第 48 巻第 4 号、pp.191-215。

多田應幹（2011）「百貨店の「返品制」とそのメカニズム」『桜美林論考. ビジネスマネジメントレビュー』第 2 号、pp. 63-78。

中込省三（1975）『日本の衣服産業―衣料品の生産と流通』東洋経済新報社。

中込省三（1977）『アパレル産業への離陸―繊維産業の終焉』東洋経済新報社。

橋本寿朗（1998）「総合商社発生論の再検討―革新的適応としての総合商社はいかにして生まれいでたか」東京大学『社会科学研究（特集 現代経済と企業システム）』第 50 巻第 1 号、pp.141-169。

藤井光男（1997）「日本アパレル・縫製産業の新展開（第 4 章）」島田克美・藤井光男・小林英夫『現代アジアの産業発展と国際分業』ミネルヴァ書房、pp.91-128。

宮澤健一（1988）『制度と情報の経済学』有斐閣。

森川英正（1976）「総合商社の成立と論理」宮本又次・栂井義雄・三島康雄編『総合商社の経営史』東洋経済新報社、pp.43-78。

Dunning, J. H.（1981）*International Production and the Multinational Enterprise*, London: Allen & Unwin.

Dunning, J. H.（2001）"The Eclectic (OLI) Paradigm of International Production: Past, Present and Future," *International Journal of the Economics of Business*, Vol.8, No.2, pp.173-190.

Gereffi G., Humphrey J. and T. Sturgeon（2005）"The Governance of Global Value Chains," *Review of International Political Economy* , Vol.12, No.1, pp.78-104.

Malmberg, P. and A. Maskell（2002）"The Elusive Concept of Localization Economies: Towards a Knowledge-based Theory of Spatial Clustering," *Environment and Planning; A*, Vol.34, Issue3, pp.429-449.

Quintens, L., Pauwels, P. and P. Matthyssens（2006）"Global Purchasing: State of the Art and Research Directions," *Journal of Purchasing & Supply Management*, Vol.12, No.4, pp. 170-181.

Scott A. J.（1988）*New Industrial Spaces: Flexible Production Organization and Regional Development in North America and Western Europe*, London: Pion.

第 7 章

海外分工場の革新の困難性とその克服

地域間分業を行う縫製・加工業に内在する地域間競争

奥山雅之

1. 水平的直接投資による海外展開

　1990 年代、諸外国の経済開放政策と日本のアパレル産業における縫製・加工工場の人手不足緩和、低コスト追求を背景として、日本国内から中国をはじめとするアジア諸国へと縫製・加工工場の移転・新設が相次いだ。しかし 2000 年以降、こうした日系縫製・加工工場の多くが撤退に追い込まれた。

　前章から続く一連の研究における課題設定は、繊維・アパレル産業において「なぜ、中国に立地した日系工場が競争力を失い、現地資本工場に受注を奪われたのか」である。前章では、縫製・加工工程の垂直的直接投資を考察対象として、この要因を、海外自社工場を保有することについての固有の問題としての「自社工場のジレンマ」に求めた。このため、縫製・加工業にとっての縫製・加工工程の海外化、すなわち水平的直接投資としての海外分工場に関する撤退要因の検討が残されていた。

　第 4 章でも日系縫製業における海外生産の変化をみてきたが、ここでは詳細に、海外現地資本工場との集団間競争の様態について考察する。縫製・加工業における水平的直接投資としての海外分工場の特性は以下の二点に集約される。第一の特性は、水平的直接投資ゆえ、その多くが母国内にも縫製・加工工場を保有し、海外工場は分工場となることである。第二の特性は、紡績業、原糸メーカー、商社、あるいは百貨店アパレル業と異なり、縫製・加工業は中小企業[1]が多いことである。こうした二つの特性を有する縫製・加工業において

1　本章における中小企業とは、日本の中小企業基本法上の中小企業（製造業では資本金 3 億円以下、常時使用する従業員数 300 人以下）を指している。企業単体で判断し、海外分工場の従業員数は含まれない。

は、縫製・加工業という集団内での地域間分業が、本社工場群と分工場群とい
う集団内・地域間競争としての側面も有していたのである。

　本章では、こうした中小企業を主体とする縫製・加工業を対象に、海外分工
場の撤退要因とともに、撤退を防ぎ、工場の持続的発展を可能とする革新の阻
害要因を明らかにする。あわせて、阻害要因を克服して海外分工場の革新を可
能にするマネジメントのパターンを示すことを目的とする。

　まず、「分工場」の特性から検討する。分工場とは、戦略的な意思決定に関
わる間接部門が空間的に分離した生産拠点をいう。具体的には、複数立地制企
業の工場の一つで、本社（海外子会社の場合には親会社の本社）が地域外に存
在しているものを指す（Watts 1981）。分工場は、管理と生産との空間的な階
層性に応じて、①管理部門と生産部門が同じ地域に配置される局地集中型、②
本社工場と分工場の生産工程を未分化のまま水平的な分業を行うクローン分工
場型、③生産工程を細分化して分業を進める部分工程型、の３つに分類できる
（Massey 1984）。縫製・加工業の分工場の多くは、基本的には縫製・加工を行
う水平的な分業となるため、②クローン分工場型に分類される。ただし、サン
プル製作やパターン、型紙、グレーディングなどの上流工程、あるいは試験・
検査、検針、包装、発送などの下流工程について、どの工程を局地集中させる
のか、あるいは分工場に分散させるのかなど、母工場と分工場、分工場相互の
役割分担は多様である。

　経済地理学的視点に立てば、分工場は、単一の大規模工場形態と比べ、労
働力の確保、より安価な経営資源の活用、地理的に分散する市場との近接性に
よる輸送費の節約や市場情報へのアクセスの確保などといった「工場間の経済
性」を享受するが、規模の経済性など「工場内の経済性」が犠牲になり、経
営管理費用も増大するなど「工場間の不経済性」が発生する（Balassa 1961）。
また、特定の工程や機能に特化した分工場の場合には、工場間で生じる部品や
中間財の輸送、本社や営業所との距離による人材の移動コストなどが問題とな
る。これらを節約しようとして本社や他工場との近接性を求めれば、安価な経
営資源の活用など先に挙げたメリットは減殺される。さらに、意思決定機能や
情報収集機能の欠如、低熟練・低賃金、研究開発機能の弱さなど経営上の問題
点が指摘されている（藤川 2001、中村 2004）。分工場には、営業や調達・外注

への人員配置が乏しい場合もある（榊原 2020）。工場所在地から離れたところ
で閉鎖の決定がなされることも、分工場の閉鎖が起こりやすくなる要因である
（Massey & Meegan 1982）。海外分工場の場合には、企業の本社と分工場との
慣習のハイブリッド化（hybridization）が求められるとの指摘もある（Majek
& Hayter 2008）。

　たとえば、日系工場の競合となる中国の現地資本工場は、本社の情報収集に
基づく戦略的な意思決定により工場を革新して多品種少量化を実現し、より労
働費の安い東南アジアとの棲み分けを図る。これに対し、日系工場は前述の諸
要因により現地資本工場と同じようには革新が進まない。くわえて、前章でみ
たように「自社工場のジレンマ」の一類型である「コミュニケーション費用と
労働費とのジレンマ」によるコストアップが生じ、その時点における最適生産
地域に立地する工場や革新を実現した現地資本工場に受注を奪われ、分工場の
撤退や企業自体の倒産に追い込まれる可能性がある。

　こうした状況にもかかわらず、分工場の革新が問題とならないのは、大企業
には「分工場のスクラップ・アンド・ビルド」という代替手段があるためであ
る。一般的に、品質や価格、納期の要求はスペクトラム（連続体）となってお
り、そのスペクトラムにおける各レンジ（範囲）の最適生産立地は時代ととも
に変化する。この変化に対応するため、企業は現行レンジの生産を次なる最適
地域に工場を新設して移転するか、現行の工場をグレードアップしたレンジへ
と革新するかの選択を迫られる。生産地域を移転する場合、クローン分工場型
としての新設工場への知識の伝播が必要となり、生産が立ち上がるまで一定の
タイムラグが生じる。この点、大企業は、複数の分工場を所有しながら、その
スクラップ・アンド・ビルドによって中国から東南アジア、さらには南アジア
やアフリカへと徐々に分工場を展開することが可能となり、各分工場の革新は
必須でなく、海外生産を維持できる。「雁行形態論」に基づけば、コストダウ
ン要請が強く、労働費を主たる立地因子として海外工場を展開する縫製・加工
業は労働費の安い国・地域へと「渡り鳥」のように移転する。一方、中小企業
の場合は、資源の制約ゆえスクラップ・アンド・ビルドは採りにくく、海外工
場の持続的発展を工場自体の革新に委ねざるを得ない。ここに前述の第二の特
性、工場を展開する主体の中小企業性を研究の射程に入れる必要性をみる。

2.　海外分工場における革新の難しさ

(1)　海外分工場のスクラップ・アンド・ビルド

　前章と同様に、東洋経済新報社『海外進出企業総覧』を時系列に整理して作成した縫製・加工業における海外工場（製造子会社・関連会社）の進出・撤退状況をもとに、その進出・撤退を一定の基準で6つのタイプに類型化した（表7-1）。タイプ1は「スクラップ・アンド・ビルド」であり、該当企業は8社、そのほとんどは比較的数多くの海外分工場を展開している。ただし、分工場の数が少ない企業では、実質的にはスクラップ・アンド・ビルドだけでなく、分工場の革新も図っていると考えられる。タイプ2の「拡大」は9社あった。このタイプは、ジーンズ、ウェディング、スポーツなど、一般的なファッションウェア以外のアイテムを取り扱う企業が多い。また、タイプ3の「継続」は3社ある。特にタイプ3には、海外分工場を1ないし2カ所しか保有していない企業が並んでいる。一方、タイプ4の「集約」は4社、タイプ5の「撤退・再進出」は2社ある。この類型化に基づけば、タイプ2および3が、ここでいう分工場の革新による持続的成長を実現している典型的な企業に該当する。ただし、タイプ1、4においても革新のケースは存在すると考えられる。タイプ6「撤退」は10社ある。

(2)　海外分工場革新の阻害要因

　このように、海外に複数工場を展開できる規模の企業であれば、スクラップ・アンド・ビルドによって最適生産地域へと徐々に移行可能であるのに対し、スクラップ・アンド・ビルドによる海外工場展開は、多くの中小企業にとって容易に実行できない。労働費の上昇など立地因子の変化により最適生産地域が変化した場合、スクラップ・アンド・ビルドが困難であれば、競争劣位に陥らず海外分工場を持続的に発展させるために、現行の立地を所与として分工場を革新することが求められる。このとき、縫製・加工業の水平的直接投資による海外分工場の革新を阻害する要因は何であろうか。

　第一は、藤川（2001）などが指摘する意思決定機能や情報収集機能の欠如、

表7－1　縫製・加工業における海外工場の進出・撤退状況

番号	本社	進出国	設立年	00年	10年	17年
【タイプ1】スクラップ・アンド・ビルド：撤退の一方、新設（8社）						
1	岐阜	インドネシア	1994	310	×	
	岐阜	中国	1995	113	○	○
	岐阜	中国	2000		○	○
2	大阪	台湾	1971	80	×	
	大阪	中国	1987	300	○	×
	大阪	台湾	1987	×		
	大阪	中国	1992	160	×	
	大阪	中国	2001		180	×
	大阪	中国	2005		100	×
	大阪	中国	2012			○
3	大阪	中国	1992	300	×	
	大阪	中国	2002		35	
4	大阪	中国	1992	399	○	○
	大阪	中国	1996	335	○	○
	大阪	中国	2012			340
5	大阪	台湾	1968	79	×	
	大阪	タイ	1991	529	517	219
	大阪	中国	1995	291	220	406
	大阪	ラオス	2006		261	346
6	徳島	タイ	1990	350	○	250
	徳島	中国	1995	450	500	×
	徳島	BGD	2010		500	2500
7	岐阜	中国	1991	3000	3000	800
	岐阜	中国	1992	1000	×	
	岐阜	中国	1993	550	700	×
	岐阜	中国	2001		70	×
	岐阜	中国	2006		○	450
	岐阜	BGD	2010			1500
	岐阜	ミャンマー	2014			600
8	岐阜	中国	1993	227	×	
	岐阜	中国	1994	130	×	
	岐阜	中国	1997	○	307	×
	岐阜	中国	2003		93	○
	岐阜	ベトナム	2010			○
	岐阜	ミャンマー	2015			○
	岐阜	ミャンマー	2015			○
【タイプ2】拡大：撤退はなく、海外分工場を新設した企業（9社）						
9	愛知	中国	1992	○	○	350
	愛知	ミャンマー	2002		○	1000
	愛知	中国	2011			430
10	岡山	中国	1994	○	218	○
	岡山	中国	2005		75	○
11	京都	中国	1995	○	297	222
	京都	ベトナム	2008		43	92
12	岐阜	中国	1993	○	260	160
	岐阜	中国	2005		○	25
	岐阜	中国	2009		150	160
	岐阜	ベトナム	2015			56
13	福井	中国	1997	○	970	1136
	福井	中国	2003		1020	961
	福井	中国	2006		275	560
14	大阪	タイ	1997	○	○	1900
	大阪	タイ	2005		○	580
	大阪	カンボジア	2014			400
15	奈良	中国	1991	○	80	50
	奈良	中国	2005		40	50
	奈良	ベトナム	2010			○
16	香川	中国	1996	○	292	230
	香川	中国	2003		150	150
17	兵庫	中国	2008		○	179
	兵庫	タイ	2010		○	4

番号	本社	進出国	設立年	00年	10年	17年
【タイプ3】継続：撤退がなく、海外分工場を継続（3社）						
18	岐阜	台湾	1968			
19	大阪	台湾	1968	○	○	○
20	東京	ベトナム	1990	400	○	○
	東京	ベトナム	1996	50	○	○
【タイプ4】集約：撤退はあるが、新設はなく、海外分工場を集約（4社）						
21	広島	タイ	1990	170	○	○
	広島	中国	1996	120	×	
22	岡山	中国	1994	○	218	×
	岡山	中国	1994		240	165
	岡山	中国	1995		166	90
	岡山	中国	1996			126
23	東京	中国	1993	535		
	東京	中国	1995	512	×	
24	香川	中国	1993	330	×	
	香川	中国	1996	185	×	
【タイプ5】撤退・再進出：一度すべて撤退したが、再び進出（2社）						
25	大阪	韓国	1973	×		
	大阪	韓国	2012			○
26	鳥取	中国	1988	763	×	
	鳥取	中国	1992	122	×	
	鳥取	インド	2013			○
【タイプ6】撤退：すべての海外分工場を撤退した企業（10社）						
27	大阪	中国	1994	○	512	××
	大阪	中国	2005		234	××
28	香川	中国	1994	○	260	××
	香川	中国	2006		○	××
29	大阪	中国	1993	106	×	
	大阪	中国	1994	101	×	
30	大阪	中国	1996	200	×	
	大阪	中国	1994		×	
31	愛知	中国	1989	416	×	
	愛知	中国	1989	978	×	
	愛知	中国	1992	205	×	
	愛知	中国	1993	300	×	
	愛知	中国	1993	450	×	
32	富山	中国	2000	○	×	
	富山	中国	2000	○	×	
33	香川	中国	1995	400	××	
	香川	中国	1996	200	××	
34	岐阜	中国	1992	○	××	
	岐阜	中国	1994	○	××	
	岐阜	中国	1994	○	××	
	岐阜	中国	1994	○	××	
	岐阜	中国	1994	○	××	
35	東京	中国	1995		265	××
	東京	中国	2006		131	××
36	岡山	中国				

注：1）中小企業基本法上の中小企業のみ掲載。調査年は2000年、2010年および2017年。BGDはバングラデシュ。

2）各年の欄の数字は各工場の従業員数、○は掲載あり・従業員数不明、×はその年に非掲載、××はその年に企業自体が不掲載（倒産など）であることを指す。工場設立前の年および未掲載の年、×および××の後年は空白・網掛けとしている。2017年については、各企業のホームページなどで情報を補足している。

3）出所資料は、各調査年において回答した企業かつ2か所以上の海外拠点（工場以外を含む）を有する企業を掲載しているため、この表はすべての企業、海外工場を網羅していない。

資料：東洋経済新報社『『会社別編』海外進出企業総覧』各年版より作成。

研究開発機能の弱さである。日系工場の場合、特に経営革新を行うための情報の収集とこれに基づく意思決定の欠如は、全社的な観点から戦略的に意思決定する本社との人的交流の少なさや言語の問題でコミュニケーションがとりにくいことなど、空間的・認知的な「距離の摩擦」による影響が大きい。本社と近接している現地資本工場と、本社から離れている分工場では、工場革新の容易性に差異が生じる。

　第二の阻害要因は、国内工場との棲み分けの問題である。これは、日本国内に工場を擁し、クローン工場型としての海外分工場が水平的分業を担う場合に生じる。海外分工場は、前述のクローン分工場型として日本の工場の生産体制を複製して新設される。しかしその後、日本の本社工場は海外分工場との棲み分けを図り、開発機能の強化や母工場化、高品質化、多品種少量化、クイック・レスポンスへの移行などのグレードアップが実施される。しかし、海外分工場が追随してグレードアップすると、国内工場もさらなるグレードアップや次なる差別化ができなければ、工場間の棲み分けが難しくなる[2]。この場合、国内工場は、海外分工場への一方的な知識の伝播を行えば同質化を招くため、国内工場は自己保存のために知識の伝播に抵抗を示し、海外分工場の革新が進まなくなる。これは距離の摩擦によって生じるものではなく、国内工場の存在および自己保存志向により生じる阻害要因である。

3．分工場の革新事例とマネジメントのパターン

　では、こうした阻害要因を克服して分工場を革新する方策はあるのだろうか。本章では、中小企業の事例観察により、前述の阻害要因を克服して工場の革新を図るためのいくつかのマネジメントのパターンを観察した（表7－2）。

(1) 垂直的分業化

　RK社（岐阜）は、前述の分類に基づけば、タイプ2の「拡大」に該当し、分工場の持続的成長を実現している。従業者数は日本国内で26名、子会社で

2　この現象は、ちょうど雁行形態論における「同質化の矛盾」、すなわち先進国の工場がその先へとうまく革新できず、かつ国内工場の存続が優先されると生じる問題と類似する。

展開する海外工場を含めると 1,000 名規模となっている[3]。国内工場は縫製・加工工程を止め、企画や出荷といった前後工程に特化して垂直的な分業体制とした。これにより国内工場との棲み分けは不要となり、革新の焦点を中国工場に定め、ハンガーシステムの導入による多品種少量化を実現し、量産品は労働費が比較的安価なカンボジアに移管した。母工場は中国、分工場はカンボジアとなり、ロットサイズで棲み分けを図る。

(2)　アームズ・レングス

　ST 社（東京）は、現在では国内 5 カ所に各数十名規模の分工場（子会社）、ベトナム 2 カ所に各 200 名規模の分工場（子会社）を持つ[4]。ベトナムでは、1 工場がメンズ、1 工場がレディースを主に生産している。2000 年代に中国で主力製品とは異なるカジュアルウェアの工場を設置したが、5 年で撤退したため、前述の進出・撤退状況ではタイプ 1 の「スクラップ・アンド・ビルド」に該当する。ベトナムにおいてはアームズ・レングス[5]によって工場を革新する。各分工場が経営的に独立し、営業を含む総合的な機能を持ち、「組織の市場化」を実践、顧客と結びついている。相乗効果、補完効果は小さくなるが、自立したマネジメントと顧客との相互作用のなかで、工場がそれぞれ革新を図る。本社は、CAD（Computer-aided Design：コンピュータによる支援設計ツール）を活用したパターン作成やデザイン提案、三国間貿易にも対応する貿易業務などで各工場をサポートする。ただし、アームズ・レングスは分工場の維持を保証しない。革新しやすくなるが、その革新が十分でなければやはり閉鎖に追い込まれる。前述のように、ST 社の中国工場は受注アイテムと当該工場の加工特性とのミスマッチにより閉鎖した。

(3)　対等な相互差別化と知識の相互還流

　メンズ・レディースのカットソー（編物縫製）を得意とする NA 社（東京）は、上記のタイプ 3 の「継続」に該当し、本社と国内分工場およびその分室、中国に工場（同工場の分工場を含めて 6 カ所）を持つ子会社 1 社を有する。従

3　2017 年 6 月 30 日に実施した RK 社（代表取締役）への非構造化インタビューによる。
4　2017 年 10 月 6 日に実施した ST 社（代表取締役）への非構造化インタビューによる。
5　アームズ・レングスとは取引関係にある当事者間の独立性や条件の平等化を確保することをいう。

表7－2　事例のまとめ

	RK社	ST社	NA社	SP社
海外分工場所在地（設立年）	中国内陸部（1990）カンボジア（2011）	中国（2000：撤退）ベトナム（2007）	中国沿岸部（2005）	フィリピン（1994）
マネジメントのパターン	垂直的分業化	アームズ・レングス	対等な相互差別化と知識の相互還流	母分逆転
海外分工場革新の方向	ハンガーシステム導入、多品種少量化	現地市場への営業、高級化	海外企業との連携による工程革新（自動化）	企画・デザイン・開発機能の強化（母工場化）
国内工場の役割	縫製・加工の上流および下流工程	営業を含む総合的機能（各工場独立）	特殊技術の開発、多品種少量	主に短納期・修理対応

資料：各社ヒアリングに基づき筆者作成。

業者数は国内150名、海外400名である。[6]国内工場では多品種少量生産、海外工場ではそれよりもややロットサイズの大きい中量生産を基本とするが、同社は国内工場、海外工場が対等な立場で相互差別化を行い、知識の相互還流を推進している。中国の分工場では現地機械メーカーとの連携により自動化を推進し、国内工場では接着縫製など新たな特殊技術を開発し、それぞれのノウハウの一部を他方が取り入れることでレベルアップを図る。相互に同質化しない程度の、一方的でない知識の相互交換は双方にとってメリットがある。

（4）母分逆転

　プリーツ加工を主体とするSP社（東京）は、上記のタイプ2の「拡大」に分類され、国内に本社（従業者数27名）と関連会社として工場2カ所（同合計29名）、フィリピンに分工場（同380名）を擁する。[7]同社は「母分逆転」ともいえる状況をつくっている。海外工場は形式的には分工場であるものの、実質的には開発機能などを持つ母工場の地位を付与され、そこで開発されたノウハウを日本に再輸入する。この場合のメリットは人材の確保と育成である。強力なリーダーシップと人材育成方針がこれを支え、具体的には海外人材の日本国内への研修制度によって、海外分工場が母工場として備えるべき知識の伝播を可能とした。他方、国内工場は、主に短納期・修理対応で強みを発揮する。

6　2017年3月9日に実施したNA社（代表取締役）への非構造化インタビューによる。
7　2019年11月14日に実施したSP社（代表取締役）への非構造化インタビューによる。

4．企業内の地域間競争を超えて

　本章では、中小企業を主体とした縫製・加工業を対象に、海外分工場におけ
る革新の阻害要因を明らかにするとともに、こうした阻害要因を克服して分工
場を革新している事例を考察し、海外分工場の革新を可能にするマネジメント
のパターンを抽出した。海外分工場のスクラップ・アンド・ビルドを採りにく
い中小企業中心の縫製・加工業という集団にとって、地域間分業は日本国内の
工場と海外の分工場との地域間競争という側面も有する。こうした状況を克服
するためには海外分工場の革新は重要となるが、そこには二つの阻害要因が存
在する。第一には意思決定機能の欠如、情報収集機能の欠如、研究開発機能の
弱さ、第二は、国内工場との棲み分けである。水平的直接投資としての縫製・
加工業の海外縫製・加工工程への展開は、前章でみた「工場のジレンマ」のほ
かに、意思決定機能の欠如等、国内工場との棲み分けにともなう革新の困難性
という問題を抱えるのである。こうした阻害要因を克服して海外分工場の革新
を可能にするマネジメントのパターンとして、事例の考察を通じて①垂直的分
業化、②アームズ・レングス、③対等な相互差別化と知識の相互還流、④国内
工場と海外工場との母分逆転、をみることができた。本章の含意は、経営資源
に制約のある中小企業が中心の縫製・加工業が海外分工場を設置する場合、労
働費の上昇など諸条件の変化に応じた革新を可能とするマネジメントの重要性
とその具体的なパターンを提示したことである。

　一方で、こうした阻害要因を克服できる企業は少数であり、多くは撤退に追
い込まれていくことになった。日本においては、アパレル業や商社が主導して
中国などアジアへの海外展開が加速度的に進展した。そのなかで縫製・加工業
は自らの水平的な直接投資だけでなく、アパレル業や商社といった企業集団の
垂直的直接投資についても技術指導というかたちで積極的に関与してきた。結
果論かもしれないが、地域間競争の側面だけであれば個別企業にとっては新た
な地域に出ていくことが短期的には企業集団の競争力強化につながったが、長
期的にはそうではなかった。集団間競争や地域間競争は次代のそれぞれの競争
条件を規定する。アパレル業や商社との縫製・加工工程をめぐる垂直的集団間
競争の次元や、その後の異なる資本系列間の集団間競争の次元を事前に想定し

ながらの戦略的な海外進出であったのかという点にはやや疑問が残る。海外展
開には、個別企業の競争次元だけでなく、様々な集団間・地域間の競争次元を
考慮することが集団の持続的な発展にとって重要であることを指摘しておきた
い。

　〔付記〕本章は奥山（2021）を加筆・編集したものである。奥山雅之（2021）「海外分工場
の革新阻害要因と持続的成長——中小企業の縫製・加工工場を例に——」経営行動研究学会
『経営行動研究年報』第 30 号、pp.71-75。

参考文献

奥山雅之（2019）「ファッションアパレル産業における縫製工程の空間的分業と企業間分業の変容」経
　　営行動研究学会『経営行動研究年報』第 28 号、pp.63-67。

榊原雄一郎（2020）「東北自動車集積における進出分工場の機能についての研究」関西大学『關西大學
　　経済論集』第 70 巻第 1・2 号、pp.269-283。

中村剛治郎（2004）『地域政治経済学』有斐閣。

藤川昇悟（2001）「地域的集積におけるリンケージと分工場」『経済地理学年報』第 47 巻第 2 号、pp.1-
　　18。

松原宏・鎌倉夏来（2016）『工場の経済地理学』原書房。

Balassa, B.（1961）*The Theory of Economic Integration*. Homewood, Illinois: Richard D. Irwin, Inc.
　　（中島正信訳（1963）『経済統合の理論』ダイヤモンド社）。

Majek, T. and R. Hayter（2008）"Hybrid Branch Plants: Japanese Lean Production in Poland's
　　Automobile Industry, *Economic Geography*, Vol.84, No.3, pp.333-358.

Massey, D.（1984）*Spatial Division of Labour*, London: Methuen.（富樫幸一・松橋公治訳（2000）『空
　　間的分業』古今書院）。

Massey, D. and R. Meegan（1982）*The Anatomy of Job Loss: The How, Why and Where of
　　Employment Decline*, London: Methuen.

Watts, H. D.（1981）*The Branch Plant Economy; A study of External Control*, London and New
　　York: Longman.

第8章

中小テキスタイル業の海外市場開拓にみる地域間競争

企業家活動、マーケティング、生産・開発の変化

丹下英明

　本章では、織物やニット[1]などの「テキスタイル」を製造する中小テキスタイル業が、海外テキスタイル業との地域間競争にどのように打ち勝つことができたのか、その要因を事例研究によって明らかにする。

1．海外市場開拓が求められる中小テキスタイル業

　人口減少などによる国内市場の縮小が進むなか、日本の中小企業は、輸出や海外直接投資による国際化を進めている。一方で、国際化する中小企業の増加や、新興国企業の成長にともない、近年は、海外においても、日系企業同士または新興国企業との間で、顧客獲得競争が激化している、海外から撤退する中小企業も多くみられる（丹下 2016）。

　そうしたなか、国際化に取り組む中小企業は、海外において、日系企業だけでなく、欧米系企業や新興国企業などの海外企業を販売先として開拓する必要に迫られている。海外企業と取引する過程において、中小企業は、商習慣の違いなど、日系企業との取引とは異なる多くの困難に直面する。海外企業を販路開拓する際に、中小企業が直面する様々な課題にどのように対応すればよいのか、明らかにすることが求められている。

　以上を踏まえて、本章では、中小テキスタイル業が、海外のテキスタイル業との地域間競争に打ち勝ち、海外企業との取引を実現することができた要因を

1　織物とは、織機にかけ、縦糸と横糸とを組み合わせて平たく作った布地。ニットとは、編み物、編んだ服や布地（小学館『デジタル大辞泉』）。

事例研究によって明らかにする[2]。

　本章でテキスタイル業をとりあげる理由は、以下の2つである。

　第一に、海外企業への販売先拡大プロセスを分析するうえで、テキスタイル業が適切な対象と考えるためである。弘中（2019）が示すように、自動車部品や電機機械部品を生産する中小製造業者の場合、海外に進出した日系企業への販売を足掛かりとして実績を積み、その後、日系以外の海外企業に対して、販路開拓に取り組むプロセスが多くみられる。

　一方、中小テキスタイル業の場合、国内の主力販売先である日系アパレル企業のほとんどは、海外に進出していない。そのため、中小テキスタイル業が海外市場を開拓しようとすると、他業種のような海外に進出した日系企業を足掛かりとした販路開拓プロセスが通用しない。必然的に欧米アパレル企業など、日系以外の企業を当初から販売ターゲットとせざるをえない。

　海外に進出した日系企業を足掛かりとした販路開拓プロセスが通用しないテキスタイル業を分析対象とすることは、海外企業への販路拡大プロセスを純粋に分析するうえで、有意義と考える。本研究によって、テキスタイル産業のような、国内での主力販売先（日系アパレル企業）の海外進出が進んでいない産業において、どのような海外市場開拓戦略が有効なのか、示唆をえることができると考える。

　第二に、テキスタイル業による海外企業への販売先拡大を分析することが、今後、国内他産業の参考になる可能性があるためである。後述するように、日本のテキスタイル業は、国内生産の減少に直面しており、新たな投資や資金調達を行ったり、人材を確保したりする余地が限られている。今後、多くの中小企業が国内需要の減少に直面することが想定されるなか、他産業に比べて、より早く様々な制約に直面するテキスタイル業を分析することは、他産業にとっても、大きな示唆となりうる。

2　本章では、BtoB での取引かつアパレル分野を強く意識している。そのため、BtoC の取引や、非アパレル分野の取引については、分析の対象外である。なお、中小消費財メーカーの BtoC での海外市場開拓戦略については、丹下（2012）、丹下（2013）を参照。

2．先行研究

(1) テキスタイル産業の現状

日本国内におけるテキスタイルの生産をみると、減少傾向にある。日本化学繊維協会（2019）によると、織物の生産量は、2006 年の約 23 億平方メートルから、17 年には約 14 億平方メートルへと約 39％減少している。[3] ニット生地についても、07 年の 84,701 トンから、17 年には 54,863 トンへと約 35％減少している。

国内におけるテキスタイルの生産は、さらに長期的にみても減少傾向にある。加藤（2018）は、「織物に代表される『生地生産』は、1985 年のプラザ合意を境にした欧米生地輸出の決定的な落ち込み、さらには 90 年代中頃から海外製生地調達に転じていく国内向け衣料品の海外生産の進展などを背景に縮小基調から脱せずにいる。今日では、一定の生産量を維持している国内生地産地は数えるほど」になっていると指摘する。

一方で、テキスタイルの輸出は、増減を繰り返しながらも、安定的に推移している。テキスタイル輸出額をみると、13 年の 6,842 百万ドルから、15 年に 6,164 百万ドルにまで減少したものの、17 年は 6,522 百万ドルにまで増加している（日本化学繊維協会 2019）。

背景として、日本製テキスタイルに注目が集まっていることが指摘できる。実際、日本製テキスタイルは近年、海外で様々な賞を受けるなど、海外でも注目されつつある（首藤 2015）。こうした点からも、テキスタイル産業における海外企業への販売先拡大を分析することは、重要と考える。

(2) 中小テキスタイル業による海外企業への販売先拡大

中小テキスタイル業による海外企業への販売先拡大に関する近年の研究は少なく、大田による一連の研究がある程度である。

大田（2012）は、先発工業国の中小企業が後発工業国製品に対する差別化を実現するためには、ネットワークと制度的条件の主体的な変革が有効と主張

3　ちなみに、1970 年の織物生産量（約 77 億平方メートル）と比較すると、17 年の織物生産量は約 82％減と大幅な減少となっている。

する。トレンド発信志向とトレンド適応志向という二つのネットワークの存
在を指摘したうえで、欧米のようなトレンド発信志向のネットワークに対し
ては、「トレンド発信志向の企画・開発やプロモーションを効果的に行うには、
それに相応しい制度的条件を基盤とするネットワークを形成しなければならな
い」とする。そして、「欧米の展示会組織による出展資格の拡張や、国際マー
ケティングに意欲的な中小企業への支援強化が、欧米の高級ブランドへのマー
ケティングにともなう中小繊維企業の負担を軽減した。そして欧米の高級ブラ
ンドや展示会組織から高い評価を受け、収益面でも良好な成果をあげる中小繊
維企業が徐々に増えている」と述べており、国際展示会の出展資格の拡張や支
援強化が海外アパレル業との取引成功要因であることを指摘している。

　大田（2018）では、展示会への出展に着目し、日本中小繊維企業の国際化過
程における出展行動と学習を明らかにしている。

　大田（2019）は、中小企業は、様々な展示会のなかから自社の課題解決に必
要なものを選択し、そこで効果的な活動を行う必要があることを指摘している。

（3）中小製造業による海外企業への販売先拡大

　テキスタイル業に限らず、中小製造業全体の海外企業への販売先拡大プロセ
スとその実現要因について、どのような議論がなされてきたのだろうか。

　弘中（2019）は、日本の中小企業は、日本企業だけでなく、海外の優良企業
を顧客として開拓する必要性を指摘する。

　山本・名取（2014a）では、主に経営者の企業家活動に着目し、中小製造業
がどのように国際化を実現したのか、そのプロセスを分析している。国際化
を果たした中小製造業の経営者は、「過去の意思決定の経験」「ネットワーク」
「組織構築」によって高めた企業家志向性（EO：Entrepreneurial Orientation）
を「国際的企業家志向性（IEO：International Entrepreneurial Orientation）」
に転化することで、国際化を実現していることを明らかにしている。そして、
転化の要因として外部環境の変化を指摘する。これは、国際化プロセスにおけ
る経営者の行動を説明した点に貢献がある。

　山本・名取（2014b）では、「市場志向性」と「輸出市場志向性」、「学習志
向性」の概念を活用することで、経営者の企業家活動＝企業家要因の観点から、

山本・名取（2014a）で提示された分析視点を拡張している。

3．事例研究

(1) 分析枠組みと事例研究の概要

　以上、先行研究のレビューを行った。2.（2）でみた国際展示会への出展に着目した大田による一連の研究や、2.（3）でみた経営者の企業家活動に着目した山本・名取の研究は、本章の分析枠組みを構築するうえで、参考となる。

　一方で、先行研究では、企業の戦略や、開発、生産といった機能が、海外企業への販売先拡大にどのように作用したのかについては十分には分析していない。中小テキスタイル業がなぜ海外企業への販売先拡大を実現できたのか、その要因を明らかにするためには、経営者の企業家活動だけでなく、企業の戦略や機能についても分析する必要があるだろう。

　丹下（2015）は、中小自動車部品メーカーを対象として、中国自動車メーカーに対する販路開拓戦略を分析している。その結果、海外企業のもつ経営資源を活用することや、高い製品品質を維持することが重要であることを明らかにしている。こうした主張は、自動車部品産業を対象にしたものであり、テキスタイル産業ではどうかについては、明らかにされていない。

　以上を踏まえて、本章では、中小テキスタイル業による海外企業との取引実現プロセスについて、分析を行う。特に、先行研究で示された経営者の企業家活動だけでなく、企業の戦略や機能（開発、生産など）にも着目する。

　本章では、海外企業との取引を実現した中小テキスタイル業 3 社の事例研究

表 8 - 1　事例企業の概要

会社名	事業概要	資本金(万円)	従業員(名)	海外販売開始年	主な販売先国	海外販売比率
A社	織物（綿など）	3,600	150(グループ計)	2005 年	欧米中国	20%
B社	織物（合繊）	2,000	59	1996 年	欧米中国	70%
C社	ニット生地	1,000	31	2001 年	欧米	50%

資料：筆者作成。

を行う（表8-1）。

(2) A社[4]

A社は、1951年に設立された織物製造業者である。染色・加工を除くすべての工程を自社で手掛けられることや、多様な織機を有していること、衣服などのアパレル製品を製造販売する企業もグループ内に有することなどを強みとしている。

A社グループの海外販売比率は、約20％（欧米10％、中国10％）である。A社は、アメリカとフランス、中国、タイに海外拠点を有している。

設立以来、A社は、輸出を中心に事業を拡大してきた。しかしながら、1985年のプラザ合意による円高の進展を契機に、輸出が難しくなったため、輸出型企業から、国内アパレル業への販売を中心とした内需型企業に転換する。

その後、2000年代に入り、A社は再度、海外市場開拓を進めはじめる。先代経営者が中心となって、05年にパリの国際見本市「プルミエール・ヴィジョン」に出展した。その後も、現在まで継続的に出展してきたことで、欧米大手アパレル業との取引を実現している。

A社は、中国向け販売にも積極的に取り組んでいる。08年に中国上海市に販売子会社を設立。同子会社では、日本製生地を評価してくれる中国地場アパレル業に対して、生地を販売している。A社では、現在、中国企業向け売り上げが全体の10％になっている。

A社中国拠点のトップには、日本の大手商社に勤務経験のある中国人女性を登用した。同人が中国現地アパレル業に営業を行い、販売先を拡大している。

中国以外の国に対しては、現在、商社経由で販売を行っている。ただし、商社に営業を任せきりにするのではなく、A社従業員が商社従業員に同行し、直接製品を売り込んでいる。

A社の主力製品は「S」である。生地はあたたかみがあり、豊かな風合いをもつ。このことが、当社生地の高い評価につながっている。

A社は、自社工場で生産している。織機は約100台有しており、最新のエアジェット織機だけでなく、シャトル織機やレピア織機なども有する。様々な種

4　A社代表取締役社長に対し、2018年11月30日にインタビュー調査を実施。

類の織機を有することで、多様な生地を生産できる体制を構築している。

　特に、シャトル織機は、約20台を有している。コンピューター制御により空気などを使って織る最新の織機と比べると、シャトル織機は極めて非効率な織機であるが、丁寧に織ることができる。このことが、同社生地の高い評価につながっている。

　A社は、社内に生地およびアパレル製品の企画機能を持ち、強化に努めている。東京都に企画部門を設置しており、そこでは、6名の従業員が生地企画や製品企画、パタンナーとして勤務している。1990年には、オリジナルデザインでの生地開発を始め、99年からはオリジナル紡績糸の開発も始めている。市場分析や研究開発を行うことで、毎年新たなコレクションを提案している。

　なお、A社では、2010年前後より、アパレル製品のOEM（受託生産）を開始しているものの、その販売先は日本国内がほとんどとなっている。

（3）B社[5]

　B社は、1948年に設立された織物製造業者である。超高密度の合繊織物製造に強みを有している。海外販売比率は、約70％（欧米40％、アジア30％）となっており、韓国と中国、イタリアに海外拠点を有している。

　B社は、設立以降、ヨットセールクロスなどの資材織物製造を中心に事業を営んできた。この過程で、高密度織物の技術やノウハウを蓄積していく。当時、B社は、大手合繊メーカーが企画した生地を賃織りしていた。

　B社は、93年から衣料向け織物に参入し、96年には、テキスタイル製品「D」を発売する。「D」は、超高密度のポリエステル織物である。加工による撥水性の高さに加え、型崩れしにくく、きめ細かな肌触りなどのファッション性が評価され、現在は、B社のフラッグシップブランドとなっている。

　しかしながら、テキスタイル製品「D」は、当初、国内では全く評価されなかった。他社の合繊織物に比べて価格が高いことや、合繊を用いたアウターが、当時はなかったこともあり、B社が国内アパレル業に売り込みに行っても「これは何に使うのか」という反応だったという。

　そのころ、B社は、取引先から、「韓国やイタリアなら受け入れてくれるの

5　B社専務取締役に対し、2018年11月16日にインタビュー調査を実施。

では」とのアドバイスを受ける。そこで、B社社長は、韓国などの海外企業への販路開拓にみずから取り組みはじめる。韓国では、以前、展示会で出会った韓国人を訪ね、代理店契約を結び、一緒に販路開拓に取り組む。その結果、98年頃からは、商社経由で、韓国向けに輸出を開始する。2000年からは、欧米向けの輸出も開始する。欧米企業は、他にはない独自の素材を常に求めており、そうしたニーズにB社の生地が合致した。

　これら海外企業との取引開拓は、経営者がみずから韓国や欧州に渡り、現地のアパレル業などと直接交渉して、進めていった。実際、B社社長は、1年の半分近くは海外出張しているという。また、みずから海外企業に売り込むなかで、海外企業のニーズを把握し、手触りや肌触りなどの改良をすすめたことも、高く評価されている。

　07年には、素材にナイロンを使用した高密度織物を新たに発売。同製品は、ヨーロッパの高級ダウンメーカーに採用され、現在まで取引を継続している。

　B社は、01年頃より、中国企業への販売先拡大に取り組んでいる。中国向けには、経営者が直接、販路開拓に取り組んだほか、国際展示会である「インターテキスタイル上海」に年1回出展している。それらによって、現地での知名度を高めた結果、中国企業の開拓を実現している。

　また、06年には、中国販売強化のため、B社に研修生として来ていた中国人が社長を務める現地企業と代理店契約を締結。10年には、B社は現地法人を中国上海市に設立している。現地法人には、日本本社の製品専門の販売員を1名配置し、中国企業に対して営業を行っている。現在、B社の中国を含むアジア向け売り上げは、全体の30％に達している。

　B社は、10年から、中国でも衣料用生地の生産を開始している。中国の現地企業を協力工場として、生産を委託している。これは、低価格品を求める顧客へのニーズに対応したものである。協力工場では、B社と同じ織機を約280台導入し、生産開始前の05年頃から、B社従業員が技術指導を行うことで、製品品質の確保に努めている。協力工場に対して出資は行っていない。協力工場の製品は、ブランド「E」として販売し、日本国内で生産する「D」とは異なるブランドで販売している。ブランド「E」は、B社経由で、欧米企業などに販売している。

　B 社は、現在、輸出の 95％が直接輸出である。当初は商社経由で輸出していたが、商社経由では B 社のこだわりが伝わらないため、直接輸出に切り替えていった。現在、B 社は、現地エージェントを活用した販路開拓に取り組む一方、韓国、中国、イタリアには自社拠点を設置し、販路開拓に取り組んでいる。

　B 社は、最新鋭の織機であるウォータージェット織機を約 100 台保有している。世界中のメーカーから適した原糸を選定して組み合わせ、撚糸の有無や回数、組織、経緯の密度、張力などを考慮し、テストにテストを重ねている。そして、自社にある最新鋭の織機を使いつつ、ゆっくりと織る。織機と織機の間を広くとり、織機を地下にしっかり埋める、固定することで、織機の揺れを少なくしている。これらの工夫の結果、高密度かつ柔らかな独自の風合いを実現しており、そのことが、海外企業から高い評価を得た。

　B 社は、社内に生地の企画機能を持ち、強化に努めている。また、生地企画だけでなく、アパレル製品の企画機能も新たに設置している。ただし、B 社では、あくまでも生地を PR する一環として開始したものと位置付けており、アパレル製品の海外企業販売にはそれほど積極的ではない。

（4）C 社[6]

　C 社は、現会長が 1972 年に設立したニット生地製造業者である。高級感のある丸編みニット生地の製造に強みを有している。海外販売比率は、約 50％となっている。海外拠点は有していない。

　C 社は、70 年代後半から、会長が中心となって、パリの国際展示会「プルミエール・ヴィジョン」など国際展示会の視察を行ってきた。そのなかで、日本の技術は良いものの、提案力やデザイン力は先進国企業に劣ることを痛感する。

　そこで、C 社は、89 年にフランスの同業 F 社と業務提携契約を締結する。提携先の探索は、会長みずからが行った。F 社との契約条件には、「F 社がプルミエール・ヴィジョンに出展する際には、C 社会長もブースに立つことを許可すること」「C 社従業員を F 社工場に 1 か月間派遣する」といった項目を入

6　C 社取締役会長に対し、2018 年 10 月 4 日、12 月 6 日にインタビュー調査を実施。

れることで、企画力の向上を目指した。これらの取組によって、C 社は、企画力や提案力を獲得していく。

　C 社は、2001 年頃から、本格的に海外市場開拓への取組を開始する。パリやニューヨークでの国際展示会に出展を重ね、04 年からは、「プルミエール・ヴィジョン」への出展を開始する。同展示会では、02 年に日本企業の出展が可能となったばかりであり、C 社は早くから同展示会に出展している。

　展示会出展は、赤字が続くなど、当初はうまくいかなかった、しかしながら、継続的に出店することで、徐々に認知度があがっていく。そして、欧米の高級ブランドとの取引を実現していく。17 年には、表と裏に異なる素材を使ったニット生地が、プルミエール・ヴィジョン「PV アワード」のグランプリを受賞。日本企業としては、2 社目の快挙である。

　C 社の主力製品は、ニット生地「L」であり、それが海外売上の多くを占めている。インドの超長綿スビン綿を使ったオリジナル素材であり、カシミヤのようなタッチのインド綿に別の綿をブレンドして特殊な紡績方法で仕上げている。また、編みのスピードをゆっくりにしたり、染色と仕上げにこだわったりすることで、高級感ある風合いと柔らかな着心地を実現している。そうした点が好評で、長年たくさんの顧客がリピートしている。

　C 社は、自社で工場は持たず、グループ企業や、地元の協力企業に生産を委託している。特に、グループ企業は、C 社会長の弟が社長を務めていることから、協力関係が強く、短納期対応も可能となっている。

　C 社は、グループ会社にある 100 年以上前の機械など、古い織機を使ってゆっくり織ることで、他社にはできないニット生地を生産している。糸をピンと張った状態で織る最新鋭の高速織機と違い、ふんわりとした手触りに生地を仕上げている。「世界全体が効率化にまい進するなか、当社がこれについていったら大変なことになる」と C 社会長は話す。

　C 社は、生地やアパレル製品の企画機能を有している。企画チームは 4 名おり、年間 500 ～ 600 点ほどのテキスタイルを開発している。C 社のデザイナーは、16 年には、「プルミエール・ヴィジョン」で、「最も影響力のある 6 人のテキスタイルデザイナー」の 1 人に選出されている。

4．考察：中小テキスタイル業による海外市場開拓の実現要因

　中小テキスタイル業は、どのようにして海外のテキスタイル業との地域間競争に打ち勝ち、海外企業との取引を実現できたのだろうか。ここでは、その要因について、事例を分析・解釈する。

(1) 経営者による企業家活動の変化

　各事例をみると、経営者が率先して海外企業への販売先拡大に取り組むなど、経営者による企業家活動が、国内中心から海外へと広がっていることがわかる。

　A 社では、先代経営者が中心となって、2005 年に「プルミエール・ヴィジョン」に出展することで、海外企業との取引を実現した。

　B 社は、1996 年頃から、経営者みずからが韓国や欧州に渡り、現地のアパレル業などと直接交渉して、海外企業との取引を進めていった。

　C 社も現会長がみずから提携先の海外企業を開拓したり、「プルミエール・ヴィジョン」に出展したりするなど、海外企業との取引に取り組んでいる。

　このように、事例企業では、経営者がみずから率先して海外企業との取引実現に取り組んでいることがわかる。これらは、山本・名取（2014a）が示した国際的企業家志向性（IEO）の発現プロセスと合致する。

(2) マーケティング戦略の変化

　事例企業について、海外企業に対するマーケティング戦略をみると、以下の 3 点が変化として指摘できる。

①感性を重視した製品を投入

　第一に、製品について、「強度」「難燃性」といった機能よりも、「きめ細かい肌触り」「高級感」といった顧客の感性に訴えることを重視した製品を開発・投入している。このことが、海外企業との取引実現に寄与している。

　A 社の主力製品は「S」である。生地にはあたたかみがあり、豊かな風合いをもつ。1990 年には、オリジナルデザインでの生地開発を始め、99 年からはオリジナル紡績糸の開発も始めるなど、感性に訴える新製品を常に投入している。

　B社では、96年に、テキスタイル製品「D」を発売している。「D」は、超高密度のポリエステル織物である。加工による撥水性の高さに加え、型崩れしにくく、きめ細かな肌触りなどのファッション性が評価されている。経営者がみずから海外企業に売り込むなかで、海外企業のニーズを把握し、手触りや肌触りなどの改良をすすめたことが、こうした評価につながっている。

　C社の主力製品は、ニット生地「L」であり、それが海外売上の多くを占めている。インドの超長綿スビン綿を使ったオリジナル素材であり、カシミヤのようなタッチのインド綿に別の綿をブレンドして特殊な紡績方法で仕上げている。また、編みのスピードをゆっくりしたり、染色と仕上げにこだわったりすることで、高級感ある風合いと柔らかな着心地を実現している。そうした点が好評で、長年たくさんの顧客がリピートしている。

　こうした背景として、欧米企業が独自の生地を求めていることが指摘できる。一般社団法人日本ファッション・ウィーク推進機構JFWテキスタイル事務局（2015）では、欧米企業が日本製素材に求めるニーズとして、「加工によるクリエイティビティとイノベーション力」、「特殊技術によるクラフトマンシップ」、「日本ならではの風合い、色彩、柄」などを指摘している。こうした欧米企業のニーズに対応したことが、欧米企業との取引につながっている。

　このように、事例企業は、生地の機能ではなく、顧客の感性に訴えることを重視した製品を開発・投入している。こうした製品力の高さが、独自生地へのニーズが強い海外企業から評価され、取引につながっている。

　なお、このような顧客の感性に訴えるような製品を生産するうえでは、生地企画機能の設置と、生産体制の構築が重要な役割を果たしている。この点については、4.（3）で後述する。

②経営者らがみずから自社製品の良さを伝える

　第二に、プロモーションについて、経営者などが顧客に対して、直接、自社製品の良さを伝えている。特に、国際展示会への継続的な出展が、海外企業との取引実現につながっている企業が多い。

　A社は、先代経営者が中心となって、2005年に「プルミエール・ヴィジョン」に出展している。その後も、現在まで継続的に出展してきたことで、欧米大手アパレル業との取引を実現している。

　C 社は、2001 年頃から、本格的な海外市場開拓を開始する。パリやニューヨークでの国際展示会に出展を重ね、04 年からは、「プルミエール・ヴィジョン」への出展を開始する。展示会出展は、赤字が続くなど、当初はうまくいかなかった。しかしながら、継続的に出店することで、徐々に認知度があがっていく。そして、欧米の高級ブランドとの取引を実現していった。

　このように、A 社、C 社は、国際展示会という場を通じて、経営者が顧客に対して、直接、自社製品の良さを伝えてきたことが、海外企業との取引実現につながっている。

　ここで重要なのは、「継続的な」出展である。C 社が示すように、展示会出展は、赤字が続くなど、当初はうまくいかなかった。しかしながら、継続的に出店することで、徐々に認知度があがり、C 社は「プルミエール・ヴィジョン」で受賞するまでになっている。中小テキスタイル業による海外企業開拓には、国際展示会への出展、特に継続的な出展が有効といえる[7]。

　一方、B 社の取組は、A 社、C 社とは異なる。中国向けには、「インターテキスタイル上海」に出展することで、中国企業の開拓を実現しているものの、当初の海外販売先の開拓では、社長が直接、顧客候補を訪問し、開拓に取り組んでいる。B 社経営者は、1996 年頃から、韓国などの海外企業への販路開拓に取り組み始める。また、2000 年からは、欧米企業を直接訪問し、販路拡大に取り組んでいる。

　以上、3 社の事例を踏まえると、国際展示会への継続的な出展は、大田（2012）が指摘したように、海外企業の販路開拓において有効と考える。しかしながら、より重要なのは、国際展示会への出展あるいは顧客企業への訪問といった手段にかかわらず、経営者が直接、自社製品の良さを伝えることであると考える。経営者が直接、自社製品の良さを伝えることができる点こそ、大企業とは異なる、中小企業ならではの特徴といえるだろう。

③現地に精通した人材を活用

　第三に、販売チャネルについて、現地に精通した人材を活用している。

　A 社では、中国上海拠点のトップには、中国人女性を登用し、同人が中国現地アパレル業に営業を行っている。

7　国際展示会への継続的な出展と学習プロセスについては、大田（2018）が有益である。

　B社は、現地エージェントを活用した販路開拓に取り組む一方、韓国、中国、イタリアには、自社拠点を設置して、自社でも販路開拓に取り組んでいる。

　C社は、海外販売については、現地エージェントを活用している。

　これらの事例からは、現地に精通した人材の活用が海外企業との取引実現に貢献しているといえる。

　なお、事例企業3社の取組をみると、①当初は経営者が率先し、その後、現地に精通した人材の活用へ徐々にシフト（A社、C社）、②経営者が現地に精通した人材とともに海外企業を販路開拓（B社）といったパターンがみられる。いずれのパターンにおいても、当初は、経営者が海外企業の販路開拓に強く関与している点は、共通している。

④販売先国のシフト

　事例企業をみると、国際化から年数がたつにつれて、販売先国を欧米から中国へと拡大しているケースが3社中2社でみられた。

　事例企業3社のうち、A社とB社は、中国向け販売にも積極的に取り組んでいる。A社は、現在、中国企業向け売り上げが全体の10％になっている。B社も中国で開催される国際展示会に積極出展しており、中国を含むアジア向けが売り上げ全体の30％に達している。中小テキスタイル業による海外企業開拓は、欧米から中国へと広がりを見せ始めている。

　一方、C社は、現時点では中国企業との取引開拓は行っていないが、将来的には検討している状況にある。

(3) 生産・開発機能の変化

　事例企業における機能の変化をみると、以下の2点が指摘できる。

①製品競争力強化に向けた生産体制の構築

　第一に、製品競争力強化に向けた生産体制の構築である。A社は、最新のエアジェット織機などを導入する一方で、旧型のシャトル織機やレピア織機なども残すことで、多様な生地を生産できる体制を構築している。特に、シャトル織機は、最新の織機と比べると生産効率は劣るものの、丁寧に織ることができるため、あたたかみがあり、豊かな風合いをもつ生地を織ることができる。こうした生地が海外で高い評価を得ている。

　C社は、グループ会社にある 100 年以上前の機械など、古い織機を使って
ゆっくり織ることで、他社にはできないニット生地を生産している。糸をピン
と張った状態で織る最新鋭の高速織機と違い、ふんわりとした手触りに生地を
仕上げている。

　A社やC社の取組は、国内生産が減少するなか、新たな投資が難しいテキ
スタイル業にとって、参考となる取組といえる。

　一方、B社は、A社やC社とは異なり、最新鋭の織機を使っている。
ウォータージェット織機を約 100 台保有している。世界中のメーカーから適し
た原糸を選定して組み合わせ、撚糸の有無や回数、組織、経緯の密度、張力や
クリンプ[8]率までも考慮し、テストにテストを重ねている。そして、自社にあ
る最新鋭の織機を使いつつ、ゆっくりと織る。織機と織機の間を広くとり、織
機を地下にしっかり埋め、固定することで、織機の揺れを少なくしている。こ
れらの工夫の結果、高密度かつ柔らかな独自の風合いを実現しており、そのこ
とが、海外企業から高い評価を得た。

　事例企業 3 社の生産体制をみると、用いる織機に違いはあるものの、いずれ
も生産効率を重視するのではなく、「ゆっくり織る」ことで、顧客の感性に訴
える製品を生産している点が共通している。

　こうした背景として、中国など、海外テキスタイル業との差別化を図らざる
をえないことが指摘できる。中国を中心に、海外のテキスタイル業は、日本の
テキスタイル業と比べて豊富な資金力を有している先が多い。そのため、最新
鋭の織機を多数導入し、生産効率化を積極的に進めている。一方、国内生産が
減少している日本のテキスタイル業は、中国企業のように、最新鋭織機を多数
導入し、コスト競争を進めることは困難である。中国企業には、製品の機能や
生産性勝負では勝てないのが現状である。海外のテキスタイル業との製品差別
化を図るうえで、事例企業の取組は、参考となるだろう。

　なお、事例企業 3 社のうち、B社は、中国協力工場を活用して、低価格品を
投入している点が興味深い。B社は、2010 年から、中国の現地企業を協力工
場として、現地生産を開始している。これは、低価格品を求める顧客へのニー
ズに対応したものである。協力工場の製品は、ブランド「E」として販売し、

8　繊維の縮れ。ウールや綿などにみられ、素材に弾力性と保温性をもたせる（小学館『デジタル大辞泉』）。

日本国内で生産する「D」とは異なるブランドで販売しており、「D」よりも安い価格で販売している。

　こうした動きは、自動車部品産業でもみられる。丹下（2015）では、中国企業に対して、設計や仕様を変更し、先進国向けよりも品質を若干下げた製品を投入した動きを指摘している。こうした動きが、今後、他の企業でも進むのか、注視する必要があるだろう。

②企画機能の包摂・強化

　第二に、企画機能の包摂・強化である。A社、B社、C社とも社内に生地の企画機能を持ち、強化に努めている。

　A社は、社内に生地およびアパレル製品の企画機能を持ち、強化に努めている。東京都に企画部門を設置しており、そこでは、6名の従業員が生地企画や製品企画、パタンナーとして勤務している。1990年には、オリジナルデザインでの生地開発を始め、99年からはオリジナル紡績糸の開発も始めている。市場分析や研究開発を行うことで、毎年新たなコレクションを提案している。

　B社およびC社も、社内に生地およびアパレル製品の企画機能を持ち、強化に努めている。特に、C社は、生地やアパレル製品の企画機能を有している。企画チームは4名おり、年間500〜600点ほどのテキスタイルを開発している。

　日本国内での取引とは異なり、海外企業との取引を実現するためには、テキスタイルの企画機能が必要である。日本国内取引では、商社などが生地を企画し[9]、テキスタイル業は、その企画したものを賃加工で製造するケースが多い[10]。アパレル業に対し、テキスタイル業が直接、テキスタイル企画を提案するケースは少ない。こうした取引では、テキスタイル業が生地企画機能をもつ必要はない。

　一方、海外企業との取引では、海外アパレル業のデザイナーやバイヤーとテキスタイル業が直接やりとりすることが多い。そのため、テキスタイル業には、生地を企画し、提案することが求められる。自社で生地企画機能を持たないテキスタイル業も多いなか、海外企業を開拓するためには、顧客ニーズに柔軟に対応可能な生地企画機能をもつことが重要と考える。

9　業界内では、「繊維専門商社」「産元商社」「コンバーター」などと称される。
10　加藤・奥山（2020）は、商社などの生地事業について、「アパレルメーカーの企画デザインに基づく生地を供給（ときには、企画提案を含めて）することが生地事業の一つの柱」としている。

　なお、A社、B社、C社とも、生地企画だけでなく、アパレル製品の企画機能も新たに包摂している。しかしながら、生地企画機能とは異なり、製品企画機能については、海外企業の販路開拓には、それほど寄与していない。たとえば、B社では、製品企画を、あくまでも生地をPRする一環として位置付けている。A社も2010年前後よりアパレル製品のOEMを開始しているものの、そうした製品は、日本アパレル業への販売がほとんどであり、海外企業への販売は少ない。

　海外企業への販路開拓において、製品企画機能の包摂があまり寄与していない理由として、日本のアパレル業と海外アパレル業の取引先に対するニーズの違いが指摘できる。日本アパレル業は、厳しい経営環境に置かれる中で、アパレル製品の企画そのものを外部に委託する傾向にある。そのため、日本アパレル業は、取引先に対して、テキスタイルの企画提案よりも、アパレル製品そのものの提案・納品を求める。

　一方で、海外企業は、アパレル製品を企画デザインするのは、自社であり、そのための素材をテキスタイル業に求めている。製品企画機能の包摂が、海外企業開拓の実現にそれほど寄与していないのは、そうした違いが反映されているものと考える。これらを踏まえると、海外企業との取引を実現するうえでは、生地企画機能の包摂・強化が重要と考える。

5．海外市場開拓で求められる中小テキスタイル業の変化

　本章では、中小テキスタイル業が、海外テキスタイル業との地域間競争に打ち勝ち、海外企業との取引を実現することができた要因を事例研究によって分析した。その結果、中小テキスタイル業は、①企業家活動、②マーケティング戦略、③生産・開発機能を変化させ、現地競合企業との差別化を図ることで、海外企業との取引を実現していることが明らかとなった。

　本章で指摘した各要因の関係性をまとめると、図8－1のとおりである。海外テキスタイル業との地域間競争に打ち勝ち、海外企業との取引を実現した重要な要因の一つが「感性を重視した製品の投入」である。それを支えたのが「製品競争力強化に向けた生産体制の構築」と「企画機能の包摂・強化」と考

図8－1　海外企業への販路開拓を実現した要因

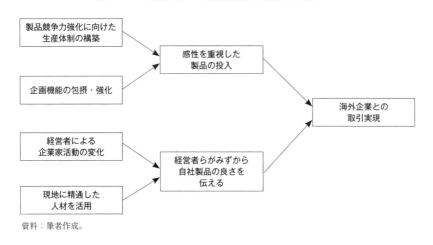

資料：筆者作成。

　える。これらの点が、海外テキスタイル業との差別化につながり、独自のテキスタイルをもとめる欧米企業との取引実現につながっている。こうした戦略は、日本のテキスタイル産業にとって、海外企業に採用してもらうための有効な戦略といえるだろう。

　一方で、いくら製品が良くても、それを海外顧客に伝えていかなければ、製品の良さは伝わらない。そうした点からは、「経営者らがみずから自社製品の良さを伝える」ことも重要な要因である。それを支えたのが、「経営者による企業家活動の変化」であり、「現地に精通した人材を活用」であるといえるだろう。

　本章の意義として、先行研究で指摘されていた企業家活動の変化や国際展示会への出展だけでなく、海外企業開拓プロセスにおけるマーケティング戦略全般や機能の変化も重要であることを示した点が指摘できる。

　一方で、課題も存在する。第一に、海外市場開拓における中小テキスタイル業の多様な方向性を分析する必要がある。本章では、アパレル業向けのテキスタイル販売に焦点を当てて分析を行ったが、テキスタイルの販売先は、産業用などの非アパレル業向けも存在する。そうした点も視野に入れる必要がある。

　第二に、海外企業との取引において直面する様々な課題への対応について

も、分析する必要がある。一般社団法人日本ファッション・ウィーク推進機構
JFW テキスタイル事務局（2015）によると、日本テキスタイルについて、海
外バイヤーは、「生地幅が小さい」「大量発注に対応できない」「発注後の生産
リードタイムが異常に長い」といった点に課題を感じていることを指摘する。
本章では、こうした課題に対して、事例企業がどのように対応したかについて
までは、踏み込んで分析を行っていない。これらへの対応についても、明らか
にすることが必要と考える。

　〔付記〕本章は、丹下（2021）を大幅に加筆・編集したものである。丹下英明（2021）「中
小製造業の海外販路開拓プロセスとその実現要因—テキスタイル産業における欧米・新興国
企業との取引を中心に—」法政大学イノベーション・マネジメント研究センター『イノベー
ション・マネジメント』第 18 巻、pp.89-104。

参考文献
一般社団法人日本ファッション・ウィーク推進機構 JFW テキスタイル事務局（2015）『平成 26 年度
　　製造基盤技術実態等調査事業（日本製テキスタイルの巨大市場である欧州バイヤーニーズ調査）
　　報告書』。
イン、ロバート K.（2014）『新装版ケース・スタディの方法第 2 版』千倉書房。
大田康博（2012）「日本中小繊維企業の国際マーケティング」『ネットワークの再編とイノベーション
　　—新たなつながりが生むものづくりと地域の可能性』同友館。
大田康博（2018）「日本中小繊維企業の国際化過程における学習—海外出展を通じた輸出を中心に」
　　『商工金融』第 68 巻第 2 号、pp.47-67。
大田康博（2019）「繊維産業における「一時的な組織化」—展示会の時間的・空間的条件の分析」『日
　　本政策金融公庫論集』第 43 号、pp.59-80。
加藤秀雄・奥山雅之（2020）『繊維・アパレルの構造変化と地域産業—海外生産と国内産地の行方』文
　　眞堂。
加藤秀雄（2018）「繊維・アパレル産業をめぐる生産・流通構造変化の特質と分析視角」『埼玉学園大
　　学紀要. 経済経営学部篇』第 18 号、pp.57-70。
首藤和彦（2015）「東レ株式会社・株式会社東レ経営研究所 共催 繊維産業シンポジウム講演抄録 東レ
　　のテキスタイル事業戦略」東レ経営研究所『繊維トレンド』第 112 号、pp.4-12。
丹下英明（2012）「新興国市場を開拓する中小企業のマーケティング戦略—中国アジア市場を開拓
　　する消費財メーカーを中心に」『中小企業のイノベーション　日本中小企業学会論集』第 31 号、
　　pp.133-144。
丹下英明（2013）「消費財中小企業の海外市場開拓—欧州流通業者のニーズと中小企業のマーケティ
　　ング戦略」『日本政策金融公庫論集』第 21 号、pp.27-47。
丹下英明（2015）「中小企業の新興国メーカー開拓戦略—中国自動車メーカーとの取引を実現した日系

　　　中小自動車部品メーカーの戦略と課題」『日本政策金融公庫論集』第 27 号、pp.21-42。

丹下英明（2016）『中小企業の国際経営―市場開拓と撤退にみる海外事業の変革』同友館。

丹下英明（2018）「中小企業における海外拠点の存続要因」『経営情報研究―多摩大学研究紀要』第 22
　　　号、pp.67-82。

日本化学繊維協会（2019）『繊維ハンドブック』繊維総合研究所。

弘中史子（2019）「人手不足下での企業成長―中小製造業の海外生産を軸として」『商工金融』第 69 巻
　　　第 7 号、pp.6-20。

山本聡・名取隆（2014a）「国内中小製造業の国際化プロセスにおける国際的企業家志向性（IEO）の
　　　形成と役割―海外企業との取引を志向・実現した中小製造業を事例として」『日本政策金融公庫論
　　　集』第 23 号、pp.61-81。

山本聡・名取隆（2014b）「中小製造業の国際化プロセスと国際的企業家志向性、輸出市場志向性、学
　　　習志向性―探索的検討と仮説提示」『日本ベンチャー学会誌』第 24 巻、pp.43-58。

事例企業各社のホームページおよび新聞記事、インターネット記事。

第三部

国内産地の競争力再生

第9章

遠州別珍・コーデュロイ産地の競争力再生

下請産地から企画提案型産地への転換

平井秀樹

　本章の分析対象産地である遠州産地（図9-1）は、国内別珍・コーデュロイの約 95% の生産を担っている。遠州産地は、産元商社をオルガナイザーとして、傘下の準備工程、織布、カッチング、毛焼き、染色整理などの下請企業との分業システムで成り立ってきた。この分業システムは、成長期には順調に機能していたが、衰退期には産元商社の受注量の減少を受けて、傘下の下請企業も次々に廃業に追い込まれている。この問題を打破するため、下請から企画提案型企業への転換を目指す企業集団の素材開発プロセスと国内外の販売に焦点を当てる。その際、具体的事例として産地のオリジナルブランドである solbreveco（ソルブレベコ）と BECCO（ベコ）[1] を取り上げ分析する。

　本章では、上記の分析視角に基づき議論を進めていき、伝統的な日本製別

図9-1　分析対象産地

資料：筆者作成。

1　BECCO の WEB サイト http://www.becco-textile.jp。

珍・コーデュロイが失われつつある状況の中で展開される、遠州産地の生き残りを賭けた競争力再生について描き出したい。

1．遠州別珍・コーデュロイの概要

(1) 遠州別珍・コーデュロイ産地の歴史

　本節では、遠州産地の歴史と現状について整理していくこととする。遠州産地は、静岡県西部に位置し、愛知県の三河、大阪府の泉州と並ぶ日本の三大綿産地の1つとして知られており、静岡県の御前崎市、掛川市、菊川市、袋井市、磐田市、浜松市、湖西市から成り立っている。天竜川を境に東西産地に分かれているのが特徴で、東の磐田地域は、江戸時代から厚手織物の生産技術があり、別珍・コーデュロイ[2]の産地として発展した。西の浜松地域は、薄手織物の生産技術があり、シャツ地の産地へとそれぞれ発展した。

　第一次大戦時には、ヨーロッパ諸国での需要が急増し、別珍・コーデュロイの輸出が急激に伸びたことで繊維産業はさらに大きく発展した。その後、第二次世界大戦による停滞・混乱や景気循環の好・不況の時期はあったが、産地内に形成された産元商社を中心にした高度な分業システムと高い技術力から、1970年代前半まで産地は規模を拡大しながら発展を遂げた。成長期には、需要に対して供給が追いつかない状況で、家族経営の中小零細の織物工場[3]は、24時間365日、家族交代で工場を稼働させて生産を行っていた[4]。

　この頃は、織物工場の数が右肩上がりに増加していった時期で、別珍・コーデュロイ関連企業が所属する天龍社織物工業協同組合の組合員数も1973年の1,620企業がピークであった（図9−2）。

2　別珍はベルベティーン（英名：velveteen）の略称で、別名綿ビロードとも呼ばれる。緯パイル織物の一種で、地組織の上に、規則的に緯糸を浮かせて織り上げてから、パイルの中心をカットして、織物表面全体を毳（けば）立たせたものである。コーデュロイ（英名：Corduroy）の語源は、フランスの「王様の畝（Corde du Roi）。古代エジプトに作られた「ファスチャン（fustian）織」がルーツといわれている。縦方向に毛羽立った畝のある主に綿の織物のことで、太陽王と呼ばれたフランス王国国王・ルイ14世（1638〜1715年）が保湿性、耐久性に優れたコーデュロイを、庭師の制服素材として取り入れたことからその名がついたといわれている。
3　間間・富森（1992）によると、遠州産地は、従業員5人以下の工場が80%以上で、織機20台以下の工場が58%を占める。
4　「小さい時から織屋で、自宅兼工場では24時間織機が動いていて、夜工場の音が止まって静かになると寝むれなかった。織屋の息子はみんな夜中に親が工場で仕事をしているときに、工場の中に段ボールを敷いて寝ていた時代でした。」（2021年11月30日、MS織物ヒアリング）

図9－2　天龍社織物工業協同組合の組合員数・織機台数の推移

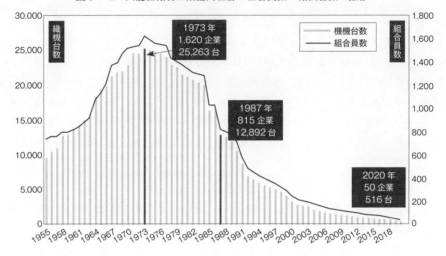

資料：天龍社織物工業協同組合・天龍社綿スフ織物構造改善工業組合を参考に筆者作成。

(2) プラザ合意、輸出から内需拡大へ

　1971年2月に業界団体である日本繊維産業連盟が自主規制案を発表。これを不服とした米国は、輸入制限の発動をちらつかせて日本の譲歩を迫った。米国は沖縄を返還する代わりに、日本に繊維製品の輸出を規制するよう求めた。1972年に日米繊維協定[5]が調印され、米国向け輸出が減少し、産地内の需要と供給のバランスが崩れはじめ、1985年のプラザ合意[6]を転換期として、遠州産地の規模縮小がはじまる。この時代から通商産業省（現：経済産業省）の繊維産業の方向性が輸出から内需拡大に変更された。政府は、内需主導型の経済成長を促そうと、公共投資を拡大するなどの積極財政を展開していった。遠州産地でも、国や県は繊維産地の再構築に向けた様々な支援策を打ち出し、産地の

5　1972年1月13日、日米繊維協定が調印された。日米は同盟関係で結ばれつつ貿易摩擦でしばしば対立していくことになる。戦後の日米貿易摩擦は繊維から始まった。1955年に米国が繊維製品の輸入関税が引き下げられ、安価な日本製品が米国へ大量に出荷されるようになり、米国繊維産業は深刻な打撃を受けることになった。そのため、1957年に日米綿製品協定が締結され、日本は5年間、輸出の自主規制をした。

6　プラザ合意とは1985年9月22日、先進5カ国大蔵大臣と中央銀行総裁が合意した為替レート安定化策のこと。各国の外国為替市場の協調介入によりドル高を是正し米国の貿易赤字を削減することで、米国の輸出競争力を高める狙いがあった。

企業や組合が積極的に事業に取り組んできた。

(3) 遠州産地における繊維産業の構成

　図9-3は、静岡県西部地域における繊維産業の構成を示したものである。遠州産地の特徴としては、織物製造加工業が中心で、準備工程、織布、染色整理、縫製等の各工程を分業する中小零細企業が多い。加工場は、産元商社、親機⁷などのオルガナイザー的な企業からの賃加工が主体で、多品種小ロット・短納期で少ない発注量、経営者の高齢化といった諸問題により経営環境は厳しい状況にある。

　別珍・コーデュロイの「天龍社織物工業協同組合」の組合員数は64（2020年は50）社、織機保有台数は799台で、1987年と比較すると企業数、織機台数のいずれも半減している。

　別珍・コーデュロイの専門工程は、剪毛、仕上げ業、苛性付け業であるが、「静岡県別珍・コール天剪毛工業組合」が2017年に解散し、「静岡県別珍・コール天剪毛工業同好会」として10社が活動を続けている。

　別珍・コーデュロイの畝は、別珍は剪毛と呼び、押切り法で1畝ずつカットしていく。コーデュロイの場合はカッチングと呼び、全ての畝を円形カッターで1〜3回切っていく。「静岡県別珍・コール天剪毛工業組合」は、別珍剪毛業は7社で設備29台（25台稼働）、コール天剪毛業は3社、10台（2台稼働）、このほか非組合員3社で8台が稼働している。仕上げ加工は、剪毛前の苛性処理（別珍のみ）と剪毛・カッチング後の糊抜き、パイルを立てる解毛、パイルを揃える毛焼き⁸があり、遠州別珍・コーデュロイにとっては重要な専用工程であるが、毛焼きに関しては磐田市内の1社しか残っていない状況である。

2．産元商社と機屋の分業システム

　遠州別珍・コーデュロイ産地の歴史と概要を整理してきたが、本節では、遠

7　産元商社は織機などの設備を持たない商社機能だが、親機は自らも機屋としての設備と機能を持ちながら産元と同様の動きをする機屋のことである。

8　毛焼きとは、摂氏800度のローラーの上で生地の表面を焼く作業のことである。光沢のある柔らかいコーデュロイを作るために焼き加減が非常に重要になり、匠の技を要する難しい工程といわれている。

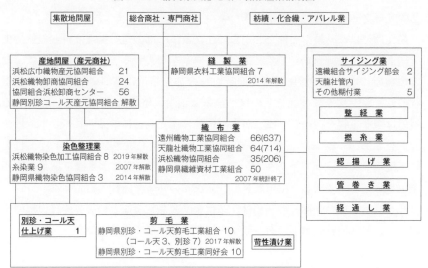

図 9 − 3　静岡県西部地域の繊維産業構成図

注：数値は 2018 年時点の組合員数（設備台数）。
資料：静岡県浜松市工業技術支援センター資料、関連組合資料及び関係者からのヒアリングをもとに筆者作成。

州産地特有の産元商社を頂点とした分業システムについて概観していきたい。

(1) 産元商社の役割

　はじめに、産元商社の役割は、アパレル業が紡績や商社に発注した仕事を、繊維産地の窓口として注文を請け負う元請けである。受けた仕事は、傘下の機<ruby>屋<rt>はた</rt></ruby>や加工業者に糸を支給し賃加工で生産加工を依頼する。また、産元商社自体は織機などの設備を持たない仲介者である。全ての産地に産元商社があるわけではなく、繊維産地によって産元機能の有無がある。渡部（2008）は、産元商社が存在する産地として三河産地、播州産地、北陸産地などと、存在しない産地として新潟産地、尾州産地などがあり、存在する産地であっても産元商社の役割は一様ではないとしている。加藤・奥山（2020）は、遠州産地の産元商社は、紡績業・商社の傘下の下請業者として賃加工体制が整えられ、産元商社はその仲介者であり、産地のオルガナイザーとしての位置付けとしている。このように、遠州産地の窓口は今も昔も産元商社で、「浜松広幅織物産元協同組合」

が企画提案、委託生産、受発注管理、生産管理で産地の分業システムの頂点としてリーダー的な役割を担ってきた。

　産元商社は、紡績や商社などからの注文と、一部の定番生地は自らの見込生産によって生産計画を立てて、糸商から原糸を購入する。購入した原糸は、傘下の機屋に支給し、機屋は産元商社からの加工指示に基づいて原糸を準備工程のサイジング業に委託、その後、経糸は荒巻（整経）、経通し業に委託する。機屋は織布工程を担当し、織上がった生地は産元商社に納品される。生地は産元商社からカッチング、剪毛へ委託し、その後、毛焼きなどの仕上げ工程を経て別珍・コーデュロイの生機（きばた9）ができあがる。産元商社は生機を備蓄するか、染色整理業者へ委託し、生地として、発注元の紡績や商社へ納品する。

　産元商社と紡績、商社の関係は、糸代金や製品代金などの製品売買の形態を取るが、産元商社の傘下にある機屋や加工業者は全て賃加工である。

(2) 機屋と賃加工

　機屋とは織物屋またはその人のことで、遠州産地の機屋は基本的には産元商社からの賃加工の仕事を請け負ってきた。機屋は産元商社経由で糸の供給を受け、織物に仕上げる作業を下請し加工賃を得ているだけで、企画開発機能、販売機能などを持たない。すなわち、加工指示書に従って生機を織るだけの工場がほとんどである。

　なぜ、遠州産地では、産元商社と機屋の間で賃加工という仕組みが基本的な取引形態になったのであろうか。渡部（2008）は、理由を次のように述べている。紡績会社が機屋に糸を貸し出す際、家族経営の零細な機屋に対して担保を取ることができないリスクがあった。その解決策として、産元商社が紡績会社に担保を渡して糸を預かり、機屋に生機を織らせてその工賃を支払っていたことが始まりである。紡績会社としても、零細な機屋に無担保で糸を貸すリスクが解消され、また個々の機屋を管理する手間も省けるため好都合だった。上記の理由から遠州産地の機屋の約90%は産元商社からの賃加工のシステムで成り立っているとされている。

9　生機とは、染色・仕上げ加工させる前の状態の布生地のことである。別珍・コーデュロイの場合は、毛焼きが終わった状態の布生地のことで、この状態で保管され、発注があると精錬漂白、染色整理に出される。

　次に、賃加工のメリット、デメリットについて整理していきたい。まずメリットは、好景気な時代は、産元商社から依頼に従って生機を効率的に生産していれば安定的な収入を得ることができた。中小零細の家族経営が多い機屋では、家族が交代で 24 時間、365 日織機を動かしていたという話をよく聞くのはこのためである。

　一方、デメリットについてであるが、景気が悪化し産元商社からの受注量が減少傾向に入ってくると、その仕組みに依存していたがゆえに、自力ではどうすることもできない状況に陥ってしまう。このようにして、廃業に追い込まれる工場が後を絶たず、遠州産地は衰退の一途を辿っている。

　これは、産元商社にもいえることで、上野（1984）は、産元商社自体は生産機能を持たない中継ぎ商であり、与信管理機能であり、テキスタイルの営業力や企画力があるわけではないとしている。ゆえに、産元商社は中小零細な機屋や関連加工業の分業システムを利用して、需要変動に対応しながら、そのリスクを多くの傘下の業者に分散化し自ら存続しようとしてきたと述べている。しかし、紡績や商社の生産の海外移転などで力が弱くなっていくことで、産元商社も衰退していったのである。30 年前は 100 社以上あった産元商社は、現在 10 社前後しか残っていない。このように遠州産地は、産元商社支配のピラミッド構造のために、産元商社の衰退が産地全体の衰退につながっていくという構造的な問題を抱えている。

（3）小括

　まとめると、遠州産地は戦後 1945 年代から始まる紡績企業の発展と連動して、産元商社、機屋、加工場の各工程で、賃加工というビジネスシステムが生まれ定着した。1971 年までは、多少の波はあったが、ガチャ万時代[10]を含め成長期であった。紡績・商社が産元商社を使って、生機生産を依頼し、染色整理などを経て、為替が固定相場（1 ドル 360 円）だったこともあり、圧倒的な安い生地値で海外に販売をしていた。しかし、1975 年のプラザ合意から、変動為替になり海外輸出ができなくなっていった。遠州産地においても、1977 年

10　1950 年頃から日本で発生した景気拡大現象である。織機をガチャっと織れば万の金が儲かるといった意味である。

から、輸出の仕事が急速に減少してきたため、国内販売へと売り先が変化していった。中国との競争を避け、国内需要の多様化に対応すべく、小ロット、短納期生産に切り替えて対応した。当時は、国内生地単価が比較的高かったので、輸出生地単価より、国内向けの採算性が良く、なおかつ、バブル景気の影響もあり技術力の高い織物工場の業績は一時的に回復した。

　しかし、バブルの崩壊後、中国から、安い生地や製品などの輸入が急増し、国内向け生地単価の下落が始まる。この時期から、織物工場の減少にともなって染色整理工場の廃業も一気に進んでいくことになる。そして、織物工場が、賃加工から、メーカー機能を包摂し、後述する企画提案型企業集団として生き残りを賭けた挑戦が始まっていくのである。

3．下請産地から提案型企業産地への転換

(1) 新たな高付加価値別珍・コーデュロイの開発

　このような経緯から、賃加工の下請企業から企画提案型企業へ転換するために、各工程の企業が参加し新たな素材開発がスタートした。まず、コーデュロイ生産のどの工程で差別化を行うのかが検討された。織物企画、織布、パイル・カット、パイルの解毛、染色整理加工の5つの工程で検討され、パイル・カット工程の非常に専門性の高い加工技術などを活用した、素材開発が有効であるとの結論に至った（図9-4）。コーデュロイは緯糸のループの中に400本以上のガイドと呼ばれる針を1本1本差し込み、浮いた糸を機械でカットしてできるのが通常のコーデュロイのストライプ柄である。しかし、高付加価値コーデュロイの開発の要になったカッチング職人の（有）ホシノの星野秀次郎は、カスタマイズした自作の針を使うことで花柄や幾何学模様など100種類の柄を作ることができる（『毎日新聞』2015年11月21日朝刊第17面）。開発した素材は、新規の販路開拓を行うため、ジャパンクリエーションに出展し直接アパレル業に販売することを目標にした（『繊研新聞』2015年12月7日朝刊第9面）。

　素材開発の方向性が決定すると、試作を繰り返し、2001年に第1期のパナマ・コーデュロイが完成した。別珍・コーデュロイは秋冬商品という季節性が

図9－4　別珍・コーデュロイの新規素材開発マップ

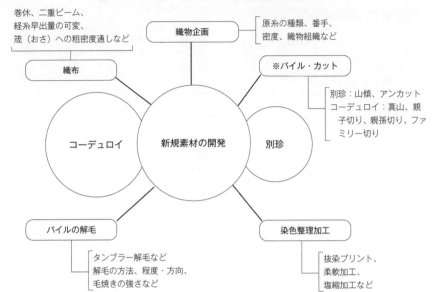

注：別珍の山傾（やまかた）は、片刃のため、角度分だけ傾けて切ること。アンカットは、パイルを切
　　らないこと。コーデュロイの真山（まやま）は、畝の真ん中を切ること、親子切りは、畝の四分六、
　　親孫切りは、畝の五分五、四分六、三分七の組み合わせのこと。三分七というのは、たとえば、畝が
　　10mmであれば、左から3mm、右から7mmのところを切ること。ファミリー切りは、真山、親子、
　　親孫、親子の片方だけ使う、親孫の片方だけ使う、この組み合わせのこと。
資料：平成16年度繊維産地活性化推進基金事業剪毛業の新規事業展開のための調査・研究事業報告書、
　　浜松繊維工業試験場編（1973）『よこパイル織物の技術アニュアル』、星野秀次郎ヒアリングをもとに
　　筆者作成。

あるため、生産閑散期が発生してしまうが、パナマ・コーデュロイは、この
閑散期を埋めるための春夏向け商品として開発された（『繊研新聞』2002年5
月31日朝刊第1面、『繊研ニュース』2002年7月9日朝刊第5面）。第2期の
フィギュア・コーデュロイは、ハート型など幾何学模様のコーデュロイである。
第3期は、補助金の額も大幅に増額になったことで、ドゥ・ベッチン他5種類
の高付加価値別珍・コーデュロイが次々に開発された（表9－1）。

表9－1　高付加価値、別珍・コーデュロイの開発

開発期	開発時期	名称	特徴
第1期	2001年	パナマ・コーデュロイ	生産の閑散期を無くす目的で春夏向けコーデュロイを開発。パナマ織を活用し、水溶性ビニロンで溶けた部分が市松模様に透けて見える。柔らかく清涼感がある。
第2期	2003年	フィギュア・コーデュロイ	コーデュロイで、ハート型などシンプルな幾何学模様を表現した。
第3期	2004年～	ドゥ・ベッチン	世界初のベッチン。パイルに緻密度があり、僅かにコード感がある。
		14 ウェール・コーデュロイ	パンツ素材として広く活用されている分野へのトライアル
		ハンサム・コード	カチッとしたキレイ目のジャケット向けコーデュロイ
		コード・オン・ブレード	ベースに先染めチェックを配したコーデュロイ
		ローン・コード	薄くて柔らかいローン地のコーデュロイ
		タッサー・コード	ランダムなヨコ筋を表現したコーデュロイ
第4期	2005～2007年	solbreveco	水溶性ビニロンで幾何学模様を出したコーデュロイ
第5期	2013～2016年	BECCO	ジャカード織、毛抜け対策を施した幾何学模様コーデュロイ

資料：福田 JAPAN ブランド委員会（2005）「平成16年度繊維産地活性化推進基金事業剪毛業の新規事業展開のための調査・研究事業報告書」および関係者からのヒアリングをもとに筆者作成。

（2）ジャパンクリエーションへの出展

　1998年、日本で初の織物産地展、ジャパンクリエーション（以下 JC）[11] がスタートした。しかし、遠州産地は前述の通り、産元商社をオルガナイザーとした分業システムの産地であり、産元商社を外して、機屋がアパレル業に直接販売することは非常に難しく、かつ危険な行為とされてきた。すなわち、賃加工100％の下請の仕事しかしたことがない機屋が、JC に出展したことがわかれば、今後、産元商社から賃加工の仕事がもらえる保証がなくなってしまう。ゆえに、JC に出展することは非常にハイリスクな選択であった。

　2005年の JC には、「エクセレント・ハママツテキスタイル・コレクション」として機屋や組合など15の企業や団体が協働化し、従来の下請から脱却を目指し、各自機屋のブランドの確立、および発注待ちから企画提案型への転換を行う場としてブースを出展した。

11　日本最大のテキスタイル展で、毎年5月に東京国際フォーラムで開催される。2021年の出展社数は75件である。

（3）第 4 期 solbreveco の開発

　第 4 期に入ると、JAPAN ブランド育成支援事業[12]の採択を受け開発資金を確保できたことにより、いよいよ本格的に遠州産地発のテキスタイル・ブランドの開発に着手することになった。これをきっかけにして、高付加価値の別珍・コーデュロイを開発して、最終的には、産地企業の半数以上が、割合の多寡はあっても企画提案型の取引を何らかの形で行うようにし、下請体質から脱却したいという思いがあった。プロジェクト名は「コーデュロイとベッチン産地の未来への挑戦、FUKUDE コード・ルネッサンス MISSION ～アパレルへの覚醒<ruby>覚醒<rt>めざめ</rt></ruby>～」とし、地域に蓄積された技術とアパレル業との連携を軸にこれまでにない別珍・コーデュロイを開発し、海外市場を視野に「FUKUDE」の名を売り出すことを目的に各工程の有力な企業 16 社が集まって開発がスタートした。期間は 2005 年から 2007 年までの 3 年間である。ブランド名は solbreveco と名付けた。太陽の sol、そよ風の bre、地域で使われていた別珍・コーデュロイの俗称であるベコを合わせたものである。

　販路としては、ディストリクト・ユナイテッドアローズや浜松のブルーグラスの協力を得てコラボレーション製品を開発し、東京・原宿の店舗などで販売した。また、2006 年 12 月に JAPAN CREATION 2007A/W[13] に出展し、アパレル業に対して生地見本を配布し意見を収集した。

　しかし、JAPAN ブランド事業の 3 年間が終わると、solbreveco は自律的に活動が継続されることがなかったのである。これには複数の要因があるといわれており、製品がほとんど売れなかったことや、アパレル企業にサンプルを試作してもらっても、製品化まで至らなかったことなどが主な要因とされている。

　このようにして、高付加価値コーデュロイも開発半ばにして、いよいよ失われていくことになったが、第 5 期における幾何学模様のコーデュロイ BECCO の開発に引き継がれていく。

12　JAPAN ブランド育成支援事業は、地域が一丸となって、地域も伝統的な技術や素材などの資源を活かした製品等の価値・魅力を高め「日本」を表現しつつ世界に通用する「JAPAN ブランド」を実現していこうとする取り組みを総合的に支援する事業である。
13　日本最大の繊維総合見本市で、東京国際フォーラムで開催される。

4. 第5期 BECCO の開発

(1) BECCO 開発背景

　本節では、第5期の BECCO の開発事例を分析する。BECCO の開発の中心となった（有）福田織物は、1964 年に創業の掛川市にあるテキスタイルメーカーで、現在は2代目の福田靖が経営する。福田織物は元々賃加工の機屋であったが、2代目に代わってからは、産元商社を介さないアパレル業への直接販売に転換し、企画提案型企業の先駆けとしても知られている。同社は、140番単糸などの綿織物の超細番手技術が世界的にも評価されている。

　福田は、開発する次世代 3D コーデュロイのブランドネームを BECCO と名付けた。ブランドネームは、別珍・コーデュロイのことを、地元ではベッコやベコと短縮して呼んでいたことに由来しており、2015 年8月に商標登録を済ませた（『繊維ニュース』2015 年 12 月 2 日朝刊第 7 面）。

　BECCO の開発背景は、遠州産地がコーデュロイの産地であることを世界に発信して知らしめたいという福田の思いがあった。古い職人の伝統的な技術に新たなイノベーションを加えたコーデュロイの新しい発信をしていきたい。さらに、若い人材もデザインチームに入れることで、その技術を継承していきたい。BECCO の目的は売るという目的もあるが、産地の技術承継と活性化につなげる新しい動きを作りたいという思いがあった。開発資金としては「ふるさと名物地域支援補助金」に採択され、2013 年から 2016 年までの3年間補助金を獲得することができた（『繊研新聞』2016 年 1 月 8 日朝刊第 4 面）。

(2) BECCO の開発組織

　当時、福田はコーデュロイという素材に対して、このままでは未来がないと考えていた。理由としては、単純な縦ストライプだけでは限界があるからである。どんなコーデュロイを開発したら、遠州産地は世界のアパレル業から注目してもらえるのかと考えた時に、（有）ホシノの星野秀次郎から試作品を見せられこれだと思ったという（図 9 - 5）。

　当初は、福田と星野秀次郎の2人がスターティングメンバーだったが、その後、浜松工業技術支援センターに出向き、技術的な支援を依頼し3人体制

図9−5　星野秀次郎の3Dコーデュロイ試作品

資料：星野秀次郎撮影。

となった。また、福田は産地の各工程の有力者に声をかけ協力メンバーとして、磐田産業（株）、鈴木晒整理（株）、（有）秋田整理、（有）浜名染色、（有）中京繊維整理工場、丸可サイジング（株）、赤堀経通し、三浦ジャカード織物、田米織布サイザ、丸三整経、大橋整経、（一社）ボーケン品質評価機構、福田の会社の若いテキスタイルデザイナーなど各分野の技術者を組織し共同開発が始まった。

(3) BECCOのカッチング

コーデュロイのカッチングマシンは、経糸があり、緯糸が渡っているところに、ガイドを通して、カッターで切っていく。通常のコーデュロイは長いトンネルをガイドがトンネル内を真っ直ぐ走っていくので、一回ガイドを刺せば、後はそのトンネルを真っ直ぐに切っていける。

しかし、BECCOの場合は、柄が複雑なので、途中で突然トンネルがなくなり、新たに2センチ行ったところの新たなトンネルに1センチ位入るというように、織の中でガイドが上手く入るようにするのが難しい。カッチングの調整は、ガイドの角度を決め細さを決める等、ある程度限界があるので、ガイドを真っ直ぐ入れるためには、パイルの空間率を織の中で表現しなければならない難しさがある。

（4）パイル保持率の課題の克服

　さらに、デザイン性を追求するとパイル保持率[14]が基準に満たないという技術的な問題が発生した。BECCO の立体的な柄の表現方法は、コーデュロイのパイルのない部分を作ることでパイル部分を浮き出させるような織物設計を行っている。しかし、デザイン性を優先すると織物組織やパイルの有無によってカッチング工程と相性が悪くなり、織上がった BECCO のパイルカットができないものも数多くあった。また、パイルカットができてもコーデュロイのパイル糸の保持は地糸とパイル糸の摩擦力で保持していることから、織物設計によってはパイルが少なくなることでパイルの毛が抜けるといった問題が発生してしまった。

　また、幾何学模様の柄を作るために水溶性ビニロンを経糸の中に規則的に入れて織るが、この手法を採用したのは、一番柄を出しやすかったからである。しかし、水溶性ビニロンを溶かすことで確かに柄は出せるが、生地が薄くなってしまうという問題が浮上した。前述のように、コーデュロイは、パイルをカットして畝を作るので、パイルの保持率が問題になってくる。しかし、BECCO は指でコーデュロイのパイルの部分を引っ張ると抜けてしまったのである。プロジェクトチームは、パイル保持率の問題を検討し、再度、浜松工業技術支援センターとも協議を重ねた結果、水溶性ビニロンを使わずに、パイル保持率をあげるための織物を一から作り直すことになった。試行錯誤を重ねながら、幾何学模様のデザイン性のアイディアは継続しながら、作り方を全く違う手法にした。

　今までは、ドビー織りで、水溶性ビニロンの経糸がパイルを保持しているところを溶かすことで模様を作っていた。しかし、改良型は技術的な応用について試作を重ねながら、ジャカード織機を使うことによって、水溶性ビニロン無しでパイル保持率の基準もクリアすることに成功したのである。その後、国内の有名デザイナーブランドに営業活動を開始し、大量の発注を獲得し、製品になった BECCO は百貨店の売り場に展開された。

　しかし、販売後、毛抜けのクレームで返品になるという予想外の事態が発

14　百貨店の品質基準として販売可能なコーデュロイのパイル保持率は 60％である。裏側にペーパーのようなもので一定時間摩擦した時に、擦った生地に何％の付着があるのかという計算方法である。

図9－6　BECCO・CUCTUS（サボテン）

資料：(有) 福田織物。

生した。何百着、何千着である。もちろん、事前にパイル保持率の検査は実施し合格していた。しかし、事前検査時は中心部分で行っていたが、柄の周りの平らな部分が抜けてしまったのである。対応策を協議した結果、まずは、裏面に樹脂コーティングを行うことでパイル保持率を60%まで向上させることができたが、一方で、塩縮処理をともなうため、生地幅が狭くなり、肌触りも硬くなってしまう問題も浮上した。さらなる試行錯誤の末、鈴木晒整理（株）で、裏側に薄いシリコンコーティング加工[15]を施すことで毛抜けを止めることに成功した。結果として、柄の大きいところも小さいところも確実にパイル保持率が80%以上、最高90%まで向上した（図9－6）。完成したBECCOは、国内有名デザイナーブランドの定番素材として採用された。

(5) MILANO UNICA（ミラノ・ウニカ）出展と海外販売への挑戦
① 海外ラグジュアリーブランドからの要望

2014〜2017年まで、BECCOを海外のアパレル業に販売するために、ミラノ・ウニカ[16]へ出展した。結果は、海外のアパレル業から沢山のサンプル依頼があり好評であった。しかし、ここでも新たな課題が立ちはだかったのである。それは、海外のトップブランドは秋冬物で綿100%の素材をあまり使わないという事実である。ミラノ・ウニカの商談では、素材を綿100%ではなく、シルクやウール、あるいは合繊に変更して欲しいといった要望や、ポリエステルを

15　加工賃が¥500/mと高いため生地単価も高額になってしまうのが課題として残った。
16　2月と7月にイタリアで開催されるファッション素材の総合見本市。ロロ・ピアーナやエルメネジルド・ゼニア、タリア・デルフィノなどイタリアの生地ブランドを中心に、イギリスや日本のメーカーも一部出店している。

入れて、もっと光沢を出して欲しいという意見が多数出た。

　BECCO は綿素材でありながら、1 メーターあたりの生地単価が 2,500 〜 3,000 円になってしまうことから、製品単価も高くなってしまう。海外ラグジュアリーブランドからは、綿で 2,500 円は高いので素材をシルクやウールに変更して欲しい。ウールであれば生地単価が 3,000 〜 4,000 円でも高いとは思わない。彼らはそういう発想であった。

② ウール素材の BECCO の開発へ

　このように、BECCO に関しては、綿以外の素材開発を今後もやっていくことが課題であるが、現在完成しているのは、綿 70%、ウール 30% の混率までである。ウール 100% に関しても試作を重ねているが、織組織や切り方を含めて総合的に考えなければならない段階にきている。

　しかし、ウール素材に改良できないかという話の中で時間が経ってしまったのと、開発投資に対する問題もある。国内アパレル業にもある程度販売できたが、開発投資を補える程ではなかった。一時話があった米ストリート系ラグジュアリーブランド[17]など、綿でも高い上代を設定できるブランドであれば BECCO を買ってもらえる可能性はある。しかし、綿素材で高単価という理由から、海外で BECOO を扱う市場があまりなかったのが現実だった。それゆえ、開発済みの 14 〜 15 マーク（型）の素材は継続販売しているが、新たな素材開発は 2018 年で一旦休止した。

　開発が終わってしまったかに見えた BECCO であるが、2020 年から、BECCO を定番素材として扱う国内アパレル企業から、進化した BECCO を見たいという要望をうけて、再度ウール素材へのチャレンジが始まっている。しかし、2021 年 9 月の段階ではまだ完成には至っていない。このように販売する市場を見出せなかった BECCO を、これからどう改良して、どのように販売していくのかが今後の課題である。

5．新製品開発による競争力再生の行方

　本章での検討を通じて得られた結論は以下の通りである。遠州産地は国内唯

17　試作品開発の依頼があったが、コロナ禍で話が一旦保留になってしまったまま現在に至る。

一の別珍・コーデュロイの産地である。国内品の約 95% は遠州産地で生産されているが、別珍・コーデュロイの国産比率は 1% とされており、他産地以上に廃業や高齢化が深刻化している。ピークの 1973 年は 1,620 社の機屋があったが、2020 年は 50 社まで減少。残った機屋は、採算の良いシャツ地に転換した工場も多く、別珍・コーデュロイを手がけるのは 1 割程度といわれている。剪毛やカッチングなど独自工程は手作業が多く高い技術が必要なため、他産業への生産移転が難しい点も縮小の一因である（『繊研新聞』2016 年 1 月 8 日朝刊第 4 面）。遠州産地は産元商社を頂点とした分業システムが特徴で、産元商社と機屋は、今も昔も運命共同体のような結びつきである。しかし、産業構造の変化や時代の流れの中で、その関係性が微妙に変化している。たとえば、産元商社の機能低下により仕事量が減少する中で、産元商社経由の賃加工を継続しつつも、空いた時間に自社素材を開発し直接販売を行う 2 本立てが理想的であることはいうまでもない。しかし、産元商社を外して直接アパレル業から受注を取ったことがわかれば、仕事を干されてしまうという分業システムの掟が立ちはだかる。さらに、直接販売を行うには、企画、営業などの機能や人材などの投資や準備が必要で、開始後も運営コストが重くのしかかってくる。これまでアパレル業との取引経験もなく、マーケット情報から遠い存在であった機屋が、営業から企画、小売まで関連するモノ作りについては、リスクが大きすぎて、やりたくても挑戦できない状況が続いていた。

　しかし、賃加工という下請体質を打破しない限り、衰退の流れから抜け出すことができないのは周知の事実であった。このような状況下で、伝統的分業システムの枠組みを飛び越えた、直接販売グループの挑戦として、solbreveco やBECCO の事例を分析した。これは、機屋、カッチング、毛焼き、染色整理などの各工程の企業がグループとなり、産地オリジナルブランドを作り、国内外のアパレル業に向けて販売していく。これまでの、産元商社主導ではなく、機屋が主導になって組織する産地の新たな分業システムである。

　しかし、そこには様々な問題が立ちはだかった。複雑なデザイン性ゆえに、物性的問題があり、試行錯誤の末にこれを克服した後も、今度は販売上の問題が浮上した。国内市場では生地単価が高くなりすぎて販売できる市場が限られてしまうという問題、海外でも生地単価の高さゆえに、綿ではなくウール素材

への変更要望が高い状況で、ウール素材の BECCO は開発途上であること。さらに費用対効果の問題で資金投入もままならず、今後も越えなければならないハードルがいくつも存在する。

　最後に、現在、再スタートしたウール素材による BECCO の開発が成功し、世界に遠州別珍・コーデュロイ・ブランドが知れ渡ることで、遠州産地が再生してくれることを願ってやまない。

　〔付記〕本研究は国際ファッション専門職大学共同研究費「KF 共同研 002」の助成を受けたものである。

参考文献

伊丹敬之・伊丹研究室（2001）『日本の繊維産業なぜ、これほど弱くなってしまったのか』NTT 出版。

上野和彦（1984）「遠州別珍・コール天織物業の生産構造」『経済地理学年報』第 30 巻第 1 号、pp.66-76。

閏間正雄・富森美緒（1992）『ハンドブック 日本のテキスタイル産地』文化出版局。

遠州産地振興協議会編（2019）『遠州さんち―広幅機屋のこと』遠州産地振興協議会。

加藤秀雄・奥山雅之（2020）『繊維・アパレルの構造変化と地域産業―海外生産と国内産地の行方』文眞堂。

（社）静岡県繊維協会・静岡県別珍・コール天剪毛工業組合［編］（2004）「平成 16 年度繊維産地活性化推進基金事業・剪毛業の新規事業展開のための調査・研究事業報告」（社）静岡県繊維協会。

中経連（2017）「中部ものづくり探訪―特色ある地域産業　遠州のコーデュロイ　国内屈指の織物産地から世界へ、伝統産業の挑戦―伝統の製織技術を活かし、国内随一の産地へと成長」『（一社）中部経済連合会』2 月号、pp.10-13。

浜松繊維工業試験場編（1973）『よこパイル織物技術マニュアル』浜松繊維工業試験場。

福田 JAPAN ブランド委員会（2005）「平成 16 年度繊維産地活性化推進基金事業剪毛業の新規事業展開のための調査・研究事業報告書」福田 JAPAN ブランド委員会。

松本敦則（2010）「地場産地における新しいブランド作りの現状と課題―磐田市福田のコーデュロイ・ベッチン産地を事例として」『地域活性学会研究大会論文集』第 7 巻第 10 号、pp.83-86。

渡部いづみ（2007）「浜松地域繊維産業の特異な発展―産元の情報機能を中心に」『産業学会研究年報』第 23 号、pp.79-89。

渡部いづみ（2008）「浜松地域繊維産業における産元の情報力」『愛知新城大谷大学研究紀要』第 5 号、pp.45-59。

第 10 章

山形横編ニット産地の競争力再生

企画・デザイン、製品流通機能の包摂

吉原元子

1. 横編ニット産業における地域間競争

ファッションとしてのニットは、戦後、外衣において織物に代替しうる素材として普及が進み、需要の拡大とともにニット産地は成長した。しかし、1990年代後半以降に急増した輸入品の攻勢にさらされ、国内アパレル市場をターゲットとしてきた産地は大幅な縮小を余儀なくされている。

国内アパレル市場の縮小はニット産地内の企業行動に変化を促し、同時に生産機能に特化して構築されてきた産地の社会的分業構造にも影響を与えている。横編ニット産地である新潟県五泉・見附地域では、繊維関連産業の集積を基盤とした独自製品や生産技術の開発等の多様な試みが行われている（中小企業研究センター編 2003）。山形県ではアパレル産業からの多品種・少ロット・短納期化要請に対応して OEM を中心とするニッターが内製化を進めている（吉原2018）。さらに、完全無縫製型横編機の登場という技術革新によって生産技術が変化し、産地の生産構造に影響を与える可能性が指摘されている（加藤・奥山 2020）。

先行研究からは、輸入品に席巻される国内市場で残されたパイをめぐり、他産地や輸入品との競争において勝ち残ろうという企業行動がうかがえる。このような地域間競争の一方、「アパレル業・商社が企画し、産地は生産を行う」という業態からの脱却を図ろうとする企業行動がみられる。生産だけでなく企画・デザイン、製品流通に関わることによって付加価値の源泉を増やす行動、つまり、川上や川下方向に対して競争を仕掛けることによって生き残りを目指す産地の姿がある。本章では、横編ニット産地が活路を見出す方向としての垂

表 10 － 1　全国のニット産業の推移

	1995 年	2000 年	2005 年	2010 年	2015 年	2019 年
事業所数						
ニット生地製造業	986	651	474	359	346	257
ニット製外衣・シャツ製造業	5,411	4,031	2,444	1,699	1,472	1,076
従業者数						
ニット生地製造業	11,692	8,881	6,692	5,393	4,884	4,422
ニット製外衣・シャツ製造業	89,174	60,601	37,029	28,273	23,903	21,877
製造品出荷額等（百万円）						
ニット生地製造業	237,640	177,164	137,411	104,444	101,174	86,008
ニット製外衣・シャツ製造業	851,832	525,608	296,047	223,119	212,260	187,933
付加価値額（百万円）						
ニット生地製造業	83,105	66,799	54,906	34,661	34,083	28,545
ニット製外衣・シャツ製造業	360,896	240,705	139,845	109,092	94,081	85,383

注：従業者4人以上の事業所。「ニット生地製造業」は、丸編ニット生地製造業、たて編ニット生地製造業、横編ニット生地製造業の合計。「ニット製外衣・シャツ製造業」は、ニット製外衣製造業、ニット製アウターシャツ類製造業、セーター類製造業、その他の外衣・シャツ製造業の合計。

資料：『工業統計調査産業編』各年版、『平成28年経済センサス活動調査産業編』から作成。

直的競争がどのように行われているのか考察する。

(1) ニット産業の概況

　繊維・アパレル産業の苦境のなかで、ニット産業も例外ではなく国内生産は縮小している。表 10 － 1 は、ニット生地製造業とニット製外衣・シャツ類製造業（従業者数4人以上）における1995年以降の推移をみたものである。1995年を100とすると、2019年時点で事業所数の合計は20.8、従業者数の合計は26.1、製造品出荷額等の合計は25.1、付加価値額の合計は25.7になっている。ニット生地製造業には自動車部品といった他産業向けが含まれていることもありやや状況はよいが、ニット製外衣・シャツ類製造業の落ち込み幅は大きい。

　ニット生地製造業では事業所数、従業者数の減少に比べて製造品出荷額等と付加価値額の減少は緩やかであり、縮小局面にありながらも生産性の改善がみられる。逆に、ニット製外衣・シャツ類製造業では、2015年まで事業所数の減少幅に比べても製造品出荷額等、付加価値額の落ち込み幅が大きく、売上や利益の減少が事業所数の減少を引き寄せてきたことが推測される。2019年には一事業所あたりの製造品出荷額等、付加価値額は持ち直している。

(2) 編機によるニット産地の分類

　織物が経糸と緯糸が交差した組織によって形成されるのに対し、ニット（編物）はループの組み合わせによって形成された布である。ループをどの方向に連結させるかによって、ニットは緯編と経編の2種類に大別される。さらに緯編は一方の方向に編んでいく丸編機と、交互に編む方向を変える横編機を使用するものに大きく分けられる（図 10 - 1）。

　編み方によって完成する布の性質（伸縮性や柔軟性、保温性など）が異なるため、用途も変わる。経編は糸をたて方向にループを連結させていく方法で、代表的な機械にはトリコット編機やラッシェル編機がある。編地は緯編に比べて伸縮性が少なく通気性がよいことなどから、ランジェリーやスポーツシューズ、自動車用内装材など幅広く利用される。

　緯編における丸編機と横編機の大きな相違点はその生産力にある。丸編機は一方の方向への回転運動によって編むため、らせん状に編地が作り上げられていき、完成品は円筒状になる。巨大な円筒状の編地を切り開くことによって幅の広い反物に仕上げることもできるし（流し編生地）、円の直径を変化させれば肌着のように脇縫いを不要にする直径の編地（ガーメント・レングス生地）もできる。また、靴下やストッキングを編む専用機もある。丸編機は編地を大量生産するのに適しており、整経の必要がないため織物に比べても生産性は高いといえる。

　横編機は編む方向を交互に変える往復運動によって編んでいくため、丸編機に比べて生産性は低いが、編幅や編み目を変えることによって多様な模様やかたちを表現できる成型編みが可能である。流し編生地は基本的に裁断と縫製を前提とするため、衣料に加工する際ロスが多く出てしまうが、横編機の一種で

図 10 - 1　ニット（編物）の種類

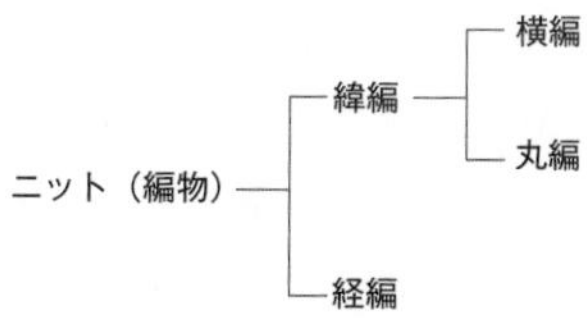

```
                              ┌─ 横編
                    ┌─ 緯編 ─┤
ニット（編物）─────┤          └─ 丸編
                    └─ 経編
```

資料：筆者作成。

あるフルファッション機は成型編みができるためロスを抑えることができ、そのため高級素材を用いた多品種少量生産に適している。さらに 1995 年には完全無縫製型横編機（ホールガーメント横編機）が開発され[1]、裁断や縫製工程をなくした一品生産が可能になっている。

　このように、ニットの特性はどのような編み方をするか、すなわち編機の違いによって生じる部分が大きい。そのため、織物産地が一般的に絹や綿、毛、合成繊維といった糸の素材によって特徴付けられるのに対し、ニット産地は主に設備される編機によって説明されることが多い。

　編機の違いは、産地の生産構造にも影響を及ぼす。中小企業総合研究機構・全国信用金庫連合会総合研究所（1999）にそって、横編ニット製品の生産の流れを概観すると、一般的にニット製品の企画はアパレル業や商社によってニッターに持ち込まれ、ニッターはその企画に合わせて、生地や付属品を生産あるいは調達して、裁断、縫製、仕上を行い、最終製品にする。糸や生地の調達から最終製品にするまでの工程では、ニッターに裁量が与えられることが一般的であり、企画を持ち込んだ側は糸・生地代を含めてニッターに代金を支払う。この取引形態は糸買い・製品売り、または生地買い・製品売りと呼ばれる。したがって、どこから何を調達するか、どのように生産するのか、どの工程を外注するかという意思決定はニッターが主体的にできる。

　横編機を中心とする産地では、アパレル業や商社から持ち込まれた企画に基づきニッターが主導して生産を行う。横編機は生産ロットが小さくなることや、成型編みによって必要なかたちの編地を裁断の必要なく用意できることが特徴である。したがって、編立から、縫製、仕上工程にいたるまで内製化されており、最終製品の一貫生産が行われることが多い。大量受注をこなす場合にはニッターは編立や縫製、仕上工程を外注することもあるが、基本的にはニッター内で最終製品までの生産が完結している。

　一方、丸編機によって大量生産される流し編生地は、最終製品としての衣料にするためには反物にしたあと型紙に合わせて裁断される必要がある。裁断された部品としての編地が縫製、仕上工程に渡り最終的に衣料として完成する。

1　株式会社島精機製作所ホームページ「歴史・沿革」http://www.shimaseiki.co.jp/company/history/（2021 年 8 月 31 日閲覧）

そのため、編立、裁断、縫製、仕上工程の分離が比較的容易である。市場を通じた編地の取引が可能であり、産地には生地問屋が現れる。

「2020 年工業統計表地域別統計表データ」によると、横編の代表的産地である新潟県では、ニット製外衣・シャツ類製造業[2]の製造品出荷額等は 225 億円超と全国有数の規模であるが、ニット生地製造業[3]は事業所数が少なく秘匿値となっている。つまり、ニット生地生産のみを行う事業所はわずかであり、多くは最終製品までの一貫生産が行われているために、統計上ニット生産の大半が最終製品側に分類されていることが推測される。逆に、丸編の代表的な産地である和歌山県は、ニット生地製造業とりわけ丸編ニット生地製造業の製造品出荷額等は 199 億円超にのぼり、圧倒的なシェアでありながら、最終製品ではニット製アウターシャツ類の約 35 億円が目立つのみである。

したがって、横編ニット産地ではニット生地生産と最終製品生産が分離していないことが多い。とりわけ、ニット製品が外衣に用いられることが一般化しデザインの多様化が進む中で、多品種・少量・短納期を実現するため、横編機を中心とする産地ではニッターの内部で編立から仕上まで一貫生産が行われることが多い。一方、丸編ニット産地では中間財としてのニット生地生産を行い、その生地は産地内外で取引されて縫製などが行われて最終製品となる。このように、編機の違いが産地の生産構造に関わるとともに、産地内の個々の企業が備えるべき工程・機能にも影響を与えているといえる。

2. 横編ニット産業における生産流通構造

(1) 山形横編ニット産地の特徴

ニット産地の一つである山形県では、主として横編機を設置する企業が多い。山形県におけるニット産業を産業細分類別にみると、セーター類製造業に従事する事業所が最も多く（表 10-2）、全国でみても新潟県に次ぐ製造品出荷額等である。また、品目別にみると、ニット製成人女子・少女用セーター・カー

2　「2020 年工業統計表地域別統計表データ」産業細分類における 1166 ニット製外衣製造業、1167 ニット製アウターシャツ類製造業、1168 セーター類製造業、1169 その他の外衣・シャツ類製造業の合計。

3　産業細分類における 1131 丸編ニット生地製造業、1132 たて編ニット生地製造業、1133 横編ニット生地製造業の合計。

表 10 − 2　山形県におけるニット産業（2019 年）

	事業所数	従業者数	製造品出荷額等 （万円）	付加価値額 （万円）
ニット製外衣製造業 （アウターシャツ類、セーター類などを除く）	2	28	x	x
ニット製アウターシャツ類製造業	11	264	334,482	155,071
セーター類製造業	22	772	592,509	252,965
その他の外衣・シャツ製造業	4	64	30,784	23,445

注：x は秘匿。

資料：「2020 年工業統計表地域別統計データ」より作成。従業者 4 人以上の事業所。

図 10 − 2　山形県

資料：筆者作成。

ディガン・ベスト類が大半を占め[4]、これに限ると山形県は新潟県に次ぐ出荷金額である。以上のことから、山形県は横編ニット、とりわけ女性向けセーター類を主力とした産地といえる。

　山形県においてニット関連企業が集積しているのは山形市から西村山郡に通じる左沢線沿いであり、特に寒河江市、山辺町に多くみられる（図 10 − 2）。

4　「2020 年工業統計表品目別統計データ」（従業者 4 人以上の事業所）によると、産業細分類 1166 〜 1169 において確認できる山形県の品目別の出荷額は、116711 ニット製アウターシャツ類 2,947 百万円、116811 ニット製成人女子・少女用セーター・カーディガン・ベスト類は 4,489 百万円、116812 ニット製成人男子・少年用セーター・カーディガン・ベスト類は 244 百万円である。

これらの地域においてニット産業が大きく成長したのは第二次世界大戦後であるが、先行産業としての繊維産業は古くから存在し、藩政時代から山野辺蚊帳、山野辺木綿を代表的製品とする織物業、染色業が盛んであった。また、昭和初期には当地域に緬羊が導入されたことで紡毛紡績業が生まれ、ホームスパンが製造されるようになった（山辺町史編纂委員会・山辺町史編集委員会 2005）。戦後、このような原料入手の有利に加え、軍需から民需への転換をはかる疎開企業による手動横編機（手横）の供給、さらにモノ不足による需要拡大が重なったことにより、防寒用セーターをはじめとするニット製品生産を行う者が出現した。このような産地の形成過程から、横編機とミドルゲージを主とする山形横編ニット産地の特徴が決定づけられた。

　1959 年には、国内での普及が進みつつあった化繊を用いたサマーセーターの開発に成功し、年間を通じた生産の平準化に寄与した。1960 年代後半からは自動横編機への移行によって全国的にニットの大量生産化が生じる中、消費の多様化に対応するために多品種・小ロット・短納期で生産する「山形方式」を展開し、付加価値の高い製品を生産する産地として国内で一定の地位を獲得してきた。

　山形横編ニット産地の発展を販売面からみると、ニッターが自ら消費地に入り込むことによる販路拡大が特徴であった。終戦直後はセーターを風呂敷に包み、主に行商というかたちで山形県内から東北、北海道の小売業や個人へ持ち込んだ。1950 年代以降は県内ニッターを組織化した山形県メリヤス工業会を中心に、東北地方や東京の問屋と主要小売業を呼び込んだ産地展示会を山形県で開催したり、東京で見本市を開催したりして、東京（1980 年代からは関西も）を中心とした都市部アパレル産業との取引を重視してきた。

　ただし、この時期はニッターがデザインして製造したサンプルを持ち込み、展示会などを通じて問屋や百貨店に販売する形式であった。この形式ではサンプルづくりにコストがかかるほか、見込み生産による在庫リスクが大きいというデメリットがあった。また、消費地から遠いために流行や技術に関する新情報入手に遅れるという地方産地独特の問題もあった。これらの問題を解決する際に渡りに船となったのが OEM 取引である。1970 年代はアパレル産業においてデザイナーを看板にしたブランドが台頭してきたことにより、商社やアパ

図10－3 山形横編ニット産業における生産・流通構造

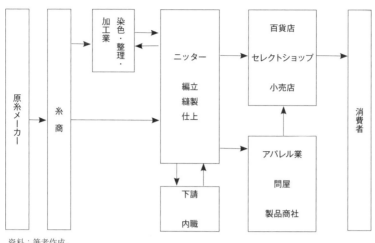

資料：筆者作成。

レル業が企画・デザインおよび販売を担当し、ニッターが製造を行うという
OEM取引が増加した。

　OEM取引は、ブランドをもつアパレル業や商社が行う展示会の結果を受け
ての受注生産であるため、ニッター側では在庫リスクを低減できるというメ
リットがある。ニッターは素材や編地の提案力を強化するとともに、多品種・
小ロット・短納期を実現する生産体制を整えることで、市場からのクイック・
レスポンスの要請に応えてきた。この時期に形成された山形横編ニット産地の
生産・流通構造が現在も基盤となっている（図10-3）。

　OEM取引においては一般的に、ニット製品の企画は都市部のアパレル業や
商社からニッターに持ち込まれ、ニッターはその企画に合わせて糸などの材料
を調達してサンプルを製作する。サンプルはアパレル業等の展示会に並べられ、
そこで決定された受注量にそって本格的な生産が開始されて店頭に並ぶという
流れである。ニッターは、専門知識が必要となる糸の染色や整理加工といった
工程と手作業が多く必要とされる工程を除き、材料の調達から生地の編立、縫
製、仕上までを内製によって一貫して行い、最終製品としてアパレル業等に納
品する。

表 10 - 3　山形県のニット産業の推移

山形県	ニット製外衣・シャツ製造業				
	2002 年	2005 年	2010 年	2014 年	2019 年
事業所数	114	91	58	55	39
従業者数	2,236	1,575	1,067	1,180	1,128
製造品出荷額等（万円）	1,550,680	1,001,322	648,551	809,136	957,775
付加価値額（万円）	819,057	525,670	309,090	372,460	431,481
一事業所あたり製造品出荷額等（万円）	13,602.5	11,003.5	11,181.9	14,711.6	24,558.3
一事業所あたり付加価値額（万円）	7,184.7	5,776.6	5,329.1	6,772.0	11,063.6

注：産業細分類におけるニット製外衣製造業、ニット製アウターシャツ類製造業、セーター類製造業、
　　その他の外衣・シャツ類製造業の合計。
資料：「工業統計表地域別統計データ」各年版および「工業統計表産業細分類別統計表データ」各年版
　　より作成。従業者 4 人以上の事業所。

(2) OEM 生産からの転換

　1985 年以降の急激な円高を受け、韓国や台湾からのニット製品輸入が激増
し、1988 年にはニット製品の輸入量が国内生産量を上回った。その結果、大
量生産を得意とする国内産地は多品種・小ロット・短納期への取組を強化し、
国内の限られたパイをめぐっての国内での産地間競争が激化し、ニッターの
倒産や廃業が相次いだ。山形県ニット工業組合の資料によると、組合員数は
1978 年の 494 社をピークに、2015 年には 25 社にまで減少し、生産金額におい
ても 1989 年頃から急激な減少に見舞われた。しかし、2000 年代に入ってから
その様相が変わりつつある。

　工業統計調査から山形県のニット産業の推移をみると、事業所数の減少は続
いているものの、従業者数には下げ止まりがみられる（表 10 - 3）。注目すべ
きは 2010 年代半ばにおける製造品出荷額等と付加価値額の反転であり、特に
一事業所あたりの製造品出荷額等と付加価値額の増加が著しい。ただ、ニット
製外衣・シャツ製造業の製造品出荷額等に占める付加価値額の割合（以下、付
加価値率）を全国平均（表 10 - 1）と比較すると、2019 年の全国平均は 45.0 ％
であるのに対し山形県におけるそれは 45.1 ％であり、付加価値率が特に高いわ
けではない。そこで、製造品出荷額等の増加に着目して、この反転の背景につ
いて考えてみたい。

3. 自社製品開発へ転換するニッター

　山形横編ニット産地における製造品出荷額等が近年、増加に転じている一
因として、産地企業の行動変化が考えられる。ニット製品の輸入激増と同時に
それまで主要顧客であった都市部アパレル産業との関係を見直さざるをえなく
なったニッターは多い。OEM を主体とする経営を存続させるため無縫製編機
導入や縫製技術向上、クイック・レスポンス対応といった海外に対する優位性
確保に取り組むニッターがいる（吉原 2018a）一方、製造品出荷額等を現状維
持ではなく増加に転じさせるためには新規の市場開拓が不可欠である。そこで、
既存の OEM 取引から自社製品開発へと軸足を移したニッターに注目し、どの
ように製品開発を行い、販路を獲得しているのか考察する。

(1) YS 社（寒河江市、従業員数 230 人）[5]

　YS 社は 1932 年に毛紡績業者として創業し、1954 年には梳毛紡績設備を備
えたメーカーとなった。その後、ニット産業の隆盛をみてニット製造部門を新
設し、OEM によるニット製品の製造を開始した。しかし 1990 年代に入ると
ニット製品の OEM 受注は急減し、方向転換を迫られた。

　競争の激しいニット業界において、新しい編地を開発しても同じ編機を持っ
ている他社に模倣されやすいという問題があり、他社に真似できない強みを持
たなければならないと考えていた。その頃、社長はイタリアにある紡績工場を
訪れ、機械を改造して独自の糸をつくり、世界に発信している姿を見る機会が
あった。これをヒントにして「自分たちの作りたいものを作る」という方向性
を見出し、帰国してから自社の職人を説得して社内にあった古い紡績機の改造
に取り掛かった。古い機械は大量生産に用いられる最新の高速機械とは異なり
生産スピードは遅いが、ギアを取り替えることでの調整が容易であり、様々な
原料を用いることが可能になる。この機械を利用して、独自の高付加価値糸の
開発を始めた。

　また、自社オリジナルの糸を使ったニット製品の自社ブランドを展開した。
2000 年に国内で開催された国際見本市に出展し、2001 年にはニューヨークで

5　2016 年 8 月 23 日、2017 年 8 月 25 日に YS 社に実施したヒアリング調査による。

の展示会に出展した。ニューヨークでは自社ブランドのストーリーを伝えることに注力した。100 年ほど前に羊を飼うところから糸づくりを始め、今でこそ羊はいないがその伝統を引き継いで夫婦でデザインを手掛けたナチュラルな雰囲気のブランドとして、高い評判を獲得した。アメリカでの評判が日本のバイヤーに伝わることで、この自社ブランドは「逆輸入ブランド」としてテレビショッピング、百貨店などの小売店での販売につながり（谷山 2014）、直営店 12 店舗を展開するに至った。

　2007 年にはイタリアで行われる素材の見本市であるピッティフィラティへの出展を果たした。そこで 2008 年に提案した糸が、モヘア 1 グラムを 50 メートル近くまで伸ばした極細の糸である。この糸は当時限界とされた細さの約 2 分の 1 を実現していたため、展示会では驚きをもって受けとめられた。高価ではあったが YS 社の技術力と新奇性が認められ、世界的なハイブランドからの受注を獲得するに至った。

　2015 年には本社敷地内に、レストランを併設したセレクトショップをオープンさせた。建物は石造りで、もともと酒蔵として使用されていた建物を移設してリノベーションしたものである。セレクトショップでは YS 社の自社ブランド製品を販売するとともに、食器、家具、生活雑貨も扱っており、山形県産の商品も少なくない。観光客も多く訪れており、YS 社のストーリーを消費者に伝えるのに一役買っている。

（2）YY 社（山辺町、従業員数 61 名）[6]

　YY 社は 1952 年に創業したニッターである。現社長の祖父が創業し、父の代に東京を中心とする大手アパレル業からの OEM 受注が増加し、1980 年代後半には売上のピークを迎えた。従業員数は現在の 5 倍以上であり、山形県では最も規模の大きいニット工場となった。1990 年代に入ると、アパレル業は生産の海外移管を行うようになり、国内に残ったのは短納期・短サイクルの商品だけであった。そこで自社ブランド展開による売上の補完を目指したが、困難に直面していた。

　2007 年にセレクトショップに勤務していた現社長が YY 社に入社し、自社

6　2017 年 11 月 13 日、2018 年 11 月 28 日に YY 社に実施したヒアリング調査による。

ブランドの開発に着手した。社長が注目したのは YY 社の編地開発能力である。デザイナーに技術やデザインの提案を行うために、YY 社では約 40 年前から編地の研究開発部門を設置しており、これまでに製作した編地のアーカイブも多く蓄積されていた。YY 社の編機には特殊なものがあるわけではないが、複雑なプログラムを組む技術、スワッチ（見本）をもとに編機を動かしサンプルを作る技術、さらにはそれを量産化する技術に長けていた。この強みを活かして、交編という形状の異なる複数の素材を編み立てる技術を自社ブランドの中核にすることにした。交編はテキスタイルが完成するまでに時間がかかり他社では使われない技術であったため、独自性を出せると判断した。

　一方、自社ブランドのニット製品を展開するにあたり課題となったのは、製品企画と営業の経験がないことであった。そこで合同展示会への出展を通じて、取引条件や取引の進め方などについて学び、ノウハウを蓄積していった。2010年には交編によって生み出したニットツイードを用いた自社ブランドのコレクションを展開するに至った。現在では百貨店やセレクトショップを中心に販売されている。

　YY 社の自社ブランドの特徴は独自のテキスタイルにあり、このテキスタイルを多種多様なアイテムに用いている。ニット製品では一般的なセーターとしてではなくジャケットやダウンベスト、コートに仕立てたり、スニーカーや手帳カバー、財布、ポーチといった小物類にも使ったりしている。ただ、従来のニット製品とは異なる縫製などの技術が必要となるが、県外を含め外注を積極的に活用するとともに、シューズメーカーなど異業種とのコラボレーションによって製品化を実現している。また、テキスタイルの独自性を高めるために、多くの糸商社とネットワークをつくって情報を入手したり、地域の染色工場との密接なコミュニケーションを通じて独自の色合いを実現したりしている。

　YY 社では自社ブランドが売上の柱となるまでに成長したが、OEM も引き続き行っている。自社ブランドと OEM では生産に関する考え方が正反対であるが、OEM を行うことで他社のデザインやパターンを学ぶことができ、逆に自社ブランド展開による企画や販売のノウハウが OEM における提案力を高めるという相乗効果が生まれるからである。

(3) YO社（寒河江市、従業員数 40 名）[7]

　YO社は 1951 年に創業し、東京や大阪などの問屋に対してニット製品の製造卸を行い、1972 年に法人化を果たした。以来 OEM を中心に事業展開していたが、行き詰まりをみせていた。2000 年代に入り、現会長（2 代目）の息子（現社長）が入社して中心となって自社ブランドの展開にふみきった。業界の将来を展望したときに、コストだけを気にしたものづくりをしていては生き残れず、自らリスクをとってかつ収益がともなう仕事をしたいと考えたからである。また、アパレル業や問屋はコスト重視が強まり、自社の技術や提案力が活かされないと感じたからである。

　自社ブランドを展開する際に最も力を入れたのはマーケティングである。いいものを作っているだけでは売れないと考え、まずブランドのコンセプトを設定し、山形にある地域資源にもとづいた伝統を伝承していくこと、シンプルかつベーシックであることとした。現社長がこのコンセプトに基づいて自ら企画とデザインを手掛けるとともに、東京で展示会を年 2 回開催し、百貨店やセレクトショップのバイヤーに様々な手段を使ってアプローチした。その結果、品質と価格のバランスが評価され、販路の獲得に成功した。成形編みと手間のかかるリンキング（ループとループをつなぎ合わせる）を多用した立体的なシルエットが評価されており、無縫製編機では生み出せない製品にこだわりがある。

　自社ブランドを始めて 8 年目である 2019 年には、自社ブランドが売上の 8 割を占めるようになっている。既存の顧客からの受注金額が増えるだけでなく全国各地から受注が入るようになり、売上は全体として増加している。パリやニューヨーク等の展示会にも出展しており、海外からの売上が全体の 10％を占めるまでに成長している。ただ、自社ブランドの割合が増加するにしたがって生産の平準化が課題となっており、ブランドのラインナップ増加のために生地の仕入も検討している。

　YO社のブランドのコンセプトにもあるように、山形に立地していることをブランドイメージとして活用するとともに、山形がニット産地であることを製品づくりに反映したいと考えている。自社内に編立から仕上までの工程がそろっているが、紡績、ニット、縫製およびリンキング、染色、縮絨そして手作

7　2016 年 8 月 24 日、2019 年 9 月 20 日に YO 社に実施したヒアリング調査による。

業を行う内職まであらゆる工程に従事する業者が車で15分圏内に立地していることを利用して、様々な業者との交流の中からアイデアを得ている。

4．ニッターによる機能包摂

(1) 自社製品の差別化と経営資源の獲得

　事例として取り上げた3社はOEM受注の減少に直面した際、OEM取引への依存から脱却して自社ブランドを展開する方向を選択した点で共通している。横編機を中心とする産地では、ニッターの内部で編立から仕上まで一貫生産が行われてきたため、デザインさえあれば最終製品を自社内で完成させられる能力やノウハウが蓄積されている。そのため、織物や丸編ニットといった生地を製造するメーカーに比べて、自社製品として最終製品開発が選択肢となりやすい。

　自社製品開発にあたって問題となるのは、まず自社製品をデザインする機能をどう調達するかである。3社はいずれも自社内にもつことでこの問題を解決した。デザインを主に行う人材はいずれも後継者として入社した現経営者であり、デザインへの知識や経験はそれぞれ異なるが、自社の歴史や強みをふまえたブランドのコンセプトを発案し、差別化につなげている。

　YS社は自社ブランドを展開するにあたって、ニット製造部門を中心としてみた場合の川上との関係を強化することを選択した。YS社が注目したのは創業以来の伝統をもつ紡績部門である。ニット産業においてコンピュータ自動編機が普及して編立工程における差別化が難しくなる時期に、紡績部門がもつ能力を見直して新奇性のある糸を自ら開発し、ニット製品の差別化につなげた。糸から開発することはOEM取引において顧客からの受注を取り付ける魅力になり、自社ブランドを展開する際の差別化にもなる。[8]

　一方、YY社が自社ブランドを展開するために着目したのは、40年ほど前から積み重ねてきた編地の研究開発力である。その中で、他社から出ることの

8　谷山（2014）はYS社における紡績部門とニット部門が連携することのメリットとして、①アパレル製品に最適かつ他社には入手困難な素材の開発が可能であること、②紡績のエンジニアとニット製品のエンジニアの相互交流によって、複雑な糸とそれを生かした製品開発が可能であること、③ニット製品に関する川上から川下までの一貫した知識を獲得できることをあげている。

図10 − 4　YS 社の自社ブランド展開：垂直統合

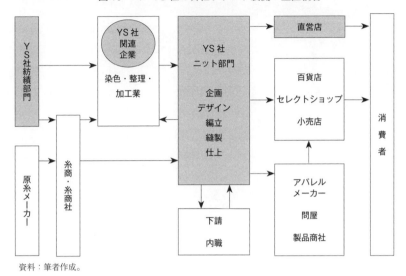

資料：筆者作成。

少ない交編のテキスタイルを前面に出すことで独自性をもたせた自社ブランドを開始した。YO 社は OEM 取引によって培ってきた技術を基礎に「山形らしさ」を追求した結果、畦編みセーターに代表されるシンプルでベーシックな製品が生まれた。先行する YS 社や YY 社の自社ブランドの特徴が華やかな編地であったのと対照的である。

　自社ブランドを展開するには製品の独自性をどう維持するかという問題に加え、製品の種類を増やす際に不足する経営資源をどう確保するかという問題が生じる。

　YS 社は、垂直統合によって経営資源の確保を図っている。川上側では紡績部門とニット部門の連携強化だけでなく、染色・整理加工を行う産地内企業を買収した。川下側への展開として、自社ブランドのニット製品を販売するために直営店を運営している。2015 年には本社敷地内での直営店をオープンさせ、消費者からの情報を入手することに加え、YS 社の歴史や理念、ブランドイメージを伝える場を設定している。図 10-4 に示したように、紡績からニット製造、小売に至るまでの垂直統合によって、ニット製品に関する川下から川上までの機能を包摂したことが YS 社の特徴である。

図10－5 YY社とYO社の自社ブランド展開：ネットワーク組織の活用

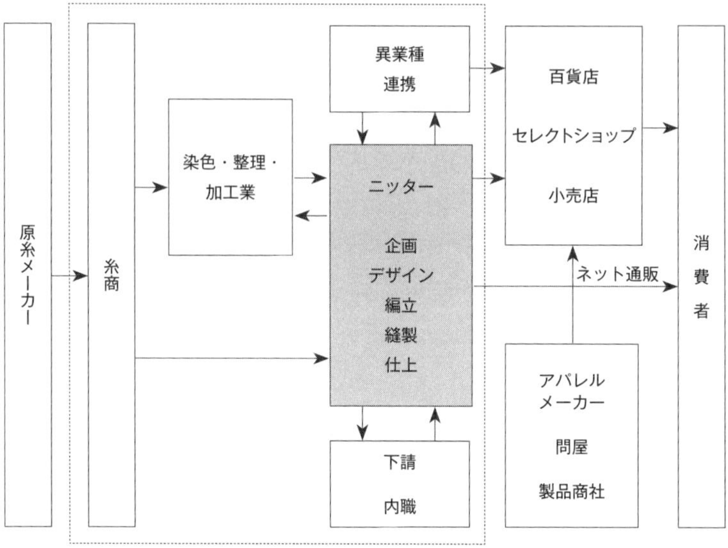

資料：筆者作成。

　自社ブランド展開に向けた経営資源確保の問題にあたっては、YY社では自社の中核的工程を編地の研究開発およびその生産に設定する一方、糸の調達は糸商、染色は染色工場、ニット以外の素材を用いる縫製は縫製工場、そしてアパレル以外の製品はその専門業者との連携といったネットワークを活用している。同様にYO社も、自社は企画、デザイン、編立、縫製（リンキングを含む）、仕上工程を担当し、それ以外の工程については産地内を中心とするネットワークを利用している。企業間ネットワークによって不足する経営資源を補うとともに、他の専門企業がもつ知識を取り入れることで自社ブランドの独自性を高めるという志向をもっている。

　図10－5に示したように、YY社とYO社はニット製品の生産工程に関わる様々な企業とのネットワークによって、自社ブランドを展開していることが特徴である。さらに両社はOEM取引にも引き続き取り組んでおり、OEMによって得られる知識と自社ブランド展開から得られる知識を相互に活用できることが相乗効果を生み、経営の安定化にも寄与している。つまり、両社の中核

的能力に加え、企業間のゆるやかなつながりを活用することが、自社ブランド
の差別化にとって重要であるといえる。

　また、OEM 生産から自社ブランド製品の生産に移行する際の課題の一つは、
生産に対する考え方の違いにどう対応するかがあげられる。OEM においては、
依頼された製品を高品質、低コスト、短納期（QCD）で生産する技術やノウ
ハウが重要であり、さらなる生産の効率化をめぐって競争が行われる。しかし、
自社ブランド製品では QCD の追求に加えて、他社とは異なる独自の付加価値
をどのように実現するかという点が課題となる。そこで、自社のニット製品に
独自性を与えるために、他部門や異業種との知識交流が必要になることが事例
からわかる。

(2) 販路開拓と集団間競争

　国内市場という限られたパイの中では、山形横編ニット産地における動きは
川下側に対してその需要を侵食する競争を仕掛けているといえる。

　OEM 取引を中心にしてきたニッターが自社製品を販売するためには、販路
拡大も大きな課題である。OEM 取引ではアパレル業や商社が生産したものを
引き取ってくれるが、自社製品の場合は販売方法や販売チャネルを新たに考え
なければならない。自社で開発した製品をどこに販売するかによって、従来
ニッターにとって顧客であったアパレル業や商社が競争相手にもなりうる。そ
の意味では、OEM 取引から自社製品への展開は既存顧客を失うリスクをはら
むものである。

　しかし事例における 3 社は、アパレル業や商社と競合する販売チャネルを
選んでいる。YS 社はテレビショッピングや直営店を通じて消費者に直接販売
を行っている。直営店ではアパレル製品だけでなく雑貨品販売やレストラン経
営も行っており、地域や消費者との接点を増やすことを試みている。YY 社と
YS 社はシーズンごとの展示会を開催して、百貨店やセレクトショップといっ
た小売と直接取引をしているが、消費者との距離を縮めるための取組として工
場見学会を開催していて、固定ファンを増加させて自社製品を取り扱う小売へ
のアピールとしても利用している。

　3 社の販路開拓において共通することは、最終ユーザーである消費者との接

点をもつことに積極的であり、自社の歴史や生産のこだわりといったブランドのストーリーを伝えようとしていることである。逆に、ブランドに対する消費者の意見や要望を聞き取る場にもなる。商品に関わる情報提供は従来、生産者ではなく小売やアパレル業の役割として行われてきたが、その境界を越えてニッターによって行われている。モノの流れを変えるだけでなく、情報の流れを変えることがニッターの強みとなっている。モノの流れだけをみれば、山形産地においてOEM取引が主流となる以前の流通形態に原点回帰したといえるかもしれないが、大きな違いは消費者との接点の増加による情報獲得の質やスピードの向上であろう。

　山形横編ニット産地で起きていることは、ニッターが生産だけでなく企画・デザイン、製品流通に関わることによって製品の差別化や新たな販路開拓につなげていることである。つまり、川上側を統合あるいはゆるやかに連結させることでその知識を取り込んで自社の中核的能力を強化するとともに、川下側のアパレル業や商社が担っていた役割を自社が置き換えることで新たな販売チャネルを発見することに成功した。川上と川下の機能をニッターが包摂し、その知識を組み合わせることによって新たな価値が生まれている。生き残りを目指す横編ニット産地にとっては、このような機能包摂による垂直的競争への進出が活路となることも示唆している。

　ただし、3事例のこうした取組をもって産地の製造品出荷額等や反転にどれだけ寄与しているかについては、他の企業の動向を合わせてみる必要がある。また、製造品出荷額等増加に対して付加価値率が伸び悩んでいることは、別の課題ものぞかせる。自社製品を展開しているニッターを例にとると、製品価格をコントロールできるようになったとはいえ、新たな機能を社内に取り込むことによる管理コスト増加や在庫リスク負担の問題が考えられる。産地のニッターが企画やデザイン、販売といった新たな機能を引き寄せて付加価値を獲得しようとする行動は、産地の新たな動きとして示唆に富むものであるが、機能包摂にともなって生じる問題とどうバランスをとるかも今後の課題として浮上するだろう。

参考文献

石澤恒彬（2014）『新聞記事に見る山形県繊維産業のあゆみ（上巻）』山形県立工業技術センター置賜
　　試験場。

加藤秀雄・奥山雅之（2020）『繊維・アパレルの構造変化と地域産業』文眞堂。

木村元子（2017）「産地の縮小過程における中小企業の戦略と社会的分業の変容」明治大学政治経済研
　　究所『政経論叢』第 85 巻第 5・6 号、pp.109-135。

谷山太郎（2014）「海外市場進出を契機とする本国事業の成長可能性―株式会社佐藤繊維をケースに」
　　『赤門マネジメントレビュー』13 巻 2 号、pp.53-76。

中小企業研究センター編（2003）『産地縮小からの反攻』同友館。

中小企業総合研究機構・全国信用金庫連合会総合研究所（1999）『ニット企業・産地に関する実態調査
　　研究』。

山辺町史編纂委員会・山辺町史編集委員会（2005）『山辺町史（下巻）』山辺町。

吉原元子（2018a）「産地の縮小過程における中小企業の内製化志向―山形県ニット産地の事例か
　　ら」日本中小企業学会『新時代の中小企業経営―Globalization と Localization のもとで』同友館、
　　pp.88-100。

吉原元子（2018b）「山形県におけるニット産業の新展開」山形県経済社会研究所『山形県の社会経
　　済・2018 年』第 31 号、pp.13-22。

第 11 章

郡内織物産地の競争力の再生
資源、制度・組織、企業家活動による高付加価値化

内本博行

　産地は縮小・衰退の坂を下る傾向にある。

　その要因は消費市場の変化の影響、内部構造の硬直化、均衡の崩壊、技術革新による製品の代替、生産方法や販売方法の革新、海外からの競合製品の輸入、製品が競合する産地間の競争の影響、親企業の海外生産移転により下請企業が受ける影響、クラフト性などの付加価値性が乏しい低級品による価格競争などにある。したがって、産地が縮小・衰退から反転し、再生へ向かうためには市場に適合した新製品の開発などの革新行動、製品を生産し、流通させる産地体制の再構築、OEM 企業の生産性向上などが必要になる。

　本論では、経済構造ならびに経営環境が著しく変化する中で産地の存続はどのように果たされるかを、企業の自主努力や外部制度・組織の活用による必要資源の獲得、さらに、それができないときに有効な制度的企業家活動などについて、戦後長らく OEM の生産形態をとり成長してきたものの、バブル経済崩壊後に縮小に向かった郡内織物産地の高付加価値化への軌跡をもとに考える。

1．産地存続の市場戦略

　黄（1997）はバブル経済崩壊後の地場産業・産地の方向性について先進国型産地移行論を上げる。黄はイタリア、ドイツなどの先進国は「デザイン・インテリア・ファッション性に富んだ」高付加価値製品をつくりだし、労働力の安い国との競争力を維持しており、日本も量産品・低価格品の生産を脱却し、先進国のような「高付加価値の産地構造」に移行することが大事になるという。

　このように高付加価値化が産地の再生におけるとりわけ重要な企業行動になろう。それでは、産地企業はどのようにして高付加価値化を実現するのであろ

うか。そのとるべき行動は新製品開発、その中でも価格の高い新製品、すなわち、高付加価値新製品の市場投入をはじめとし、(1) デザイン展開、(2) クラフト・本物志向、(3) ブランド構築が有力である。

(1) デザイン展開

デザインは「基本的にはモノやサービスに関わる『色やカタチ』の構成のこと」である（鷲田 2014）。Vidal（1990）は、ジッロ・ドルフレスの言葉にしたがい、デザインは「工業企画の特別なカテゴリー（すなわち、一連の手続きと工業システムにより製品を生産することで終了する）であり、そこでは芸術的データと技術的データが最初から統合されるとした。プロジェティスタが創造するデザインは、他とは区別される唯一性と個別性という性質を（潜在的に）それ自身に包含する」とする。この点が成熟した消費市場において他社を差別化し、消費者の評価を得る高付加価値性を生む。

(2) クラフト・本物志向

成熟市場が進むと、大量生産品はいうにおよばず、差別化されたものでも満足しない消費者が登場してくる。この市場では買い手は自分の感性や価値観にそうものしか買おうとしない。クラフト生産は同一製品の機械的大量生産体制ではとうてい手が出せない市場、つまり、個客ともいうべき市場で十分に活動できる。

柳（1985）はクラフトの世界、すなわち、手工芸を3つに分類する。1つは「貴族的工藝」であり、「王侯富貴の人々のために作られる」豪奢で技術的に高度なものである。2つは「個人的工藝」という「個人的作者が美の表現を目的として自由に製作する」ものである。両者とも「用いるためよりも、見るため」につくられている。それに対し、3つは「実用を主眼とし、民衆の生活に役立つために作られる」もので、「民衆的工藝」（「民藝」）と呼ばれる。また、手工芸に対し、民藝と同じく実用に供される機械工藝があり、これは「資本的工藝」と呼ばれ、「重工業的なもの」と「軽工業的なもの」に分かれる。

クラフトに関連し、歴史的、伝統的、特定の風土などに深くかかわる、いまでは希少となっている原材料、製造加工、品質、熟練技、特定地域でつくられ

た本物といわれる製品がある。人はそれらを着てみたい、食べてみたい、身につけてみたい、持っていたいのである。

(3) ブランド構築

Aaker（1991）はブランドを「ある売り手あるいは売り手のグループからの財またはサービスを識別し、競争業者のそれから差別化しようとする特有の（ロゴ、トレードマーク、包装デザインのような）名前かつまたはシンボルである」と定義する。その役割は「製造元を顧客に伝え、同じように見えるような製品を提供しようとする競争業者から顧客や製造業者を守る」ことにある。

このような産地の高付加価値化の方向性について輪島塗の塗師である赤木（2018）は「ぼくたちの世代の仕事は、野暮ったくなってしまった日常の器を、もういちど格好のいい洒落たものにつくり変えて、自分たちの世代の文化とすることだった。ファッション、音楽、建築、インテリアなどと同じように、器もその人のスタイルを表現するようなアイコンになれる」と記す。

2．高付加価値化の手法

高付加価値化を実現するにはどのような行動を取ればよいのであろうか。それには（1）企業独自の行動、（2）準内部的組織の活用、（3）外部組織・横断的組織の活用がある（図11－1）。

(1) 企業独自の行動

これは企業が保有資源を使って独自に企業活動を行うこと、つまり、企業努力をさす。

企業努力で第1に大事なのが市場対応である。市場対応は Collis and Montgomery（1998）がいうように、戦略的には「その企業の資源と、競争を行っていく製品市場を理想的な形でフィットさせること」が大切になる。つまり、それは「資源と市場は『表裏一体』」の関係にあるからである。産地においても市場変化に敏感に反応し、新しい需要を高付加価値化のよい機会ととらえ行動することが重要なのである。第2は企業家的志向性である。企業家的志

図 11 － 1　産地の制度・組織構造

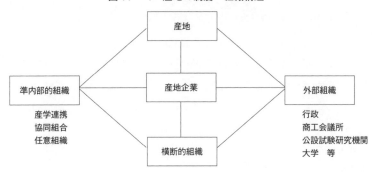

資料：筆者作成。

向性とは「主に小さな組織が、新たに製品市場へ参入する中で事業機会の探索と活用を起点とし、そこから新たな価値を生み出す戦略行動の型」と定義され、「その本質は、守りではなく攻め、分析より行動、既存より新規という、経営トップと一体化した組織の主体的な戦略の行動様式」であり、「環境変化という荒波を、先手を打ってさばくサーフィンのような能力を発揮し、通常、スピード感と大胆な行動を伴う」ものであるとする（江島 2018）。

(2) 準内部的組織の活用

　企業はいま述べた企業独自の行動にとどまらず、企業外の組織を活用することでも資源獲得ができる。その一つが準内部的組織の活用である。準内部的組織とは企業の外にあるが、企業がその運営、活動に主体的に取り組む組織をいう。これには産学連携組織、協同組合、任意組織が入る。ここでは、企業は自社が保有しない資源の獲得について費用をかけず、時間的に早く、質のよいものを獲得することを企図する。

　産学連携は文部省（現・文部科学省）の学術審議会の答申（1999 年 6 月）によれば「大学等と企業等産業界との間の研究面等での連携・協力（産学連携）」とされる。「研究面等」の等には主に共同研究、受託研究が入ると考えられる（長平 2003a）。

　産学連携を「産のアウトソーシングの一種」と見ると、その効果は①「自社で行うよりも低コスト、高品質のサービス」が得られる、②「より高度で専門

的なサービス」の導入ができる、③人材をアウトソーシングすることで「人件費という『固定費』を変動費」に変えることができる、④企業の「得意とする業務に特化」できるなどがある（長平 2003b）。

　協同組合は「中小企業と大企業の間で無差別かつ単純な競争原理を強いることなく、中小企業に協同組合の結成を認め、独立の競争単位、強化された取引単位とすることで、はじめて公正な競争の場が確保される」という考えに立った「反独占政策自体が要請する反独占の手段」である（三浦 2003）。

　その事業活動は共同購入、共同受注、共同研究開発など多岐にわたる。協同組合は本来、「組合員の必要によって生まれ、組合員の必要によって変化していく組織である。共同事業もまた、組合員の必要によって変化する」のである。つまり、協同組合が行う共同事業は「コストを引き下げるための仕組みであるとともに、新しい事業や価値を創造するための仕組み」でもある（三浦 2003）。

　任意組織は異業種交流や同業種交流をいう。これらの交流はなんらかの目的をもって組織されるので戦略的連携の色合いを濃くする。この連携は、参加企業同士が自社の保有する資源を出し合い、それらの資源をたがいに活用する仕組みになっている。そのことによって資源取得の取引費用や時間を節減する。

　任意組織としての戦略的連携の目的は5つに分類できる。5つとは①人脈の拡大、情報交流、②既存の製品・技術、サービスの改良・改善、経営力の強化、③新たな経営課題への対応・解決、④新製品・新技術、新サービスの開発、新販売・新受注組織の構築、⑤将来の市場・新市場の模索、中期・長期の戦略構築である（百瀬 2003）。

(3) 外部組織・横断的組織の活用

　外部組織は企業の外にある企業とは独立した組織であり、企業に各種の経営支援サービスを行う。企業はそのサービスを活用することで資源を安くあるいは無料で獲得できる。行政（国、地方自治体）は経済・産業施策をとおして中小企業や産地企業の活性化に寄与する。商工会議所、商工会は会員企業に向けての各種経営支援サービスの提供や地域おこし活動を行う。公設試験研究機関は地域の企業に対し、技術相談、技術指導や技術研修、研究開発などを行う。

　横断的組織は企業、準内部的組織、外部組織の枠を越えて地域・産地が共

有する課題の解決を目的に組織横断的に結成される任意組織である。ここには問題意識を共有する産地企業の経営者をはじめ、行政人、商工会議所等や公設試験研究機関の職員、地域の住民、外部者が集う。参加者が持ち寄る様々な知識・情報を集約し、そこから新たな地域・産地活性化策を具体化していく。

　その一つに地域おこし組織がある。これにはコミュニティ・ビジネスの概念が当てはまる。金子（2003）はコミュニティ・ビジネスを「コミュニティに基盤をおき，社会的な問題を解決するための活動」であり、その特徴は①ミッション性（コミュニティへの貢献が目的）、②非営利追求性（利益の最大化を目的にしない）、③継続的成果（具体的成果を出し、活動を継続させる）、④自発的参加（参加者の自発的参加）、⑤非経済的動機による参加（参加者の動機は経済的なものでなく、生き甲斐など非経済的なもの）にあるとする。

　高付加価値化にとって企業努力はいうに及ばず、準内部的組織の活用、さらに、有力な支援機関である外部組織や横断的組織の活用が重要である。

3．持てない資源の獲得

　企業行動において新たな難題に直面したとき、その解決のために自社の保有資源では足りず、既存の制度・組織が提供するサービスの活用でも資源不足を補完することができないときは問題解決の別の手立てを考えなければならない。ここに登場するのが制度的企業家（institutional entrepreneurs）である。

　Maguire *et al.*（2004）は制度的企業家活動について「特定の制度的調整に利害を持ち、そして、新しい制度を創造するあるいは既存のそれを変換するために資源を用いる主体の行動」にあるとし、Lawrence *et al.*（2009）は制度的実践（institutional work）ついて制度をつくる（creating）、維持する（maintaining）、壊す（disrupting）という実際的行動を意味するという。

　制度的企業家は自社の成長阻害の克服や危機からの脱却に役立つ制度や組織を創出するあるいはその克服、脱却に役立つ既存の制度や組織の維持、改善、強化を行う役割を担う。産地においても自社の不足する資源を効率よく、安く補完するために協同組合や任意組織、産学連携などの制度を活用するが、既存の制度・組織でそれが果たせない場合、そうした課題を共有する産地企業同士

が連携し、課題解決に向かわざるを得ない。この場面で、共有課題の解決のために新たな制度・組織を編み出し、主導する人材が制度的企業家である。

制度的企業家が新しい制度・組織をつくるには、問題解決に適する知識や仕組みを探索する、偶然の人との出会いや出来事を利用する、物事の読み替えや読み直しを行う（解釈を変える）、場を設定し、多くの人や組織を巻き込む、外部者の視点の尊重（当事者とは異なる見方をする）などの方法が有効である（内本 2018）。

4. 変革の担い手はだれか

産地が衰退状況から高付加価値化を実現し、再生、さらに、持続的成長を図るためには変革、すなわち、構造改革が重要になる。大事なことはその担い手である。その担い手は日々の業務をそつなくこなし、売上利益を計る経営管理者的経営者ではなく、機会をとらえ、それを追求しようとする企業家的志向性を持った経営者である。中小企業や産地企業の高齢経営者に対し、企業家的志向性を求めることはいささか無理がある。しかし、2代目、3代目の比較的若い経営者の能力にその期待をかけることは望ましい。

藻谷（2019）は衰退産業の再生において2代目、3代目となる30代、40代の事業承継者の活躍、すなわち、代替わりの企業家活動にエールを送る。藻谷はその手法として「ビギナーズ・マインド」、つまり、「既成概念を持っていない初心者の心」を持つこと、そして、「増価主義」、つまり、「時を重ねて、さらにその価値が積み重なっていく」ことを説く。

外部者＝よそ者の存在も大きい。大田（2016）は地域外に存在し、地域と関わりを持つ外部者には「特定の産地に定住する『定住型』と多くの産地を渡り歩く『巡回型』とがあり」、「定住型」は特定産地に住む「内部者」と多くつながり、「巡回型」は産地と産地、産地と大都市をつなぐ。外部者は「産地関係者と相互作用ができる空間に」自らをおき、「①製品・ブランドの自主・共同企画、②市場創造に必要な知識（ブランディングなど）の学習、③既存の技術・文化資源の新たな結合、④付加価値の高い製品・生産技術の創造、⑤『内部者』・『外部者』の交流機会の形成」において協働する。

　制度的企業家の担い手は企業の人間（多くの場合、経営者）、準内部的組織や外部支援組織に属する人材、外部者＝よそ者である。

5．郡内織物産地の軌跡[1]

　郡内織物産地の競争力再生へ向けたプロジェクトは以下のように進んだ（図11−2）。

(1) 産学連携「フジヤマテキスタイルプロジェクト」
①産地の横顔

　富士吉田・西桂地域は山梨県東部、富士北麓と称される地域に位置する。この地は県西部の国中に対し、郡内（丹波山村、小菅村、上野原市、大月市、都留市、道志村、西桂町、富士吉田市、富士河口湖町、鳴沢村、忍野村、山中湖村）と呼ばれ、古くからの織物の産地であった（図11−3）。江戸、明治、大正、昭和戦前までの各時代において郡内は「先染、細番手、高密度」で織られた甲斐絹などの高級織物産地として全国に名を馳せていた。

　しかし、和服から洋服の時代へと消費市場が変化していく中で需要が減少していき、甲斐絹の生産は終わる。戦後は受託生産あるいは OEM の途を歩むことになる。売上は、1970 年頃をピークに市場の成熟化、海外からの低価格品の輸入、また、バブル経済の崩壊によって減少していった（表11−1）。

　産地の織物は多様性に富んでいる。産地の織物の特徴である「先染、細番手、高密度」の高度な製織技術を生かし、ネクタイ地、座布団地、マフラー類、インテリア地、婦人服地、夜具地、服裏地、袖裏地、洋傘地、和装地など多様な生地を織っている。生地の他、傘やネクタイ、マフラーなどの製品を手掛ける企業も増えている。産地の社会的分業は糸商、染色業、撚糸業、整経業、製織業、整理加工業、機料業などからなる。しかし、産地の生産量が減少する中で、

1　本章をまとめるに当たってはテンジン・小林新司社長には 2015 年 11 月、2019 年 7 月に、光織物・加々美琢也氏には 2015 年 11 月、同・社長加々美好氏には 2019 年 7 月、加々美好、加々美琢也両氏には同年 9 月に、山梨県産業技術センター富士技術支援センター・五十嵐哲也氏には 2016 年 9 月、2017 年 11 月、2019 年 8 月に、高須賀活良氏には 2018 年 3 月、2019 年 8 月にインタビュー調査をさせてもらった。また、富士吉田市役所、富士吉田商工会議所、富士吉田織物協同組合、西桂織物工業協同組合、群内地域の多くの経営者の方々にインタビュー調査の形で有益な話をいただいた。

図11－2　郡内産地の再生プロジェクト

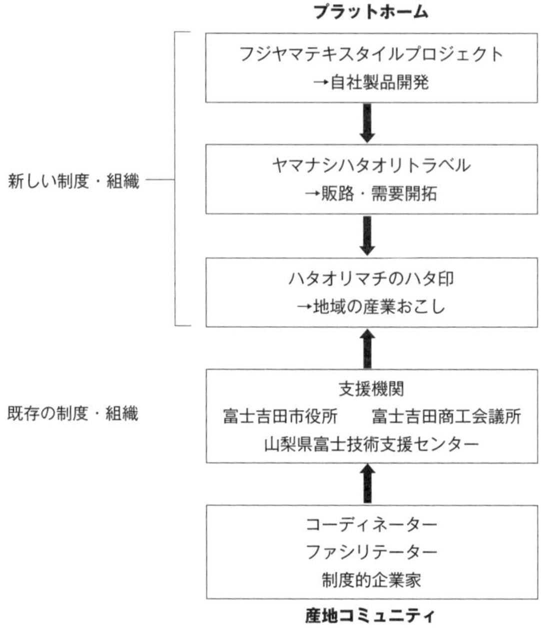

プラットホーム

資料：筆者作成。

社会的分業体制は縮小傾向にある。

②デザイナーによる指導

　産地に衰退が見える 2010 年頃、一つの出来事が起こった。ある夜具地製造企業が利益を増やす目的で産地問屋という中間流通を省略し、産地問屋には隠れて九州で夜具地を販売した。それが思いのほかよく売れた。このことは産地に少なからず衝撃を与えた。特に機業者の若い世代の中には「自分でつくったものを自分で売る」ことに共感する人がいた。この出来事から産地の企業は産地問屋や買継商と取引している構造に疑問を持つようになった。こうした中、産地企業の間にも連携して製品開発をしようという動きが芽生える。

　時は遡るが、1996 年頃、無名のテキスタイルデザイナーが自身のデザインを売り込むために産地にくる。その人は現在、東京造形大学教授でテキスタイルデザイナーとしても活躍する鈴木マサル氏である（フジヤマテキスタイルプ

図 11 − 3　郡内織物産地地域

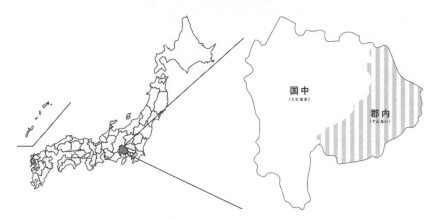

資料：ハタオリマチのハタ印プロジェクト web サイト（https://hatajirushi.jp/history）をもとに筆者作成。

表 11 − 1　郡内織物産地の生産品目および生産量の推移

	1990 年	1995 年	2000 年	2005 年	2010 年	2015 年
総生産額（百万円）	26,315	15,774	13,194	9,611	6,976	9,171
総生産量（千㎡）	33,099	20,410	21,655	12,519	10,804	13,437
ネクタイ地	4,194	2,369	1,521	1,158	562	549
座布団地	6,104	2,353	2,125	861	412	356
マフラー類	—	1,178	1,414	134	251	252
インテリア	2,759	2,158	3,946	2,381	4,119	7,126
婦人服地	2,363	1,330	2,559	1,455	836	691
夜具地	1,509	486	793	115	161	155
服裏地	3,507	801	1,663	1,751	433	705
袖裏地	3,724	914	2,056	3,552	3,302	3,133
洋傘地	2,696	978	526	729	469	407
和装地	577	7	—	24	6	2
その他	4,086	3,995	5,052	359	253	61
雨コート地	515	—	—	—	—	—
紋朱子	1,065	—	—	—	—	—

資料：山梨県産業技術センター富士技術支援センターの資料をもとにタカヤマ株式会社が作成。

ロジェクト・株式会社トリッキー 2018）。

　これが機縁となり、鈴木氏と産地との関わりが本格化する。まず、富士吉田織物協同組合のディレクターになり、2007 年から 2015 年の間、公設試験研究機関が支援する JAPANTEX（ジャパンテクス）展のコーディネーターを担う。鈴木氏は同展への出展に際し、製織企業はオリジナルの生地を出展することにし、鈴木氏が「毎回、出展する機屋全社のテキスタイルを新たにデザインし」、

さらに、展示会のブースをはじめ、「サンプル生地を吊るハンガーヘッドから織ネームまで」のデザインを行っていた（同上）。

③美術大学とのコラボ

このような経緯の中であることが起こった。協同組合が行う「若手後継者育成事業」に参加していた光織物の後継者である加々美琢也氏が衰退する産地の行く末を案じ、自社製品の開発を考え、美術大学の「学生の斬新なアイデアが欲しい」ということから鈴木氏に「東京造形大学とコラボしたい」と言い出した（フジヤマテキスタイルプロジェクト・株式会社トリッキー 2018）。

しかし、鈴木氏は企業と大学生とのコラボは成果が出たことが少ないという理由からその申し出をいったんは断った。しかし、後に引き受けることにした。鈴木氏はやる以上は成果をきちんと出すことが重要であることから、市場で流通するものを開発することを目標にし、「機屋さん1社につき、学生1人で商品開発を行う」、製織企業は「学生のアイデアに安易に『ノー』といわない」ことを規則にした（同上）。ここに公設試験研究機関の五十嵐哲也研究員が支援役となり、「フジヤマテキスタイルプロジェクト」（以下、プロジェクト）が産学官連携の形で生まれた。機屋とコラボする学生は大学院生を主にし、院生らと機屋のマッチングは鈴木氏が行うようにした（同上）。

④ヒット商品の誕生

2009年の第1期のプロジェクトには学から8名の大学院生が、産からは主に2代目、3代目の若手経営者が参加した。プロジェクトは2018年で第10期を迎える。プロジェクトに参加した学生・大学院生は47名に上る。その中で自社ブランドを立ち上げた人が8名、当産地の織物企業に就職した人が5人いる。

コラボの実際を見てみよう。光織物は学部生3年の井上綾氏とコラボを組む。井上氏はプロジェクトの第3期生である。コラボは2年間にわたった。井上氏は、初めの1年間は光織物が織る和柄の生地を使って鞄などをつくった。2年目はより確かに売れるものをつくろうと思い、光織物が地元の神社のお守りをつくっていることにヒントを得て、「大切なものを守る」という意味でポップな和柄のポーチ、「おまもりぽっけ」を製品化した。このポーチは従来あるお守り袋よりも大きさが大きく、携帯電話も入る。このポーチを「毎日が吉日」

ということで「kichijitsu」というブランド名を付けて展示会「ギフトショー」に出展する。さらに、ホームページをつくり、SNS でも発信する。(BEEK DESIGN・山梨県富士工業技術センター 2016)。幸いなことに展示会での評価が高く、引き合いが多くあり、生産が間に合わなくなった。

　このほか、プロジェクトからは干支をモチーフにした座布団 (TO 社)、野菜をモチーフにした傘シリーズ (MS 社) などユニークなデザイン製品がいくつか生まれた。産地企業はこのプロジェクトによって製品開発のノウハウを学習し、産地の無名性もデザイン製品が売れていく過程で少しは消えていく。

⑤社会関係資本の増加

　このプロジェクトに参加しないが、製品開発の動きに刺激を受け、自社製品を開発する企業が複数あった。それら産地企業はデザイナーとのコラボによるデザイン (MG 社)、はたまた経営者自身のデザイン (HC 社、WS 社) によって衣類、生活用品、複数の差別化ネクタイの製品開発が行われた。

　また、プロジェクトの実施によって産地内の風通しがよくなった。産地には業種ごとの協同組合がある。企業数の多い製織業の組合もあるが、組織率は高くない。その理由は従来、「組合に入ると、競合他社に柄が盗まれる」と考えられていたからである。そういう事情で産地企業間の交流は少なかった。ところが、このプロジェクトに参加した経営者や若手後継者は自社の垣根をつくることよりも、競合を超えて連携し、協働するほうがたがいのメリットになるという理由から考えを改めた。信頼や相互扶助などの社会関係資本が成り立つ素地が生まれたのである。ここでは自社ひいては産地の危機に直面した産地企業の危機脱出のためのコミュニティ意識が働いている。

　産地企業が協働する背景には産地の製品が多様化しており、企業同士で競合することが少ないことがある。たとえば、ネクタイ製造といっても、デザイン、顧客対象、用途 (ビジネス用、カジュアル向け、制服ネクタイなど) が異なるという実態がある。

(2) 同業種連携「ヤマナシハタオリトラベル」

①受注業務から自社製品開発へ

　製品開発に成功したら、次は販売ルートが必要になる。産地問屋とのみ取引を行ってきた産地企業はそれ以外の販路は持たない。また、産地問屋はデザイン性に富んだユニークな製品を流通させるルートを持っていない。ここで販路開拓が大きな問題となる。小規模な産地企業が単独で販路開拓を行うことははなはだ難しい。ここでも連携が有効策になる。

　テンジンはネクタイ専業企業であった。3代目の小林新司社長は大学卒業後、家業に入り、2年ぐらい後に父である社長から経営を任された。しかし、2000年頃から注文が減り始める。海外から安いネクタイが輸入されたことが主な原因である。そして、クールビズによってネクタイ市場は急速にしぼむ。そこで、小林社長は受注業務から自社製品を開発し、販売していくことに事業を転換することを決断する。

　小林社長は新製品開発を模索する。会社にはデザイン学校を卒業し、当社に従業員として在籍している小林社長の妹のとく氏がいた。とく氏はたびたびヨーロッパに出かけ、アンティークのリネンの収集をしていた。リネンはヨーロッパでは歴史が古く、リネン文化が築かれている。小林社長はこのリネンに飛びついた。

　小林社長がリネンについて調べると、アンティークものがネット上で5000円の価格で売っている。リネンはコットンに比べて高級感がある。小林社長は「いけるのではないか」と思った。製品の見本をつくる。しかし、リネンはネクタイを織る自社の織機では織れない。学校の先輩の会社でリネンが織れるので、その会社で織る。とく氏がデザインをして小林社長が織る。それなりのものができた。最初は布からタオル、そして、クッションカバー、ベッドカバー、テーブルクロスなどへと広がり、10品目、製品数50をつくる。

②販路開拓の難しさ

　小林社長はリネンの生地を本格的に織るための織機を探した。産地内の知り合いにリネンを織れる織機を所有する会社があった。その会社の経営者は高齢で、後継者もなく、廃業する意向だったので織機6台を譲渡してもらう。古い織機であったが、古い織機のほうがクラフト的風合いのある布が織れるので好

都合であった。

　小林社長は商品の写真を撮り、カタログをつくり、東京に売りにいく。小林社長ははじめからブランド化して付加価値の高い商品にして販売したほうが売上は上がると考え、2000 年頃から製品に「ALDIN」（アルディン）のブランド名を付けて販売する。

　また、カタログと製品見本を持って東京の代官山や目黒のインテリア系の店を回る。しかし、ほとんどの店で相手にされなかった。ところが、1 店だけ、店の人から「オーナーに見せたいので商品を預からせてほしい」といわれた。それを機に、展示会やギフトショーに出展すると、バイヤーがくるようになった。東京・恵比寿の雑貨店に製品をおいてもらったときにその店の商品として女性向けの雑誌に掲載された。そのことから地方からも注文がきた。小林社長は売れる可能性を感じた。問屋筋がネット販売を行うので、小林社長は競合関係になることからネット販売は避けた。

③共同販路開拓への取り組み

　2012 年頃になると、販売量も増えてはきた。しかし、新規取引が増えず、停滞していた。小林社長はより多くの消費者にリネン製品と自社の存在を知ってもらう必要があることを感じた。そのような折、小林社長は営業で JR にコンタクトをとったところ、JR の担当者から「エキュート立川」の展示場への出展を提案された。小林社長はそれを販売拡大のよい機会ととらえた。ところが、会場は自社商品だけを並べるにはあまりにも広すぎた。そこで、公設試験研究機関の五十嵐哲也研究員に相談する。その答えは「産地の他の企業といっしょに出展してみたらどうか」というものであった。

　プロジェクトへの参加企業はどこも同社と同じように「製品はあるが、売り先がない」という状況におかれていた。多くの企業が小林社長の声掛けに応じた。そして、任意組織の共同販売組織「ヤマナシハタオリトラベル」（以下、トラベル）が誕生した。参加企業はテンジンを含め、10 社に及ぶ。小林社長と参加企業とは協同組合や商工会議所の活動などで旧知の仲であり、販売する製品はどの企業も他社と重なることはなかった。表面的には同業種の連携に見えるが、実質は異業種の連携であった。

④多数の出展依頼がくる

　小林社長が代表になり、準備に入る。展示会開催のための勉強会を設ける。販売セミナーにも積極的に参加する。準備作業、展示会場での接客、会計などすべて参加企業が公平、平等に労力を出した。開催期間中の全体の売上は予想以上の金額であった。なによりもよかったことは、産地企業者は OEM を行ってきたことにより消費者と直接接することができなかったが、展示会開催でそれができたことであった。

　「エキュート立川」での展示会は約1か月に及んだ。来展者はリネン製品やクッション、ネクタイ、ストール、ポーチなど多様なデザイン性に富んだ製品が並んでいることに関心を示した。その一方で「山梨で織物をやっているなんて……」という声も聞こえてきた。展示会には『繊研新聞』が取材にきた。アパレル・繊維専門紙に記事が掲載されたことによりバイヤーが産地にきた。その後、展示会は大阪、東京のほか、各地で20回ほど行った。

　トラベルの行動で参加企業はみなたがいに顔見知りではあったが、それまで深い交流はなかった。その理由は、たがいに同じ問屋に製品を売っている企業が多かったからである。トラベルの組織化によって産地企業同士のほんとうの交流ができるようになった。社会関係資本が息づく範囲が一段と広がり、その密度が増していった。

(3) 地域おこし組織「ハタオリマチのハタ印」

①産地へのユーザー、消費者の誘致策

　多くの成果を上げた共同販路開拓事業のトラベルであったが、限界もあった。参加各社の製品が異なることと各社が自社の販売の方向性が見えてきたことから展示会という統一したマーケティング手法では効果を得ることができないことが見え始めたからである。2015年頃からマンネリ感も出てきた。

　この限界を破り、バイヤーをはじめとする多くの人たちに自社製品を理解してもらうために産地に外からデザイナーやバイヤー、マスコミ関係者などを呼び込み、産地の実際の姿（生地・製品、工場・織機、作業など）を見てもらうことにし、それで、富士吉田・西桂地域が織物産地であること、織物がつくられる実際の認識を深めてもらい、なおかつ、業界や一般社会に広く発信しても

らうことを目的に「ヤマナシハタオリトラベル産地バスツアー」を始める。トラベルが BtoC のアプローチであったが、このバスツアーは主に BtoB のアプローチである。具体的には東京・新宿からバスに乗って富士吉田市まできてもらう。そして、産地の機屋や準備工程の企業を回り、織物生産の実際を見てもらい、企業の説明を聞き、経営者や職人と交流してもらうものである。

　続いて、2017 年より自社製品を直接消費者に販売する活動として県内外の消費者に実際につくっている現場＝工場にきてもらい、消費者が見たことがないと思われる織物生産の現場を見学してもらう。そして、作り手がどんな気持ちや思いでつくっているかを身近に知ってもらい、そこから認識を新たにしてもらうことを狙って「オープンファクトリー」（織物工場直営店）を開催している。開催日は毎月第 3 土曜日である

　こうした動きの一方で、富士吉田市では観光客を誘致することと併せて地域おこしを図る目的で産業（ハタオリ＝機織）と観光を融合させた「ハタオリマチフェスティバル」（通称ハタフェス）を年に 1 回、10 月に開催することになった。2016 年に第 1 回の「ハタフェス」が生地の流通を産地問屋が握っていた時代に問屋が店を出し、繁盛していた富士吉田市下吉田地区の通りで開かれ、約 3000 人の来場者があった。2017 年の第 2 回は約 6000 人、2018 年の第 3 回は約 1 万人が会場を訪れた。

②織物産地を核にした地域おこし

　ファッション・アパレル業界はすでに内外の多くのブランドがひしめき合う厳しい業界である。この中で産地が産地の無名性を払い、OEM から脱却し、ブランド製品を売り込むにはどうしたらよいかが常々の課題になっていた。プロジェクトに第 1 期生として参加し、その後、公設試験研究機関の職員となり、継続して産地と行動をともにしてきた高須賀活良氏らは 2016 年、織物の世界を核に地域おこしの視点を入れた、これまでの活動をさらに充実させる新たなコンセプトを打ち出し、「ハタオリマチのハタ印」（以下、ハタ印）という地域おこし組織を立ち上げた。

　高須賀氏は「1000 年の歴史ある機織の地域を売ろう」（1000 年の歴史とは平安時代に編まれた法令集『延喜式』に甲斐の国は布を税として納めるとあることに拠っている）、そして、100 年後も存続している産地であるハタオリマチ、

すなわち、「様々なヒトがいきかい、モノやコトが生まれる」産地、「イトとヒトがいきかうマチ」というコンセプトを提起し、3つの活動目的を掲げ、具体化していく。

③需要者の呼び込み強化

　活動の第1は情報発信の強化である。これは郡内地域が伝統的な織物の産地であることの広報であり、産地の催事における告知の充実である。具体的には産地の光景、織物技術や専門用語の平易な解説などを見やすく構成し、広く一般に伝えるホームページ「ハタオリマチのハタ印」を立ち上げている。2017年、産地製品の「オンラインショップ」が店開きしている。これらのサイトはBtoC のアプローチであるが、BtoB のアプローチとして 2018 年、ウェブサイト「MEET WEAVERS」を立ち上げている。このサイトは産地の機屋の「生地を使いたい」「生地を買いたい」需要者＝デザイナーらに向けたものであり、デザイナーの目線に立って産地で織る生地の探索ができるようになっている。このサイトは機屋以外の撚糸や染色などの準備工程を担う産地の企業へもアクセスできる。

　第2は外部の人々を産地に呼び込むための継続的イベントの開催である。その代表が「ハタオリマチフェスティバル」の開催である。

　第3は消費者が買いたくなるような高品質で信頼のおける繊維製品をつくることである。しかし、産地では事業承継者難、技能者・職人などの人材難が大きな問題になっている。その対応として外部から人材を呼び込むための施策であるインターンシッププロジェクト『ハタオリマチルーキーズ』を事業化し、性別、年齢、経歴は不問、機屋の仕事を全部教えることを条件にインターンを募集している。西桂町では外部から当地に入り、定住するデザイナーがすでに存在する。

　ハタ印の事業は市、商工会議所、協同組合、公設試験研究機関が協働して行っている。現在、高須賀氏が総合ディレクターを務める。

　地域おこし組織は月1回集まり、地域内の繊維関係事業者、行政や支援機関の職員、協同組合、美術大学関係者等が産地活性化および地域おこしのために集う場であり、知恵の集約場、知恵の発出場の役割を担っている。

④多様な業態が切磋琢磨する

　本物志向については伝統的な織物技法であるほぐし織や沙織のデザイン性
に富んだ製品を生産する企業がある。また、高級織物、甲斐絹の復活を探る企
業の動きもある。公設試験研究機関では新しい織機、繊維、テキスタイルの開
発が行われ、その特許技術は産地に開放されている。産地では開放特許を使い、
新製品を開発する企業がある。

　ところで、産地では自社製品開発を目指す企業ばかりでない。経営者は自
社の存続を賭けた多様な戦略的行動をとる。つまり、自社製品の開発販売だ
けを行う企業を自立型とすれば、これまでのOEMを継続する企業は従来型、
OEM企業の中で社会的分業の統合化あるいは内製化し、一貫生産体制による
生産の高度化を目指す企業（OK社）は統合型である。また、OEMを続けな
がらも自社製品を開発販売する企業（MS社）は混合型であり、OEMを止め、
自社は企画販売を手掛け、生産は産地企業に外注する企業（YO社）は企画型
になる。

　産地では多様な業態が刺激し合い、切磋琢磨してその存続を図っている。

6．競争しつつ協力する

　Piore and Sabel（1984）は、成功する産業地域の特徴は第1に市場に関し
て内外の異なる市場に向けて多様な製品を生産し、新市場開拓に当たり「ある
ときは変化する嗜好に対応し、またあるときは嗜好自身を変えながら、絶えず
製品の質を変えている」ことにあり、第2は「生産性を高め、広い適応力をも
つようになった技術を柔軟に利用している」ことであるとする。そして、第3
は「企業間の協力と競争を調整する地域ごとの協力組織を創造することにより、
永続的な革新を推進する」ことであるという。これらのことこそが産地の存続
の鍵となる。

　郡内織物産地ではOEMという事業形態からの脱却を図るために主に2代目、
3代目の経営者らが未経験の自社製品開発に取り組んだ。美術大学との産学連
携によってデザインという重要な知識を取り込み、製品開発に成功した。しか
し、OEM企業であるゆえに自社製品の販路を持たない。そこで、自社製品開

発企業の連携によって任意組織の共同販売組織をつくる。その後、産地の無名
性を払い、さらに、産地製品（織物、デザイン製品）の販売を促進する目的で
産地に消費者やデザイナーらを呼び込み、産地の活性化、ひいては地域の活性
化を目指す協力の仕組み、地域おこし組織をつくった。

　こうした連携活動の中で産地企業間においてはこれまであまり交流がなかっ
たが、2代目、3代目の経営者は競争者である他社の経営者と交流するように
なった。また、自社の織機で織れない織物は産地内で織れる織機を持っている
企業で織ることや廃業する企業から必要な織機を譲渡してもらうこと（機械の
リサイクル）などがすみやかに行われるようになった。さらに、デザイン開発
やブランド構築の知識の交換、指導・支援、市場や販路情報などのやりとりも
さかんになり、産地内の協調・協力が向上し、社会関係資本が増加した。

　産地再生の行動は企業の自己努力もさることながら、制度的企業家の活躍に
よるところが大きかった。産学連携組織においては公設試験研究機関の研究員
が、共同販売組織では産地企業の経営者が、地域おこし組織では外部者がその
役割を担い、新たな制度・組織を創出して不足する資源を補完した。

　郡内織物産地では従来の多様な製品、それをより豊かにするデザイン製品の
開発、産地で長らく培ってきた高度な織物技術によって市場ニーズに対応する
（製品の多様性と技術の柔軟性）。企業間の協調・協力を生む準内部的・外部組
織、それらを横断的に組織する外部者も取り込む地域おこし組織の活発な活
動が見られた（協力組織）。そして、若手経営者の果敢な企業家活動があった。
こうした動きが産地企業間の垂直的集団間競争、水平的集団間競争を活性化し、
産地・地域間競争の場に立てるようにさせた。それは織物もデザイン製品も国
内への移出をより大きくし、海外への輸出も視野に入れることを可能にする。

　中小繊維アパレル産業は近年、グローバル化の進展によって大手の製造小
売（SPA）などの市場参入によりその市場を大きく侵食されている。その結果、
中小・小規模繊維アパレル企業は大手企業の占有する市場の周辺に残された市
場に追いやられている。それが高付加価値・ニッチ市場である。中小・小規模
企業はこの市場で持ち前の高い技術力や伝統などの資源を動員し、高品質・高
デザイン・本物志向の製品を開発し、SPAなどの既存の製品にかならずしも
満足しない消費者の心をとらえ、存続を図っている。それは革新的行動である。

　しかし、この革新的展開は中小・小規模企業単独で容易にできることではない。その理由は、企業が持つ資源が不足するからである。その場合は、産地が保有する顕在・潜在する資源や制度・組織を活用し、事業展開すること、そして、既存の制度・組織では資源不足を補えないときは新たな制度・組織を創出する制度的企業家活動を実践することが重要になる。

　このように産地経済は経営者や企業家、制度・組織にかかわる人たち、加えて、外部者などの協力、協働で成り立つ。産地の様々な人や組織が公式、非公式に接触、交流し、情報や知識をたがいに交換し、それらを自社の経営に役立てる、Porter（1998）もいう「競争しつつ同時に協力している状態」に産地をかたちづくることが重要になる。それが産地の再生、成長の礎になる。

参考文献

赤木明登（2018）『二十一世紀民藝』美術出版社。

内本博行（2018）「地域未利用・非利用資源の資源化―その形態と方法」流通経済大学経済学部『流通経済大学論集』第 53 巻第 1 号、pp.23-41。

江島由裕（2018）『小さな会社の大きな力―逆境を成長に変える企業家的志向性（EO）』中央経済社。

大田康博（2016）「地方繊維産地のコミュニティを変革する制度的『外部者』―『よそ者』の動機、資源、ネットワーク―」『中小企業季報』2016 年度第 3 号（通巻第 179 号）、pp.1-14。

金子郁容（2003）「それはコミュニティからはじまった」本間正明・金子郁容・山内直人・大沢真知子・玄田有史『コミュニティビジネスの時代―NPO が変える産業、社会、そして個人』岩波書店、pp.1-43。

黄完晟（1997）『日本の地場産業・産地分析』税務経理協会。

長平彰夫（2003a）「第 1 章　産学官連携の急速な発展　第 2 節　わが国の産学官連携システム」長平彰夫・西尾好司編著『知財立国の実現に向けて　動き出した産学官連携』中央経済社、pp.18-23。

長平彰夫（2003b）「第 2 章　産業界の産学官連携　第 2 節　中小企業から見た産学連携」長平彰夫・西尾好司編著『知財立国の実現に向けて　動き出した産学官連携』中央経済社、pp.43-59。

BEEK DESIGN　山梨県富士工業技術センター企画／構成（2016）『LOOM』山梨県富士工業技術センター。

フジヤマテキスタイルプロジェクト・株式会社トリッキー企画（2018）『ハタオリ大学 Book―フジヤマテキスタイルプロジェクト 10 周年記念冊子』東京造形大学。

三浦一洋（2003）「中小企業組織制度と中小企業政策」百瀬恵夫・篠原勲編著『新事業創造論』東洋経済新報社、pp.233-256。

藻谷ゆかり（2019）『衰退産業でも稼げます―「代替わりイノベーション」のセオリー』新潮社。

百瀬恵夫（2003）『新協同組織革命』東洋経済新報社。

柳宗悦（1985）『工藝文化』岩波書店。

鷲田祐一（2014）『デザインがイノベーションを伝える―デザインの力を活かす新しい経営戦略の模

索』有斐閣。

Aaker, D. A.（1991）*Managing Brand Equity*, New York: The Free Press.（陶山計介・中田善啓・尾崎久仁博・小林哲訳（1994）『ブランド・エクイティ戦略―競争優位をつくりだす名前、シンボル、スローガン―』ダイヤモンド社。）

Collis, D. J. and C. A. Montgomery（1998）*Corporate Strategy: A Resource-Based Approach*, New York: McGraw-Hill Companies, Inc.（根来龍之・蛭田啓・久保亮一訳（2004）『資源ベースの経営戦略論』東洋経済新報社。）

Lawrence, T. B., Suddaby, R. and B. Leca（2009）"Introduction: Theorizing and Studying Institutional Work" In：Lawrence, T. B., Suddaby, R. and B. Leca（eds.）*Institutional Work :Actors and Agency in Institutional Studies of Organizations*, Cambridge：Cambridge University Press, pp.1-27.

Maguire, S., Hardy, C. and T. B. Lawrence（2004）"Institutional Entrepreneurship in Emerging Fields: HIV/AIDS Treatment Advocacy in Canada", *Academy of Management Journal*, Vol.47, No.5, pp.657-679.

Piore, M. J. and C. F. Sabel（1984）*The Second Industrial Divide: Possibilities for Prosperity*, New York: Basic Books Inc.（山之内靖・永易浩一・石田あつみ訳（1993）『第二の産業分水嶺』筑摩書房。）

Porter, M. E.（1998）*On Competition*, Boston: Harvard Business School Press.（竹内弘高訳（1999）『競争戦略論II』ダイヤモンド社。）

Vidal, F.（1990）Le Management à L'Italienne , Paris: InterEditions.（岡本義行訳（1995）『イタリア式マネジメント』三田出版会。）

終　章

集団間・地域間競争と国内産地の再生

「オルタナティブなネットワーク」構築に向けて

奥山雅之

1．繊維・アパレル産業における集団間・地域間競争の経路と特質

(1) 集団間・地域間競争の焦点の変遷

①国内流通機能を焦点とした競争：産地流通と産地メーカー、産地と集散地

　和装全盛の時代には、産地による地域間競争が活発化し、人材を介して技術が伝播し、各産地が形成された。原料や中間財の生産が各地に分散されていた、おおむね明治時代以前においては、これらの原料や中間財を必要な産地に供給するか、また、生産された最終製品——和装の場合には織物、既製服以前の洋装の場合にはテキスタイル——をどのように消費者に供給していくかが大きな集団間・地域間競争の焦点であった。こうした集団間・地域間競争の結果として、各産地で流通業者を中心とした取引秩序が形成された。物流や情報流が十分に発達しておらず、産地の機業それぞれが流通機能を持つことは経営資源の制約から難しく、産地の情報は集散地よりも産地に立地する産地流通に優位性があった。これに対し、最終製品の消費者への製品流通機能を有し、消費者の情報を有していたのは大消費地を背景とした京都や東京の集散地問屋であった。

　このように、この時代にあっては、流通ネットワークを保有している卸売業が大きなパワーを持ち、垂直的集団間競争で存在感を発揮した。また、各産地において産地流通業者と機業等の産地生産業者との間に集団間競争による付加価値の奪い合いがあり、その主導権は産地流通業者が握っていた。ただし、産地間での水平的な地域間競争があったとしても、需要の拡大により各産地における拡大再生産に必要な付加価値は確保できた時代でもあった。

②原料の大量供給と価格変動リスクを焦点とした競争：紡績業と商社

　明治中期より、繊維への需要が拡大し、綿を中心とした天然繊維の紡績による大量生産が確立すると、繊維産業の集団間競争は、原料の大量供給と価格変動リスクを焦点とした競争へと移行する。

　原料の大量供給にともない、天然繊維の相場（価格変動）に対するリスクを負担できる集団は大資本の紡績業と商社以外にはなかった。天然繊維の紡績業は同業の連合会を組織し、集団を形成する。人材育成を共同で実施するとともに、引き抜き禁止などの規範をつくり、不況時の操業短縮によって利益確保に努めた。天然繊維のなかで中心的な位置を占めた綿紡績業は、原糸を生産して綿織物産地に販売、糸商などを通じて浜松、西脇（兵庫）、知多（愛知）、泉州（大阪）などの織物産地に提供された。その原糸が織物となり、集散地問屋を通じて百貨店などに最終製品として供給されるほか、既製品については大阪圏、東京圏に多く立地している二次加工業者（縫製・加工業）を経て最終製品となるのが一般的であった。

　あわせて、大量生産によって原料の綿花を輸入に頼るようになり、綿輸入商としての商社の役割が高まった。大量生産の進展は日本の綿製品における価格競争力につながり、製品輸出へと展開する道が拓けた。ここでも商社が「輸出商」として活躍することとなる。こうして、大量生産を担う紡績業と貿易を担う商社との「安価な原料輸入・大量生産」を目的とした集団間協調によってサプライチェーンの川上において独占的な地位を獲得し、川下の集団に対して競争力を発揮した。

③原糸および中間財の技術を焦点とした競争：原糸メーカーによる系列化

　1950年代になると、原料の安定的な販売のために、紡績業も市場を意識せざるを得なくなる。これにより、ワイシャツを中心に、紡績業が、一定の商社の関与の下に特定かつ複数の縫製・加工業を排他的に取引上の傘下におき、最終製品までに関与する「系列化」が行われ、それが新たな取引秩序となった。系列化はワイシャツや学生服など標準的な製品を中心とし、糸の流通を系列企業に絞りながら、産地の流通、織物業および倉敷などの縫製・加工産地にまで及んだ。「ワンダラーブラウス」[1]に代表される1950年代からの輸出縫製も紡績

1　「ワンダラーブラウス」とは、日本から主に米国に輸出された、小売価格1ドルのブラウスのことを指す。米

と商社が系列を活用して主導した。

　さらに、より確固な「系列化」を構築したのは、化合繊メーカーである。化学繊維・合成繊維は、石炭、石灰石、石油など原材料の供給が安定し、価格変動のリスクが天然繊維より小さい。また、技術革新とともに様々な糸や加工方法が開発された。化合繊メーカーは天然繊維の紡績業とは異なり、原料に対するリスク負担による優位性は確立できない。一方、糸に関する多様な加工方法は化合繊メーカーが開発するという技術的優位性を持つ。このため、化合繊メーカーは、原糸輸出の採算悪化にともない、加工度を高めるため、糸の供給と資金力、技術的優位性を活用した川中、川下の「系列化」を図った。具体的には「メーカーが開発した加工技術を指導し、また、織機、メリヤス機やその準備機の新・増設のための設備投資についても、持株、貸付、債務保証など金融上の援助」を行い、機業などを系列化した（岸本 1975）。産地におけるサイジング（経糸糊付け）工場の設置、共同利用促進なども紡績業主導で実施された（日本長期信用銀行産業研究会 1972）。北陸地域では伊藤忠や丸紅などによる商社主導の系列化は拡大せず、代わって東レや日本レイヨン、旭化成、帝人などの化合繊メーカーが産元商社傘下の機業との系列関係を深めていった（奥田 1960）。化合繊メーカーの系列に参加した機業は、技術指導を受け品質面でも著しく向上し、系列外機業との格差は拡大した（福井繊維協会 1971）。岡山県倉敷市の縫製・加工産地では、北陸の系列で生産された生地などによって学生服生産の系列が形成された[2]。一方、化合繊メーカーは、系列であっても機業と直接取引するケースは少なく、商社はこの間の取引仲介に活路を見出した。

　系列化は、製品の品質維持のみを企図するものではなく、従来は供給側からの原理で動いていたサプライチェーンを集団間協調によって市場に合致する原材料を製造しようとする需要サイドへの転換であったと捉えることができる。こうした転換は、合繊の登場で原料供給が安定化したことにより、今度は現在の安定消化、すなわち販売量の維持および拡大が重要となったことからみれば

国向け輸出が急激に増加し、1955 年、米国は日本に対して綿製品の輸出自主規制を求めた。

2　学生服の産地である倉敷においては、東レのナイロン系列とともに、地元発祥企業である倉敷紡績が設立したクラレ（当時、倉敷レーヨン）のビニロンの系列が生まれた。両系列とも、素材はポリエステルに変化していく。クラレの系列では帝人のポリエステルを使用した。合繊の普及により、倉敷は、紡績からの一貫体制の産地から、縫製・加工中心の産地へと変容した（倉敷ファッションセンター編 2018）。一方、倉敷紡績は、近隣県の織布と倉敷の縫製・加工業との一貫的な生産によりデニム、ジーンズの生産を拡大した。

254

必然といえる。その典型として、紡績業や化合繊メーカーなどの原糸メーカーが品質を管理し、自らのブランドで展開する最終製品「チョップ品」がある[3]。これは、製品のアイディアを商社や加工業者から求め、原糸メーカーのブランドとして販売する手法であり、系列化は原糸の供給という一方的な関係だけではなく、縫製・加工業などから市場情報をフィードバックさせる機能が重要であった。

④市場情報を焦点とした競争：アパレル業の台頭

系列化は垂直的集団間競争のなかで原糸メーカーの付加価値獲得に貢献した半面、生産から販売に必要な資金とリスクを原糸メーカーが一手に引き受けることになり、1960年代半ばから断続的に発生した合繊不況によってその維持が困難になった。特に1963年からは、後発メーカーがナイロン・ポリエステルなどに積極的な設備投資を行ったことで合繊の生産が急増した一方、需要の伸びは鈍化し、過当競争に陥った。この結果、系列下にあった企業も下請加工賃の採算を度外視せざるを得なかった（松村 2014）[4]。系列は、計画生産により好況期には企業の経営の安定化に貢献したが、不況になると交渉力の差から原糸メーカーが一方的に価格や数量を削減するケースが少なくないため、そのしわ寄せは機業にいくという短所があった（福井繊維協会 1971）。

このため、原糸メーカーは、従来の糸・綿売に戻り、生地生産以降のリスクを他の集団に分散させることが必要となった。ここで、生地の染色やデザインを自らのリスクで手掛けるコンバーター、さらには既製服化の進展にともない自らの企画・デザインで最終製品を開発・販売するアパレル業が台頭した。アパレル業の多くは系列化のもとで下請であったメーカーではなく、卸売業として出発した企業で構成された集団である。アパレル業は、既製服化という製品条件と消費の多様化・個性化という市場条件の中で、デザイナーを人材の核とし、欧米のファッション情報の包摂とトリクルダウン型の流行伝播を活用しながらトレンドに沿った製品を開発・販売していくことで、付加価値の重心を川

3 「チョップ品」とは、原糸メーカーなどが自社の責任で品質を管理し、ブランドを付した製品をさす。チョップ（chop）とは、商標・品質の意味である。
4 合繊不況の時代には、1966年の東洋紡と呉羽紡績との合併、1969年のニチボーと日本レイヨンとの合併（現：ユニチカ）など、紡績業および化合繊メーカーの合併などが相次いだ。こうしたことは、紡績業・化合繊メーカーの当時の厳しさを示している。なお、化合繊メーカーはその後、継続的な技術革新（「新合繊」）で再び業容を拡大していく。

上から川中へと移すことに成功した[5]。

　さらに、百貨店との取引における「委託（返品条件付き買取り）」あるいは
その後の「消化仕入」の導入は、百貨店のバイイングパワー（購買における取
引交渉力）によるリスク分担領域の変更と理解できる反面、アパレル業が在庫
リスクを負う代わりに納入単価の引き上げを実現したのも事実である[6]。

　アパレル業の中には、拡大する需要に対応するために、自社および関連会
社で生産機能（工場）を国内各地に保有した企業もあった。ホフマンプレス機
（自動万能プレス機）や立体裁断手法を日本に導入して生産の効率化を先導し
たのもアパレル業であった。

　また、商品の集散を担う機能が従来型の専門商社から新しいアパレル業へと
移行したことにともない、中心的な地域もシフトした。国内でいえば大阪から
東京へ、東京でいえば、現金問屋が集積する日本橋横山町・日本橋馬喰町、和
装の集散地問屋から洋装へとシフトした日本橋堀留町、紳士服問屋の集積が
あった神田岩本町など区部中心部から、渋谷、原宿、表参道を中心とする区部
西側へのシフトである。表参道、原宿などは専門店とアパレル業の集積によっ
て日本における「アパレル」の中心地となっていく。従来型の専門商社とアパ
レル業の集団間競争に並行して、日本国内および東京都内における地域間競争
も激化した。

　⑤海外生産を焦点とした競争：都心と地方の地域間競争からアジアと日本の地域
　間競争へ

　最終製品の国内需要拡大と国内縫製・加工工場の人手不足は、都心から地方
へと移転した国内工場では補い切れず、各企業がアジアをはじめとした海外生
産へと舵を切るきっかけとなる。当初は、香港、韓国、台湾がその焦点となっ
た。

　海外生産と輸入が爆発的に拡大したのは、序章でも記した1990年代におけ
る中国への縫製・加工工場の進出による。ここでは、合弁工場への共同出資と
いう協調行動の中でも、企画・デザイン機能を有するアパレル業、貿易機能を
有する総合商社・専門商社が縫製・加工機能の主導権をめぐる集団間競争を繰

5　流行伝播、トリクルダウンなどについては平井（2018）に詳しい。
6　多田（2011）によれば、委託販売は江戸時代以来の呉服の行商や、1910年代の白木屋（百貨店）にもみられ
た。なお、現在では、名目的に返品自体が存在しない消化仕入へと取引形態が変化している。

り広げ、縫製・加工技術を有しながらも下請的性格で立場の弱い縫製・加工業が巻き込まれるかたちとなった。[7]縫製・加工工程の海外化は、商社の強みである貿易機能を起点として、総合商社・専門商社に生産管理機能やデザイン機能を獲得するOEM・ODMへの足がかりをもたらした。さらに、量産品中心であった海外生産による輸入品は、百貨店アパレル業が販売するような中高級品へとその領域を拡大していった。

しかし、これには副作用もあった。日系自社工場が現地資本工場との競争劣位に陥り、生産機能が日系自社工場から現地資本工場へとシフトしていったのである。アパレル業、商社、原糸メーカーが縫製・加工業を巻ん込んでいった国内資本による縫製・加工工程をめぐる集団間競争は、現地資本工場との競争へと変化した。さらにそれは、上流工程である生地の現地化をも促進し、本書でみてきた各織物産地を国際的な地域間競争へと巻き込んでいった。

⑥企画・デザイン、生産管理を焦点とした競争：QR、OEM・ODMとSPA

主に2000年代以降、百貨店やショッピングセンターにおける小売に経営資源を配分せざるを得ないアパレル業にとって、海外を含めた生産管理を委託できるOEM、さらにはデザインまで外部化できるODMは短期的な効率化をもたらす可能性があった。アパレル業は企画・デザイン、生産管理機能を外部化し、それらの機能はアパレル業から商社あるいはOEM・ODM専業へと引き寄せられた。それでも、海外生産による原価低減効果もあり、企画、小売機能を実質的に有するアパレル業の付加価値は高かった。それは当初、市場における多品種少量のニーズとアジアにおける大量生産とのギャップによる在庫ロスを吸収するのに十分であった。

一方で、中国を主体とした海外生産はコストダウンをもたらしたが、もともと市場の多品種少量ニーズを中国などでの大量生産で満たすというモデルは矛盾をはらむものであった。このギャップが無視できないものになると、日本とアジアの縫製・加工工程を使い分けて市場に6〜8週間程度で供給するQR（クイック・レスポンス）を適用し、在庫の極小化と機会損失の低減を図った。しかし、QRは生産リードタイムの長い織物などテキスタイルまでには適用できず、商社において在庫がある標準的な生地を使用せざるを得ないことや、売

7　岐阜の縫製・加工業など主体的に生産の海外化を実施した企業もみられた。

れているものを模倣して生産する傾向がみられたことなどにより、製品が同質化する副作用もあった。QR は、多品種少量・短納期が求められるゆえに国内の縫製・加工業の需要の下支え要因となった反面、標準化されたテキスタイルは、その生産技術が整備された中国などで生産され、国内の織物・ニット産地のさらなる縮小をもたらした。[8] その後、中国の産業の高度化や人件費上昇、さらにはカントリーリスクの分散という観点もあり、縫製・加工工程はアジア全体に広がっていく。

　こうしたなか、アジアを中心とした海外のテキスタイルと海外工場での縫製・加工を主体とした OEM・ODM に依存したアパレル業とは一線を画したのが SPA である。その多くは小売業発祥であり、自社工場までは持たず、生産管理の一部を商社等に委託するものの、原糸メーカーとのテキスタイル開発や縫製・加工工程の品質管理の強化により、川上から川下までの連動性を高め、原価率の高い最終製品を提供した。SPA には大きく分けて二つの異なる事業システムを有する集団がある。一つは、多店舗網を構築してベーシックな商品を中心に大量生産と大量消費とを適合させ、欠品と機会損失を回避する事業システムをもつ集団と、二つは、同じく多店舗網を構築してファッション性の高い商品を逐次生産と迅速な物流によって在庫リスクを軽減する事業システムをもつ集団である（齊藤 2014）。

　⑦顧客との接点を焦点とした競争：百貨店、量販店、専門店、EC

　少なくとも 1980 年代まで、中高級衣類の小売を担っていたのは百貨店と各地域の商店街の中にある専門店であった。アパレル業は、販路ごとに商品が直接バッティングしないように多ブランド化を図るとともに、委託、消化仕入といった取引形態を活用しながら、在庫リスクを引き受ける代わりに売場のコントロール機能を百貨店から引き寄せた。多ブランド化は、販路ごとの棲み分けに加え、売場のコントロール機能が弱まった百貨店のバイヤーに対するアパレル業のユーザー細分化に基づく提案の所産という面があった（小山田 1984）。

　他方、モータリゼーションにより総合スーパーが台頭し、実用衣料の有力な販路となる。特に 2000 年以降、総合スーパーは「不動産型」のショッピング

8　繊維・アパレルにおける QR の具体的な事業システムは岡本（2016）に詳しい。

258

モールへと発展し、アパレル業も直営店を出店し、実用衣料だけでなく主に
普及価格のファッション衣料の有力な販路となる。商店街の専門店は衰退する
が、駅ビルや都市の繁華街など、百貨店以外の商業施設に中高級品の販路が拡
大した。また、紳士服の分野では 1990 年代以降にロードサイド店が、海外で
の大量生産によって単価は低いが利益率が高い事業システムを生み出して台頭
した。

　アパレル業は、前述のように取引形態によって百貨店の店舗をコントロール
できるが、顧客はあくまで「百貨店の顧客」であり、市場情報を把握するには
完全ではなかった。一方、市場情報を十分に取り込むことができる SPA やセ
レクトショップといった小売業発祥の集団は、OEM・ODM を活用しながら
アパレル業が有していた企画・デザイン機能を包摂していく。

　もう一つの流れは EC（電子商取引）である。EC は店舗の代替として、あ
るいはオムニチャネルのように店舗の補完として機能する。他の財と同様にプ
ラットフォームが力を持つが、取引秩序を規定するまでではなく、百貨店など
の物理的な施設では有力な販路を持てなかった中小アパレル業、さらには各産
地における最終製品の製造業者にとって、製品流通機能を包摂する手段の一つ
になっている。

（2）集団間競争による収益分配の変化

　集団の区分に議論の余地はあるが、集団別・売上高営業利益率の長期的推
移をみていきたい。これによれば、1960 年代には原糸メーカーとアパレル業
の利益率の高さが目立つが、オイルショック以降は原糸メーカーの利益率は低
下し、アパレル業の利益率の高さは維持された。いわゆるバブル崩壊以降はそ
の利益率も低下し、代わりに 90 年代の終わりから SPA の利益率が急上昇した。
OEM・ODM を手掛ける企業が多い専門商社の利益率は、もともと商社とい
う性質上低いが、2000 年代以降はやや上昇傾向にある。直近ではアパレル業
の利益率はさらに低下し、SPA の利益率も一時期よりは低下したが、依然と
して高い水準にある（図終−1）。

9　日本初のショッピングモール（当時はショッピングセンター）は 1964 年のダイエー庄内店（大阪府）といわ
れている。

図終− 1　集団別・売上高営業利益率の推移（1964 〜 2020 年）

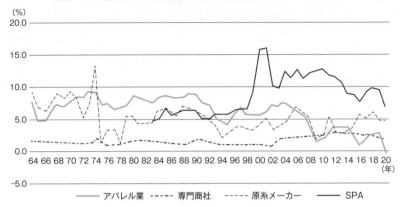

注：それぞれの業態は以下の各社（各期間）の加重平均による。各年は前年 2 月以降から始まる決算期
　　を集計している。
　①アパレル業：レナウン（2005-2020）、ワールド（1980-2020）、オンワードホールディングス／オン
　　ワード樫山（1964-2020）、ダイドーリミテッド（1964-2020）、キング（1970-2020）、ラピーヌ（1976-
　　2020）。
　②専門商社：三共生興（1964-2020）、蝶理（1964-2020）、豊島（1986-2020）、瀧定名古屋（2004-2015）。
　③原糸メーカー：倉敷紡績（1964-2020）、日本毛織（1964-2020）、日清紡ホールディングス／日清紡
　　（1964-2020）、帝人（1964-2020）。
　④SPA：良品計画（1991-2020）、しまむら（1983-2020）、ファーストリテイリング（1989-2020）、ユナ
　　イテッドアローズ（1995-2020）、アダストリア（1996-2020）。
　資料：日経バリューサーチ（https://valuesearch.nikkei.co.jp/login）2021 年 5 月 9 日閲覧。元データは各
　　社有価証券報告書および日経調査による。

　繊維・アパレル産業は複雑な分業によって構造化された産業であるが、時
代とともに、これら諸機能の分離と統合をめぐる競争が激しく行われた。そこ
では、集団間競争における「機能の引き寄せ」が競争の焦点となっていた。そ
れは、付加価値獲得に直結する垂直的集団間競争だけでなく、水平的集団間競
争においても、その集団が他の集団に対してどの程度の機能を有しているか
によって競争上の地位が変動した。また、地域間競争においても、基本的に
は「機能の引き寄せ」がその地域の相互作用や外部経済を高め、競争力につな
がっていく。
　ただし、機能の引き寄せはリスクがともない、すべての機能を統合できる
わけではなく、どこかの機能を引き寄せれば、どこかの機能がおろそかになり、

リスク回避や経済的な効率性の観点から機能を分離せざるを得ない。それは、生産から販売まで一貫して機能を保有すると考えられる SPA でも同様である。SPA をはじめとした垂直統合は大きな潮流ではあるが、縫製工程の自動化やホールガーメント（ニットにおける完全無縫製編立機）に代表される単品生産システムなど技術の大きな変化によって取引秩序は解体し、再構築される可能性がある。

2．国内産地の再生に向けた処方箋

　前節で概観したように、繊維・アパレル産業においては、合成繊維の開発を除いては、けっして目まぐるしい技術革新によって競争が行われたわけではなく、集団間や地域間の「機能の引き寄せ」によって行われたといえよう。機能の引き寄せによって、集団の領域とともに取引秩序も順次変化した。DiMaggio & Powell（1983）の組織フィールド概念を援用すれば、複数の企業が類似した事業システムに同質化され、集団が領域化される。そこに取引秩序のようなルールが適用されると、他の集団は最大かつもっとも組織化された集団を支持する傾向をもつ。産地から消費地への流通が重要な時代には産地流通業者や集散地問屋、原料の確保が重要であった時代には原糸メーカー、海外との貿易ノウハウが希少な時代には商社、市場情報やトレンドが重要な時代にはアパレル業が、付加価値獲得競争で優位となった。しかし支配的な集団は一般的に危機の中でも現状の取引秩序を支持する傾向にある。やがて支配的な取引秩序に矛盾や非効率が顕在化したとき、他の集団が代替的な取引秩序を設計し、他の集団に協力を促すことで新たな取引秩序が構造化される。

　SPA や OEM・ODM によってグローバルレベルでの生産・市場ネットワークが構築され、取引秩序が構造化される中、繊維・アパレル産地やそれを支える地域社会はどのように活路を見出していくべきなのであろうか。本書のまとめに代えて、本書の各章での含意により、織物およびニット産地を焦点に、産地の再生に向けた集団間競争・地域間競争の方向性を示しておきたい。

　第一の方向性としては、繊維・アパレル産業における主たる取引秩序となっている「OEM・ODM 取引秩序」を活用することである。ただし今までのよ

うに OEM・ODM の下請では低付加価値のままである。そこで、企画・デザイン機能や生産管理機能を主体的に獲得し、総合商社・専門商社が構築しているグローバルな大量生産中心のネットワークとは一線を画したオルタナティブ（代替的）な生地と縫製の生産ネットワークを主体的に構築することが考えられる。すでに産地の流通と生産の取引秩序はおおむね崩れており、産地の生産業者（機業やニッター）にとって産地流通業者は付加価値を奪い合うメインプレイヤーではない。産地流通業者も企画・デザイン機能を有し「メーカー化」している産地も少なくない。企画・デザイン機能の獲得には地域の自治体も支援策を講じている。兵庫県西脇市デザイナー育成支援補助金や山梨県富士吉田市における大学との連携による若手デザイナーとの協働などが好例である。[10]

　第二の方向性は、繊維・アパレル産業におけるもう一つの取引秩序となっている SPA という垂直的統合モデルを援用し、産地が製品流通機能とブランドを保有し、自社製品を企画・開発して、生産から流通までの「オルタナティブなネットワーク」を備えていくことである。近年、SPA との集団間競争の中で、百貨店が自らの在庫リスクの下に異なる産地の技術、たとえば各産地の生地と和服にルーツを持つ京都の染色などを組み合わせたオリジナルの製品を開発して販売するといった手法を採用している。こうした動きは産地の技術、品質あるいは独自性に価値がある証左といえる。また、EC（電子商取引）は、産地が今までなし得なかった消費者との接点を獲得する機会を提供する。

　生産のグローバル化が新興国での環境問題や労働問題といった負の側面を抱えるといった意味でも、これら二つの方向性による国内を中心とした「オルタナティブなネットワーク」は、SDGs という新たな競争要素において有利となる可能性が高い。

　しかし、こうしたネットワークの構築には課題もある。ニッターは最終製品を製造できるが、機業の生産の焦点はあくまでもテキスタイルであり、縫製・加工工程を経た最終製品の製造機能は有していない。小物や傘など縫製工程の比重が比較的小さいものには取り組めるが、本格的な衣類となると難しくなる。

　これを解決する一つの方法が「縫織連携」である。これは、「縫製・加工業と織物業が商社等の介在なく直接結びついて連携し、中間財の提供や下請形態

10　2021 年末現在においては新規申請を受付けていない。

での加工請負ではなく最終製品（衣類等）の開発や生産体制の構築など新たな価値を生み出そうとする活動」と定義される。流通企業によって分断されていた縫製工程と製織工程とが連携して直接取引する動きであり、取引構造の変化の一形態といえる。連携によって相互作用を発揮することで両工程の国内維持の可能性を拡大する（奥山 2020a）。

　日本においては、製織・編立工程と縫製・加工工程という重要な前後の工程であるにもかかわらず、国内における歴史的にみた地理的分布は異なる。織物業やニッターが、主に地方に産地を形成していたのに対し、縫製・加工業はアパレル業と密接な関係を保ちながら都市型産業として発展した。しかし、縫製・加工業は、他産業の発展により人材不足となり、より豊富な労働力を求めて地方に分散することになる。ここに、二つの工程が各産地において地理的近接性を備えることとなった。これにより、相互作用をもちながら社会的関係を再構築し、グローバルな生産・市場ネットワークとは別の「オルタナティブなネットワーク」を構築する条件が備わった。あわせて、こうしたネットワークと連携する新進アパレル業[11]も存在し、縫製・加工業が維持する海外分工場の活用も可能である。産地が、集団間競争と地域間競争によって分断された社会的関係をつなぎ直すとともに、他産地あるいは都市に立地している中小アパレル業などを巻き込みながら、「オルタナティブなネットワーク」を構築する時期に来ている。「機能の引き寄せ」は付加価値獲得をともなうが、同時にリスクも引き受けなければならない。しかし、リスクを引き受けなければ中期的に集団間競争・地域間競争で劣位を強いられるのは、過去の歴史が証明している。本書で示した既存の取引秩序を克服しようとする集団、地域が、その克服のために新たに構築した秩序に囚われることなく、将来にわたって持続的に発展することができるか、今後の動向に期待したい。

参考文献

宇田川勝・新宅純二郎・橘川武郎編（2000）『日本の企業間競争』有斐閣。

岡本博公（2016）「製造と販売の統合と協働（第5章）」加護野忠男・山田幸三編著『日本のビジネスシステム―その原理と革新』有斐閣、pp.101-123。

11　たとえば、工場直結ファッションブランド「Factelier（ファクトリエ）」を展開する「ライフスタイルアクセント」がこれにあたる。

奥田壹俤著・日本長期信用銀行調査部編（1960）『合成繊維―糸以降における企業系列』日本長期信用
　　銀行調査部。

奥山雅之（2019）「衣服製造産地の構造変化に関する一考察―北埼玉・岐阜・倉敷における『分離』と
　　その様態」明治大学政治経済研究所『政経論叢』第 87 巻第 3・4 号、pp.321-369。

奥山雅之（2020a）「繊維・アパレル産業における輸入浸透の実態と縫織連携の課題」産業学会『産業
　　学会研究年報』第 35 号、pp.91-109。

奥山雅之（2020b）「生産技術の変化が産業集積に与える影響に関する一考察―日本のニット産地を例
　　に」明治大学政治経済研究所『政経論叢』第 88 巻第 5・6 号、pp.101-152。

小山田道弥（1984）『日本のファッション産業―取引構造とブランド戦略』ダイヤモンド社。

加護野忠男（1999）『「競争優位」のシステム―事業戦略の静かな革命』PHP 研究所。

加護野忠男・山田幸三編（2016）『日本のビジネスシステム―その原理と革新』有斐閣。

鍜島康子（2006）『アパレル産業の成立―その要因と企業経営の分析』東京図書出版会。

樫山純三（1976）『走れオンワード―事業と競馬に賭けた 50 年』日本経済新聞社。

加藤秀雄（2017）「日本アパレル産業における商社等の海外製品生産事業の分析」『埼玉学園大学紀要
　　経済経営学部篇』第 17 号、pp.27-40。

加藤秀雄（2018）「繊維・アパレル産業をめぐる生産・流通構造変化の特質と分析視角」『埼玉学園大
　　学紀要　経済経営学部篇』第 18 号、pp.57-70。

加藤秀雄・奥山雅之（2020）『繊維・アパレルの構造変化と地域産業―海外生産と国内産地の行方』文
　　眞堂。

岸本和夫（1975）「繊維製品の流通について（その 1）」日本繊維製品消費科学会『繊維製品消費科学』
　　第 16 巻第 10 号、pp. 346-349。

木下明浩（2011）『アパレル産業のマーケティング史―ブランド構築と小売機能の包摂』同文舘出版。

倉敷ファッションセンター編（2018）「くらしきのせんい Vol.3　特集：岡山県学生服製造 100 年」岡
　　山県産業労働部産業振興課、pp.1-60。

康上賢淑（2016）『東アジアの繊維・アパレル産業研究』日本僑報社。

齊藤孝浩（2014）『ユニクロ対 ZARA』日本経済新聞出版。

佐々木信彰（2016）『現代中国の産業と企業』晃洋書房。

多田應幹（2011）「百貨店の『返品制』とそのメカニズム」『桜美林論考ビジネスマネジメントレ
　　ビュー』第 2 号、pp.63-78。

富澤修身（2013）『模倣と創造のファッション産業史―大都市におけるイノベーションとクリエイティ
　　ビティ』ミネルヴァ書房。

富澤修身（2018）『都市型中小アパレル企業の過去・現在・未来―商都大阪の問屋ともの作り』創風社。

中込省三（1975）『日本の衣服産業』東洋経済新報社。

中込省三（1977）『アパレル産業への離陸―繊維産業の終焉』東洋経済新報社。

日本長期信用銀行産業研究会（1972）『主要産業戦後 25 年史』産業と経済。

平井秀樹（2018）『流行と製品開発―アパレル産業の製品開発モデルを事例として』埼玉大学博人社甲
　　第 8 号。

平川均・奥村隆平・家森信善・徐正解・多和田眞編著（2010）『東アジアの新産業集積―地域発展と競
　　争・共生』学術出版会。

福井県繊維協会（1971）『福井県繊維産業史』。

松村敏（2014）「戦後復興期～高度成長期における北陸化合繊織物業の展開—石川県能美郡・松崎織物の事例：1948-71 年—」神奈川大学『商経論叢』第 50 巻第 1 号、pp.13-50。

DiMaggio, P. J. and W. W. Powell（1983）The Iron Cage Revisited: Institutional Isomorphism and Collective Rationality in Organizational Fields, *American Sociological Review*, Vol.48, No.2. pp.147-160.

Fligstein N.（2001）Social Skill and the Theory of Fields, *Sociological Theory*, Vol.19, Issue: 2, pp.105-125.

Menzel M.-P. and D. Fornahl（2010）'Cluster life cycles: dimensions and rationales of cluster evolution', *Industrial and Corporate Change*, Vol.19, Issue 1, pp.205-238.

索　引

266

【執筆者紹介】

奥山 雅之（おくやま　まさゆき）［序章、第6章、第7章、終章］
現　在　明治大学政治経済学部教授
主　著　『先進事例で学ぶ地域経済論×中小企業論』（共著、ミネルヴァ書房、2020年）、『地域中小製造業のサービス・イノベーション』（ミネルヴァ書房、2020年）、『繊維・アパレルの構造変化と地域産業』（共著、文眞堂、2020年）、『グローカルビジネスのすすめ』（共著、紫洲書院、2021年）、『BASIS地域産業論』（清明書院、2021年）

加藤 秀雄（かとう　ひでお）［第1章、第4章］
現　在　埼玉大学名誉教授
主　著　『変革期の日本産業』（新評論、1994年）、『ボーダレス時代の大都市産業』（新評論、1996年）、『地域中小企業と産業集積』（新評論、2003年）、『日本産業と中小企業』（新評論、2011年）、『外需時代の日本産業と中小企業』（新評論、2015年）、『繊維・アパレルの構造変化と地域産業』（共著、文眞堂、2020年）

柴田 仁夫（しばた　きみお）［第2章、第3章］
現　在　岐阜大学社会システム経営学環准教授
主　著　『実践の場における経営理念の浸透』（創成社、2017年）（日本マネジメント学会山城賞）、『マーケティングにおける現場理論の展開』（共著、創成社、2018年）、「経営者による経営理念浸透の取組みに関する一考察」『全国能率大会優秀論文発表大会発表論文集』（第69号、2018年）（優秀論文）

丹下 英明（たんげ　ひであき）［第5章、第8章］
現　在　法政大学経営大学院イノベーション・マネジメント研究科教授
主　著　『中小企業の国際経営：市場開拓と撤退にみる海外事業の変革』（同友館、2016年）（一般財団法人商工総合研究所「平成29年度中小企業研究奨励賞（経済部門）」準賞）、『中小企業のリバース・イノベーション』（共著、同友館、2018年）、『中小企業を変える海外展開』（共著、同友館、2013年）

平井 秀樹（ひらい　ひでき）［第9章］
2018年　埼玉大学大学院人文社会科学研究科経済経営専攻博士後期課程修了、博士（経営学）
　　　　株式会社ジュン事業部長、株式会社ワールドブランドマネージャー、複数のブランド開発などを経て、
現　在　国際ファッション専門職大学国際ファッション学部教授
主　著　「流行と製品開発：アパレル産業の製品開発モデルを事例として」（埼玉大学博士学位論文、2018年）、「SPA論に関する一考察：流行論を基軸として」『経済科学論究』（2016年）

吉原 元子（よしわら　もとこ）［第10章］
1983年　秋田県生まれ
2005年　明治大学政治経済学部政治学科卒業、2010年　同大学院政治経済学研究科博士課程修了、博士（経済学）
　　　　明治大学政治経済学部助教を経て、
現　在　山形大学学術研究院人文社会科学部主担当准教授
主　著　「産地の縮小過程における中小企業の内製化志向」『新時代の中小企業経営：GlobalizationとLocalizationのもとで（日本中小企業学会論集37）』（同友館、2018年）、「産地における中小企業の連携活動：富士吉田地域における織物産地の事例から」（共著）『経営経理研究』（第112号、2018年）

内本 博行（うちもと　ひろゆき）［第11章］
1949年　東京都生まれ
1972年　上智大学法学部法律学科卒業、2006年　明治大学大学院政治経済学研究科博士課程修了、博士（経済学）
　　　　経済誌編集者、山形大学客員研究員などを歴任
　　　　元流通経済大学非常勤講師、元明治大学兼任講師
主　著　『ネットワーク社会の経営学』（共著、白桃書房、2002年）、『新事業創造論』（共著、東洋経済新報社、2003年）、「成果を生み出す中小企業の戦略的連携」『商工金融』（第66巻第10号、2016年）、「地域おこしとコミュニティ・ビジネス」『社会環境論究』（第12号、2020年）

268

【編者紹介】

奥山 雅之（おくやま まさゆき）
1966 年　東京都生まれ
1989 年　明治大学商学部商学科卒業、2015 年　埼玉大学大学院経済科学研究科博士課程修了、博士（経済学）
　　　　東京国税局、東京都商工指導所、東京都庁、多摩大学経営情報学部准教授などを経て、
現　在　明治大学政治経済学部教授

加藤 秀雄（かとう ひでお）
1950 年　香川県生まれ
1974 年　法政大学工学部経営工学科卒業
　　　　東京都商工指導所、九州国際大学教授、福井県立大学教授、大阪商業大学教授、埼玉大学教授を経て、
現　在　埼玉大学名誉教授

柴田 仁夫（しばた きみお）
1966 年　静岡県生まれ
2008 年　法政大学大学院 IM 研究科修了、2014 年　埼玉大学大学院経済科学研究科博士課程修了、博士（経済学）
　　　　出版社、横浜市中小企業支援センター、埼玉学園大学経済経営学部専任講師、同准教授を経て、
現　在　岐阜大学社会システム経営学環准教授

丹下 英明（たんげ ひであき）
1972 年　長野県生まれ
1995 年　東北大学経済学部卒業、2016 年　埼玉大学大学院経済科学研究科博士課程修了、博士（経済学）
　　　　日本政策金融公庫総合研究所主席研究員、多摩大学経営情報学部准教授などを経て、
現　在　法政大学経営大学院イノベーション・マネジメント研究科教授

繊維・アパレルの集団間・地域間競争と産地の競争力再生

2022 年 3 月 31 日　第 1 版第 1 刷発行　　　　　　　　検印省略

編著者　奥　山　雅　之

　　　　加　藤　秀　雄

　　　　柴　田　仁　夫

　　　　丹　下　英　明

発行者　前　野　　　隆

発行所　株式会社　文　眞　堂
　　　　東京都新宿区早稲田鶴巻町 533
　　　　電　話 03（3202）8480
　　　　F A X 03（3203）2638
　　　　http://www.bunshin-do.co.jp/
　　　　〒 162-0041 振替 00120-2-96437

製作・モリモト印刷
©2022
定価はカバーに表示してあります
ISBN978-4-8309-5167-1　C3033